조선 유학의 이단 비판

『이학집변』을
중심으로

국학자료
심층연구 총서
10

이용주 박종천 박원재 박경환 김미영 김선희

조선 유학의 이단 비판

『이학집변』을
중심으로

한국국학진흥원 연구부 기획

조선 유학의 이단 비판
이학집변을 중심으로

지은이   이용주, 박종천, 박원재, 박경환, 김미영, 김선희
기획   한국국학진흥원 연구부
펴낸이   조형준
펴낸곳   새물결 출판사
1판 1쇄 2016년 12월 27일
등록   서울 제15-52호(1989.11.9)
주소   서울특별시 마포구 포은로 5길 46 2층 121-822
전화   (편집부) 3141-8696 (영업부) 3141-8697 팩스 3141-1778
이메일   saemulgyul@gmail.com
ISBN   978-89-5559-401-3(93900)

ⓒ 한국국학진흥원 연구부, 문화체육관광부

이 책의 한국어판 저작권은 한국국학진흥원, 문화체육관광부와 새물결 출판사에 있습니다.
신저작권법에 의해 보호받는 저작물이므로 무단 전재와 복제를 금합니다.

책머리에 ____ 9

1부 • 이단에 대한 유학의 문제의식과 그 흐름

1장 유교 정통론과 이단(이학) 비판 그리고 현대적 과제 ____ 15
1. 종교, 욕망을 비추는 거울 ____ 15
2. 정통과 이단 ____ 20
3. 유교 정통론의 배경 ____ 29
4. 맹자와 순자: 유교 정통론의 두 방향 ____ 33
5. 경학과 순자의 부각 ____ 37
6. 맹자인가, 순자인가? ____ 41
7. 북송 초의 유교 정통론: 맹자의 부각 ____ 47
8. 주자의 정통론 완성 ____ 53
9. 도통론의 정치-종교학적 의미 ____ 56
10. 현대 신유학의 도통론 논의 ____ 65
11. 왜 '정통/이단'을 논의하는가? ____ 72

2장 조선시대 이단 담론과 영남 유학의 이단 비판론 ____ 77
1. 조선시대 이단 비판의 유형과 전개 ____ 77
2. '이단'을 넘어 '외도'의 시대로 ____ 85
3. 천주교와 영남학파 위상 사이의 함수 관계 ____ 95
4. 조선후기 영남 지역 이단 비판론의 스펙트럼 ____ 104
5. 『이학집변』, 영남 퇴계학파의 이단 비판론을 집대성하다 ____ 122
6. 『이학집변』의 이단 비판의 사상사적 의의 ____ 132

2부 • 『이학집변』과 영남학파의 이단 인식

1장　도가 비판: 정학 수호를 위한 선택과 집중 전략 ___ 137
    1　동아시아 사상사의 라이벌 ___ 137
    2　유가와 도가, 그 길항 관계의 역사 ___ 143
    3　유가와 도가의 갈림길 ___ 146
    4　『이학집변』의 도가 비판의 내용과 논점 ___ 152
    5　유학의 정체성 수호 ___ 164
    6　새로운 '정학'의 자리 매기기 ___ 169
    7　정주학에서 퇴계학으로, 퇴계학에서 호학으로 ___ 172

2장　육왕학 비판: 인간 완성의 길에 관한 유학 내부의 충돌 ___ 179
    1　시대 상황이 환기시킨 '정통성'에의 관심 ___ 179
    2　유학사에 나타난 정통 확립과 이단 배척 ___ 186
    3　인간 완성의 길을 향한 주자와 육왕의 엇갈린 시선 ___ 198
    4　인간 완성의 길을 둘러싼 『이학집변』의 비판적 시선 ___ 209
    5　『이학집변』의 육왕학 비판의 의의 ___ 231

3장　선불교 비판: 이질적인 두 문화권 사상의 충돌과 변용 ___ 239
    1　이질적인 두 문화권의 만남: 불교의 중국 전래 ___ 239
    2　'불교'를 둘러싸고 이루어진 문화 투쟁 ___ 243

- 3 주희의 유학사관과 불교 비판 ____ 248
- 4 『이학집변』의 선불교 비판의 기본적인 문제의식 ____ 258
- 5 『주자어류』의 석씨 와 『이학집변』의 선불교 비판 ____ 264
- 6 『이학집변』의 선불교 비판 자료의 특징 ____ 274
- 7 『이학집변』 중 선불교 비판과 중용관 ____ 280

4장 서학(천주학) 비판: 영남학파의 서학 대응과 지식 권력 ____ 289

- 1 도통과 새로운 이단의 등장 ____ 289
- 2 서학의 확산과 남인을 향한 위협 ____ 292
- 3 서학을 둘러싼 성호학파의 토론과 갈등 ____ 297
- 4 실용을 향해: 서양의 자연학과 기술에 대한 기호남인의 이해 ____ 304
- 5 영남학파의 서학 비판 ____ 307
- 6 무엇이 진정한 학문인가: 성호학파의 서학관에 대한 영남학파의 비판 ____ 314
- 7 천주학에 대한 저격: 『이학집변』에서의 서학 비판 ____ 317
- 8 남인과 지적 권력의 자장 ____ 324

일러두기

1. 단행본이나 학술지, 잡지는 『 』로, 논문과 시, 단편 소설은 「 」로 표시했다.

책머리에

'정통과 이단'은 사상과 종교 영역에서 역사가 오래된 논의 주제이다. 유학의 경우 공자가 자신이 속한 유가의 역사적 유래를 통해 정체성을 확립하는 과정에서 처음으로 '이단異端'이라는 말을 언급했고, 맹자는 전국시대에 제자백가가 경합하는 가운데 특히 양주와 묵적으로 대표되는 강력한 사상적 라이벌로부터 공자의 사상을 지켜내기 위해 이단 비판을 본격적으로 전개한 바 있다.

이후 유학사에서 정통과 이단 문제는 유학의 사상적 지위가 흔들릴 때마다 때로는 내부 단속과 사상적 재정비를 위해, 때로는 외부의 도전에 대응하기 위해 부단히 제기되었다. 예를 들어 남송 시대에 주희에 의해 이루어진 송명리학의 집대성은 주자학적 입장에서 바라본 유학적 정통성에 관한 시선의 확정이기도 했다.

19세기말 안동에서 활동한 퇴계학파의 후예 류건휴가 편찬한 『이학집변異學集辨』은 그러한 주자학적 입장에서 정통의 수호와 이단 비판에 관한 역대의 견해들을 집대성한 저작이다. 6권 5책으로 된 이 책은 원시유학에서 당시에 이르기까지 역사상의 모든 이단을 망라해 그 학문에 대해 변증한 내용을 담고 있다.

류건휴는 이 책의 체재에 대해 "근래 『주자대전』과 『주자어류』를 보면서 손 가는 대로 뽑아 기록하고, 또 진건陳建의 『학부통변學蔀通辯』과 첨릉詹陵의 『이단변정異端辨正』을 얻어 빠진 데를 보충했다. 그리고 여러 유가의 학설을 그 사이에 부기하여 조와 목으로 갈래를 나누어 찾아보기에 편리하게 하고, 과거 문자와 사장학의 폐단을 지적하면서 종결했다"고 밝히고 있다. 인용한 것은 『주자어류』를 중심으로 하는 주희의 언급이 절대 다수고, 다음이 진건의 『학부통변』이며, 조선의 선배 유학자들 중에서는 퇴계 이황 이래 대산 이상정, 갈암 이현일 등 저자가 속한 학봉 김성일 계열 학자들의 관련 조목에 관한 의견들이 부분적으로 채록되어 실려 있다.

한국국학진흥원은 2016년 현재 민간 기탁 기록유산을 45만점 소장하고 있다. 고서, 고문서, 책판, 현판 등 조선시대를 중심으로 한 전통 기록유산이 망라되어 있는데, 안에는 모두 옛사람들의 생각과 삶의 자취에 관한 풍부한 내용이 들어 있다. 한국국학진흥원에서는 이 점에 주목해 2011년부터 소장 자료를 대상으로 한 심층연구포럼을 진행해 오고 있다. 다양한 학문 분야의 연구자들이 참여해 대상 자료에 대한 내용 검토와 연구 기획 및 추진 등을 함께하며, 1년간 4차례의 포럼을 거쳐 각자 분담한 주제에 관한 연구 내용을 발표, 토론하고 성과를 다음해 단행본으로 간행하는 형식의 프로그램이다.

도산서원 자료와 음식 조리서를 대상으로 한 2011년의 서원 문화와 음식 문화에 관한 포럼을 시작으로, 2012년에는 서원 문화 2차 포럼과 목판연구포럼을 진행했고, 2013년에는 서원 문화 3차 포럼 및 『계암일록』을 중심으로 한 일기포럼, 2014년에는 서원 문화 4차 포럼 및 『청내일기』를 중심으로 한 2차 일기포럼이 진행되었다.

이 책 『조선 유학의 이단 비판』은 『이학집변』을 대상으로 이단 비판에 투영되어 있는 조선 유학의 몇 가지 문제의식과 주요 논점을 정리해보기 위한 목적에서 진행된 2015년도 포럼의 성과물이다. 2015년 5월에 종교학, 예학, 중국 및 조선 유학, 도가철학, 불교철학 등 관련 분야의 연구자 6인이 자리를 함께해 자료에 대한 검토와 공동연구 방안을 기획한 이래, 12월말까지 4차례 포럼에서의 발표와 토론을 통해 원고를 완성해왔다. 이를 토대로 금년 들어 수차례의 의견교환과 퇴고를 거쳐 이제 그 성과를 책으로 엮어내게 되었다.

책은 총론 성격의 1부와 각론에 해당하는 2부 등 모두 두 부분으로 구성되어 있다. 1부에서 이용주 교수는 유학에서의 정통과 이단에 관한 역사적 논의 과정을 통해 그것이 지닌 의미를 탐색했고, 박종천 교수는 시선을 조선으로 돌려 조선 유학의 이단비판론이 지닌 의의와 그러한 성과를 집대성한 『이학집변』의 사상적 의의를 제시했다.

이어 2부에서는 박원재 박사, 박경환 박사, 김미영 교수, 김선희 교수가 각각 도가, 육왕학, 불학, 서학(천주학)에 대한 이단 비판의 내용을 다루고 있다. 이들 성과물 중 일부는 사전에 전문학술지에 투고되어 학계의 검증을 거침으로써 연구의 질을 담보하는 과정을 거치기도 했는데, 그 내용은 아래와 같다.

박종천: 1. 조선후기 유교적 벽이단론의 스펙트럼(한국종교학회, 『종교연구』 76집, 2016).

2. 조선후기 영남유학자들의 벽이단론闢異端論 — 온건한 포용주의에 대한 재평가(대한철학회, 『철학연구』 138집, 2016).

박원재: 『이학집변』의 도가 비판의 특징(한국국학진흥원, 『국학연구』 28집, 2015).

김미영: 류건휴(1768~1834년)의 중용관 — 『이학집변』에 나타난 선불교 비판을 중심으로(한국국학진흥원, 『국학연구』 29집, 2016).

김선희: 19세기 영남 남인의 서학 비판과 지식 권력 — 류건휴의 『이학집변』을 중심으로(한국사상사학회, 『한국사상사학』 51집, 2015).

비록 함께 모여 기획하고 공동으로 연구를 추진해왔지만 여전히 미진하고 만족스럽지 못한 부분이 있다는 생각이다. 그럼에도 불구하고 이 책이 역사 속에서의 정통과 이단에 관한 유학의 사고 체계를 이해하고 앞으로 한층 더 진전된 연구 성과를 내는 데 도움이 되기를 기대한다.

2016년 12월
한국국학진흥원 연구부

1부

·

이단에 대한 유학의 문제의식과 그 흐름

1장

유교 정통론과 이단(이학) 비판 그리고 현대적 과제

이용주

1   종교, 욕망을 비추는 거울

전 세계에 존재하는 여러 종교 전통 속에는 '정통'을 둘러싼 갈등이 존재한다. 21세기 벽두부터 세상을 긴장시킨 연이은 테러 사건들, 이 사건들의 배후에는 정통을 둘러싼 인정 투쟁 그리고 정통과 이단의 대결이 숨어 있다. 인류사에서 항상 세계사적 전환의 진원지 역할을 해온 오리엔트[이집트, 아라비아, 터키, 이란에 이르는 광활한 지역]는 종교적 정통과 이단의 각축장이었다. 이 각축이 파문처럼 전 세계로 퍼져나가면서 세계사의 대전환을 불러왔다. 정통과 이단의 갈등 과정에서 새로운 종교가 탄생했고, 새로운 종교는 기존의 전통과 결합하면서 정통과 이단의 대결을 불러오고, 그러한 대결이 확대되어 역사적 전환이 일어났다. 정통과 이단 문제가 중동의 오리엔트 지역에서 특별히 두드러지게 드러나는 이유는 그곳이 동서양을 잇는 중심축에 위치하기 때문이다.

하지만 정통과 이단의 갈등은 중동뿐만 아니라 모든 지역의 종교에서 반드시 존재하는 일이다. 역사를 깊이 들여다보면 모든 문명, 모든 위대한 문명은 위대한 종교와 사상을 낳았다. 그리고 이 위대한 종교와 사상은 역사의 여러 국면에서 교리를 둘러싼 해석의 차이, 무엇을 경전으로 볼 것인가의 인식 차이, 의례의 차이, 심지어는 경제 및 권력과의 관계 맺기 방식의 차이 등 이루 헤아릴 수 없는 다양한 이유에서 내부적 갈등과 각축을 일으키고, 그 결과 분열하거나 투쟁하면서 역사적 발전을 거듭해왔다.

정통성을 놓고 종교 안에서 발생하는 갈등은 사실 인간 사회에 존재하는 모든 갈등과 마찬가지로 인간의 삶 전체에서 관찰되는 아주 자연적인 현상이다. 가장 근원적인 인간적 삶의 양식으로서의 종교 안에서, 다시 말해 문화 자체라고까지 말할 수 있는 종교 안에서 정통을 둘러싼 갈등이 존재하는 것은 결코 종교 자체가 가진 약점이라거나 종교의 정신성 부재의 증거라고 말할 수 없다. 오히려 인간은 끊임없이 상호 협력하는 동시에 상호 경쟁하는 존재이기 때문에 인간의 사회적 삶의 핵심인 종교 안에서 그러한 협력과 경쟁의 중요한 방식 중의 하나로서 올바른 길을 쟁취하기 위한 투쟁이 일어나고, 그로 인해 분열이 일어나는 것은 오히려 '자연스럽다'고 말할 수 있을지도 모른다.

종교적 '정통'을 둘러싼 갈등은 단순한 싸움이 아니라 보다 바람직하고 적절한 이념을 실현하기 위한, 보다 나은 삶을 살고자 하는 인간 본성의 발로라고 할 수도 있다. 하지만 언뜻 보면 평화와 조화와 화해와 용서를 가르치는 종교가 정작 자기 내부에서는 분열과 투쟁과 상호 비난을 일삼는 것은 용서할 수 없는 모순처럼 보일 수도 있다. 속인들은, 인간에게 고상한 삶을 가르치는 종교는 적어도 세속적이고 한계가 많은 인간이 벌이는 인간사의 처절한 투쟁과 갈등에서 벗어나 있어야 되는 것은 아닌가하는 기대감을 갖고 종교를 바라본다. 그러한 기대감으로 인해 종교 갈등과 분열은 무조건 잘못된 것이라거나 평화를 말하면서 오히려 평화를 파괴하는 종교에 실망해 종교 자체를 비난하고 손가락질한다. 물론 그럴 수는 있다. 그러나 이렇게도 볼 수는 없을까? 우리는 싸우고 투쟁하고 지지고 볶는 인간의 모습에 실망해 인간의 '절멸'을 요구해야 하는가? 물론 하나의 입장으로서 그것도 얼마든지 가능하다. 그러나 적어도 지금까지 인간의 본성이라고도 말할 수 있을 정도로 뿌리 깊은 투쟁의 본성에 실망해 인류 자체의 절멸을 외치거나 인간의 멸망을 찬양하는 사상은 존재한 적이 없다. 수많은 사람이 지지고 볶는, 이기적인, 싸우는, 거짓말하고 사기를 치는 종교에 실망해 종교의 파괴와 종교의 절멸을 말하지만 그런 태도 자체가 사실은 보다 나은 종교, 보다 나은 삶을 만들고자 하는 염원의 표현으로 볼 수 있지 않을까? 인간이 저지르는 악에 대한 비난이 보다 나은 인간됨을 희구하는 염원인 것과 마찬가지로 비난의 대상이 되는 기존의 종교가 제대로 된 가르침이 아니라는 비판은 반드시 종교 파괴의 목소리가 아닐 수도 있는 것이다. 기존의 종교가 제대로 된 종교가 아니기 때문에 제대로 된 종교를 만들어야 한다는 목소리일 수도 있다. '정통'이 아니기 때문에 새로운 '정통'을 창조해야 한다는 목소리는 보다 나은 삶의 방식, 보다 나은 이념, 보다 좋은 삶에 대한 소망을 표현하는 몸부림이다. 그리고 그래야 한다. 종교학자의 관점에서 보면 모든 종교 비판은 제대로 된 종교를 요청하는 새로운 정통에의 의지가 발동하는 현상에 다름 아니다.

서양의 역사 그리고 근대와 현대의 역사에서 우리는 종교 갈등으로 인해 벌어진 무수한 전쟁과 비참한 학살을 목격하고 있다. 그리고 그러한 갈등은 현재에도 종교적 근본주의와 연결된 테러리즘이라는 양상으로 우리 눈앞에서 전개되고 있다. 우리는 종교의 이름으로 자행하는 테러리즘을 용서해서도 안 되지만 그러한 행동을 벌이는 이유에 대해서도 한번쯤 깊이 생각해볼 필요는 있다. 테러리즘 자체가 하나의 또 다른 정통에의 의지를 표현하는 것일 수 있기 때문이다. 바로 그렇기 때문에 종교 갈등과 종교적 대립은 단순한 종교 문제가 아니다. 그리고 이 세상에는 '단순한' 종교 문제란 존재하지 않으며, 나아가 단순한 정치적 혹은 단순한 경제적 문제도 존재하지 않는다. 종교는 인간 삶의 다른 영역과 분리되지 않는 이념, 가치, 의지의 총체가 작동하는 영역이기 때문이다. 그리고 그러한 갈등은 소위 일신교 전통으로 알려진 기독교 내부의 혹은 기독교와 대결하는 이슬람 안에서만 특히 두드러진 것처럼 보이지만 사실은 그렇지도 않다. 인류사를 통 털어 거의 대부분의 전쟁이 종교와 무관한 경우는 거의 없었다고 단정할 수 있다. 아무리 세속적 이념이나 경제적, 정치적 갈등이 표면에 드러나 보일지라도 집단과 집단이 무력으로 충돌하는 전쟁에는 거의 예외 없이 종교가 개입한다. 물론 엄격한 외적 표지(교회, 교리, 교회, 의례 경전 ……)를 갖고 있어야 종교라고 보는 통속적 종교 이해의 관점에서 볼 때 그런 사실이 보이지 않을 수도 있다. 그러나 엄격하게 정치와 종교를 분리해야 한다는 사고가 근대 프로테스탄트적 사고, 즉 근대 서양에서 발원한 생각인 것처럼 교회, 교리 등의 외적 표지를 갖고 있어야 종교라고 하는 생각 자체도 근대 서구에서 기원한 것이다. 오히려 세상에는 분명하게 종교적인 형태를 갖추지 않는 종교가 얼마든지 존재한다. 집단을 움직이는 이념이나 사상, 민족 감정 등 요즘 문제가 되는 내셔널리즘 등 소위 세속 이념도 사실은 대단히 종교적이다. 그러한 의미에서 거의 모든 전쟁에는 종교가 개입하고 있다는 말은 전혀 과장이 아니다.

전쟁에 관여하는 종교는 때로는 엄격한 교리 체계를 갖추고 있지 않을 수 있다. 하지만 통속적인 종교 이해의 틀에 맞아떨어지든 아니든 종교나 종교와 유사한 이념 및 신념과 진적으로 무관한 전쟁은 존재한 적이 없다. 근대적 총력전의 배경이 되는 민족주의 역시 근대적 의미의 종교라고 말할 수 있을 정도다. 자본주의와 근대 국가의 통합 의지가 상호 협력해 민족주의라는 근대적 종교를 만들어낸 것이고, 민족주의라는 이 종교를 등에 업고 근대 국가들이 패를 나누어 격돌한 것이 20세기에 발생한 두 차례의 세계대전이 아닌가?

하지만 전쟁과 갈등에 종교가 개입한다고 해서 종교를 제거하거나 종교를 포기하면 인간사의 모든 갈등이나 전쟁이 사라질 것이라고 믿는 무신론자나 종교 비판자들이 안목은 나이브하기 짝이 없다. 그런 생각은, 비유하자면 인간사의 갈등과 전쟁은 항상 경제 문제와 연결되어 있기 때문에 인간 삶에서 경제적 이익 추구 대상이 되는 재화나 물질을 제거해 버리자든가 전쟁에서는 군대의 사기를 북돋는 음악과 노래가 이용되기 때문에 모든 음악과 노래를 없애버리자는 것과 다를 바 없는 수준에 머물러 있는 것이다.

종교는 인간을 넘어선 저 하늘 높이 존재하는 아득한 무엇이 아니다. 종교는 자체가 바로 인간의 삶의 표현이고, 인간의 문화다. 인간은 자신의 삶의 방식, 가치관을 종교라는 문화 양식을 통해 표현한다. 모든 종교는 초월적인 무엇, 신적인 무엇을 말하지만 그것은 항상 너무나 인간적인 신이다. 종교는 그러한 신적인 초월적 존재를 전제하는 인간적인, 너무나 인간적인 삶의 태도이고, 너무나 인간적인 가치관의 문화적 축적물이다. 그렇다면 종교가 드러내는 갈등과 대립과 대결은 다름 아니라 인간 정신 자체의 갈등과 대결과 대립의 다른 표현 양태임을 자각할 필요가 있다. 종교적 갈등을 해소하기 위해 그것은 종교 문제가 아니라 경제 문제일 뿐이라고 해석하거나 그것이 종교와 무관한 정치 문제라고 회피한다고 해서 인간의 본성 속에 숨어 있는 갈등과 투쟁과 전쟁의 본능을 제거할 수는 없다. 진정으로 갈등과 분열과 대립과 전쟁을 넘어서기 위해서는 인류사에서 인간의 정신성을 형성하는 데 주도적 역할을 해왔고, 지금도 그런 역할을 하고 있는 종교를 깊이 이해하는 것 이외의 다른 방법은 없다. 종교는 인간의 삶과 문화에서 없어도 되는 여분의 것, 여섯째 손가락 같은 여분의 것이 아니라 인간 본성 자체의 산물로, 인간의 소망과 꿈과 초월의 지향과 통제하기 어려운 어두운 욕망을 비추는 거울이기 때문이다.

2 　정통과 이단

무릇 모든 인간 사회에는 종교가 존재했고, 이 종교 전통에는 항상 '정통'을 향한 의지가 작동하고 있다. 이 점은 '정통'이란 말 자체가 바른 사유, 바른 견해라는 의미를 가진 말임을 생각해보면 쉽게 이해할 수 있다. 정통을 자임하는 사람들은 자신들의 생각이 바른 견해라고 주장하고 그런 자신들의 생각에 대립하거나 대항하는 사상적, 실천적 관점을 이단, 사교邪教라고 규정하고 배척해왔다. 여기서 우리가 사용하는 '정통'이니 '이단'이니 하는 개념은 기독교 전통 안에서 신앙에 대한 올바른 이해와 올바르지 않은 이해를 구별할 때 사용하는 알파벳 언어를 한자어로 번역해 사용하는 개념이다. 그러나 알파벳 언어를 도입하기 전에도 정통이나 이단이라는 문자 자체는 유교 전통 안에서 널리 사용되었고, 의미론적으로 유사한 의미를 가진 알파벳 언어의 번역어로 활용되었다.

영어로 '이단'을 의미하는 'heresy'라는 말은 '구별하다', '나누다'는 의미에서 출발해 어떤 '견해를 가진다'는 의미를 가진 말로 발전한 그리스어 단어 'hairein'에서 파생된 말이다. 그리고 이 'heresy'의 번역어인 '이단'이라는 개념 자체는 유교 고전이자 유교적 정신의 근거인 『논어』에서 처음 등장하고 나중에 유교적 사유 체계 안에서 널리 차용되었다.1) '이단'이라는 말은 『논어』 안에서 반드시 의미가 명확한 것은 아니었다. 하지만 일반적으로 연구자들은 『논어』의 '이단' 개념은 중도적 가르침 내지 중용적 실천과 구별되는 양 극단에 치우친 관점이나 견해 또는 가치관을 의미하는 말로 사용된 것으로 이해한다.

공자가 '이단'이라는 개념을 사용했을 때 유교와 다른 어떤 특정한 이념이나 사상을 지칭했을 것이라고 추측하는 것은 무리가 있을 수 있다. 하지만 맹자 시대에 오면 공자가 가르친 또는 공자가 전승한 고대 성인들의 가르침을 바른 것이라고 받아들인 다음 이처럼 바른 가르침에서 멀리 떨어져 극단에 치우친 사상이나 이념을 비정통이라고 생각하기 시작했다. 맹자는 공자의 가르침을 정통으로 삼고, 즉 공자의 가르침을 중용적인 것으로 삼고, 묵자墨子(극단적 집단주의)와 양주楊朱(극단적 개인주의)의 사상을 정통적 가르침과 구별되는 극단적인 사상의 전

---

1) "子曰, 攻乎異端, 斯害也已"(『논어』「위정」). 비유교 혹은 유교 내부의 비정통적 사상에 대해 격렬한 비판을 전개한 『맹자』나 『순자』 안에는 '이단'이라는 말이 등장하지 않는다. 주자학이 널리 받아들여진 이후에 와서야 '이단'이라는 개념이 유교가 아닌 다른 사상, 종교 전통을 지칭하는 부정적 개념으로 보편적으로 사용되기 시작한다.

형으로 평가하는 관점을 명확하게 드러내 보여주었다. 그러나 맹자가 실제로 '이단'이라는 개념을 사용했던 것은 아니다. 하지만 그렇다고 해서 맹자가 이단적 사유와 실천에 대한 부정적 판단이나 비판 의식을 갖고 있지 않았던 것은 아니다.

맹자는 공자의 가르침에서 벗어나는 관점을 사설邪說이라고 부르며(『맹자』「등문공」), 상당히 날카로운 비정통 사상 비판을 전개한 순자 또한 '이단'이라는 개념은 사용하지 않는다. 순자는 공자의 가르침(예 의禮義와 정도正道)에서 벗어나는 관점과 사상에 대한 비판을 전개할 때 사설, 괴설怪說 또는 이설異說 등의 개념을 사용했다(『맹자』「비십이자」, 『맹자』「해폐」). 『예기』에서는 유교적으로 수용할 수 없는 비정통적 종교 제사를 음사陰祀(『예기』「곡례」)라는 개념으로 부르고 있음을 확인할 수 있을 뿐이다. '이단異端'이라는 개념을 비유교적 가르침이라는 의미로 부정적으로 사용하는 용법은 『후한서』 등의 역사서에서 일부 보이는 것은 사실이지만 이 개념이 유교적 개념으로 널리 사용된 것은 아니었던 것이 분명하다. 맹자 이후의 유교에서는 '이단'이라는 개념을 직접 사용하지는 않았던 것이 역사적 사실에 가까움을 알 수 있다.

그러나 근세 도학(주자학)의 등장과 더불어 『논어』에서 기원하는 '이단' 개념은 유교가 아닌 타 종교 전통, 특히 불교, 도교 등의 비유교적 신념은 물론 유교 내부의 비정통 사상을 지칭하는 일반 개념으로 적극적으로 사용되기 시작한다. 그 결과 '이단' 개념은 유교의 개념 지도 안에 확고한 위상을 갖게 되고, 이단 비판론 또는 '벽이단闢異端'이라는 주제는 도통론, 유교 정통론과 짝을 이루는 중요한 사상 범주, 사상 주제로 자리 잡기에 이르렀다.

'정통'에 해당하는 서양의 개념인 'orthodoxy'라는 말 역시 올바른 '견해', 올바른 '신앙'을 의미하는 말로 '정통'이라는 번역어로 소개된다. 여기서 'orthodoxy'라는 말 자체가 바른ortho-견해doxa, 즉 올바르고 순정한 견해라는 의미를 가진 말이라는 사실은 흥미롭다. 'heresy'와 마찬가지로 기독교에서 '이단'을 의미하는 다른 말의 하나인 'heterodoxy' 역시 의견doxa을 포함하는 말이다. 정통이 순정純正한 의견이라면 이단은 잡박한 또는 부정한 의견이라는 의미를 갖고 있음을 알 수 있다. 결국 'heresy'나 'heterodoxy'는 'orthodoxy'와 마찬가지로 하나의 '견해'이고 하나의 사상적 주장이며, 입장이다. 그렇다면 하나의 견해의 순정함과 잡박함, 바름과 틀림을 규정하는 기준은 무엇일까? 그리고 그러한 기준을 제시하고 올바름과 틀림을 규정하는 사람은 누구일까? 그것은 결국 권력과 권위 문제로 귀결될 것이다. 권력과 권위를 갖지 않은 사람이 옳다고 주장하는 것은 그렇지 않은 사람, 즉 권력과 권위를 가진 사람에게는 바르지 않은 것이 되고 말 것이기 때문이다.

사상이나 종교에서 정통과 이단은 처음부터 독자적으로, 고립적으로 존재하는 것이 아니다. 이단은 정통이 만들어낸 것으로 정통의 반면反面에 불과하다. 정통이 없다면 이단도 만들어지지 않는다. 그런 의미에서 이단은 정통의 아들이고, 거꾸로 이단의 존재가 정통을 존재하게 만든다. 이단을 구별하는 관점이 정통을 만들어낸다는 말이다. 정통은 처음부터 존재하는 것이 아니라 이단의 존재를 의식하는 순간 만들어진다. 이단과 정통은 항상 대립과 갈등을 일으키지만 이 둘 사이의 갈등은 짝패의 갈등, 형제 사이의 갈등에 다름 아니다. 이 갈등에서 옳고 그름을 나누는 기준은 순전히 자의적이고 임시적인 정치적 판단이다.

종교적 정통과 이단은 곧바로 정치적 올바름과 틀림으로 전환되고 만다. 모든 종교적, 가치적 판단은 곧바로 정치적 판단으로 귀결되고 마는 것이다. 이를 통해 종교와 정치를 손쉽게 구분해온 또는 정치와 종교는 구분되어야 한다고 당위적으로 믿는 우리의 근대적, 일상적 정교분리적政教分離的 인식이 한순간에 무너지는 것을 경험하게 된다.

중국 사상의 맥락에서 '정통'이라는 말은 본래 역사적 왕조의 올바름과 그름을 구별하는 개념으로 사용되었다. 어떤 왕조가 정통적이라거나 정통적이지 않다거나 하는 식으로 역사적으로 존재한 역사적 사실로서의 정치 체제인 하나의 왕조 국가를 가치 평가해 정통이 아니라고 평가하는 것이다. 다시 말해 정통이 아니라고 평가된 왕조는 존재하기는 했지만 있어서는 안 될 것이 우연히 있었을 뿐인 것이 되고 만다. 어떤 이념에 입각한 가치 평가가 실제적 존재를 능가하는 이상한 일이 벌어지고 마는 것이다. 마찬가지로 어떤 사람이나 사상이 '정통'이 아니라는 말은 역사적으로 실제로 존재하기는 했더라도 가치론적으로는 존재해서는 안 되는 사실이나 사상이 우연히 존재했다는 말이 되는 것이다.

이런 의미의 정통 개념은 중국의 역사학에서 널리 사용되었고, 이 경우 정통을 판가름하는 기준은 유교적 가치 이념이었음을 기억할 필요가 있다. 예를 들어 중국의 역사 안에서 이민족 국가는 대부분의 경우 정통적이지 않은 왕조라는 평가를 얻게 되는 식이다. 어떤 나라의 존재 의의를 그런 기준으로 평가하는 것이 적절할까? 그럼에도 불구하고 우리는 그런 정통/비정통이라는 평가에 손쉽게 흔들리고 마는 경향이 있음을 부정할 수 없다. 대중의 무의식은 자신을 승리자와 동일시하는 경향이 있기 때문일까? 그리고 '이단' 개념이 근세 이후의 신유학에서 다시 각광받기 시작한 것과 비슷하게 '정통' 개념 역시 '도지정통道之正統' 또는 '전도정통傳道正統'의 축약어인 '도통'이라는 개념으로 환골탈태해 널리 회자되기에 이르렀다.

'정통'과 '이단'은 사실은 동전의 양면이라고 할 수 있다. 정통 개념 자체가 이미 이단의 존재를 내포한다. 다시 말해 서양 종교사에서 'orthodoxy' 개념이 등장할 때에는 이미 그들과 다른 생각을 가진 사람들의 존재, 즉 'heterodoxy' 또는 'heresy'에 대한 차별과 배제 의식이 작동하고 있었다는 것이다. '이단'이 존재하는 배경에는 권력의 힘을 빌려 혹은 스스로 가치의 기준이라고 주장하는 권력자의 제스처를 취하면서 자기들의 생각과 실천을 '올바른 것'(정통)이라고 규정하고 자신들의 생각이나 실천과는 다른 생각을 가진 사람들을 '올바르지 않은 것'(이단)이라고 규정하는 구별 짓기의 관점이 작동하고 있음을 기억해야 한다.

유교의 경우 심각한 전쟁이나 내전으로 비화되는 경우는 거의 찾아보기 어렵지만 그럼에도 불구하고 정통과 이단을 둘러싼 대립과 갈등이 존재했다. 물론 유럽 역사의 특수성, 유럽 문명과 아랍 문명의 접촉과 대립이라는 특수한 역사적 상황과 다른 조건을 가진 유교의 내부 분열과 갈등, 나아가 유교와 비유교 사이의 갈등과 대립 사이에는 분명히 다른 점이 있다. 그리고 그런 차이는 종교 자체의 본질과 무관한 것은 아니지만 오히려 각각의 종교가 처한 상황의 차이 또는 인간 공동체가 처한 상황의 차이에 따른 결과라고 이해할 수 있을 것이다.

유교의 정통과 비정통 또는 정통과 이단의 대립과 경쟁의 역사적 흐름을 전부 추적하는 것은 사실 불가능하다. 그런 작업을 제대로 수행하기 위해서는 동양사 전체를 논의해야 하기 때문이고, 인간의 삶 자체가 갈등과 대립의 역사이기 때문이기도 하다. 중국을 포함하는 동아시아 문명의 역사에서 유교의 역사는 문명의 역사와 바로 일치한다고 말해도 과언이 아닐 정도로 심원하다. 앞서 우리는 '이단'이라는 단어가 『논어』에서 처음 등장한다고 말했는데, 이때의 '이단' 개념이 반드시 후대에 볼 수 있는 것과 같은 치열한 정통에의 욕구를 드러내는 개념이라고 말할 수는 없음을 지적했다. 그럼에도 불구하고 「논어」에 등장하는 '이단'이라는 단어가 바른 것과 바르지 않은 것, 바람직한 것과 바람직하지 않은 것을 구별하는 구별 짓기 의식을 드러내고 있음은 부정할 수 없다. 그리고 공자가 '이단'이라는 말을 사용하기 전에도 정통을 둘러싼 분별 의지가 작동하고 있었음은 부정할 수 없는 사실이다. 마찬가지로 맹자, 순자에서 '이단' 개념이 등장하지 않는다고 해서 그들에게서 이단 비판 의지를 찾아 볼 수 없는 것은 아니다.

유교 안에 존재하는 정통을 둘러싼 갈등과 대립을 완전하게 추적하는 것은 이 글의 과제가 아닐 뿐만 아니라 지면의 제한 때문이라도 수행하기가 어렵다. 여기서는 다만 선진 시대에서 시작된 유교 내부 또는 유교와 비유교 사이의 정통성을 둘러싼 갈등 및 갈등 담론을 스케치하고 유교적 정통 담론 또는 유교적 이단 담론의 존재 방식의 일단을 드러내는 것으로 만족할 것이다.

앞서 간단히 언급한 대로 유교에서 정통을 향한 내부의 혹은 외부와의 경쟁과 대립은 아주 이른 시기부터 존재했다. 하지만 당나라 말기에서 북송 초에 이르는 성리학의 성립기, 나아가 주자학의 완성기에 정통을 향한 그러한 이념적 갈등이 역사의 전면에 등장했다. 그리고 이 성리학을 수용한 조선의 유교 전통 안에서도 정통을 둘러싼 대립과 경쟁, 갈등이 상당히 일상화되어 있었음 알 수 있다. 특히 신유학의 정통 이념은 도道의 정통성을 둘러싼 인정 투쟁이었고, 도의 정통성을 확보하고 영유하려는 이념 투쟁의 일환이었다. 성리학, 특히 주자학에서 도의 정통성을 도통道統이라고 개념화한 이후에 정동의 지위를 확보하고자 하는 이념적 투쟁은 '도통론'이라는 이름으로 실행되어 왔다. 그리고 도의 정통적 계승, 즉 도통의 계승을 주장하는 사상가들은 자신들이 바른 학문, 성스러운 학문, 나아가 도를 이 세상에 실현하는 학문을 하고 있다는 확신을 갖고 자신들에게 대항하는 사상적 입장을 가진 사람들을 이단異端, 이학異學, 이교異教, 심지어 사교邪教라는 이름으로 적대시했다. 더 나아가 정통은 선이고 이단은 악이라는 선악 이분법을 적용해 상대방을 비판하고 박해하는 극단적 행동까지 서슴지 않았다. 그로 인해 사상적·이념적 대결이 피를 부르는 정치적 갈등으로 비화되는 비극이 연출되기도 했다.

유교는 단순한 사상이나 신념 체계가 아니었다. 유교는 의례라는 실천을 통해 국가 통치를 구체화하는 '정치=종교'였다. 따라서 유교를 제대로 이해하기 위해서는 단순한 철학 개념 분석을 넘어서는 '정치-종교학적' 접근 방법이 요구된다. 서구의 프로테스탄티즘에 뿌리를 두고 규정된 근대적 종교 이념에 입각해서는 유교를 이해하기 어렵다. 의례의 실천을 근간에 두는 유교는 언제나 국가의 정치적 실천 방식인 제사의 조직체 안에서 자신의 정당한 자리를 갖고 있었다. 제사와 분리된, 제사 공동체의 실천과 분리된 유교라는 생각은 사실은 유교를 허깨비 같은 것으로 만들어버리고 말 위험이 있다. 유교 국가 안에서 정통으로 인정된다는 것은 단순히 옳은 생각이라고 평가받는 것에 그치지 않고 유교 국가가 보증하는 제사 조직체 안에 편입되는 것을 의미했다. 반대로 이단이 되면 제사 조직체에서 배제되었다. 전통적인 국가 시스템 안에서 유교는 정치와 불가분의 관계를 가진 국가 종교로서 천지산천의 신령天神地祇에 대한 제사, 왕조의 설립자들, 유교적 이념의 완성자들에 대한 종교적 경배를 포함하는 거대한 정치-종교적 시스템을 형성하고 있었다. 그리고 국가는 그런 정치-종교적 '실천=의례'의 힘에 의존하면서 사회를 운영하는 기능을 수행했다. 국가 종교로서 유교의 정통성 투쟁은 제사 시스템 안에서의 바른 의례의 실천 또는 바른 제사의 실행이라는 명분과 결부되어 전개되었다. 의례적 실천의 장에서 정통적인 정치-종교적 체제는 자신이 인정하기를 거부하는 비정통적 제사와 공경 의례를 포괄적으로 '음사淫祀, excessive cult'라고 부르며 배척했다. '음사'는 비정통적 제사와 비정통적 공경을 포괄적으로 지칭하는 유교에 특수한 개념이었다. 결국 통치 기구로서 국가의 임무는 올바른 유교적 가치의 실행자를 지원하고 올바르지 않은 제사를 실행하는 음사 실천자를 이단, 이학, 이교, 사교라는 이름으로 배척하면서 국가질서를 유지하는 것이었다. 유교 문화권에서 정통-이단의 사상적 투쟁이 의례 실천의 장에서는 정사-음사의 투쟁으로 구체화되어 있던 것이다.

유교 국가에서 제사는 신도설교神道說教라는 원리에 의해 유지되었다. 다시 말해 유교는 신적 존재에 대한 제사와 공경을 국가의 교화와 통치 수단으로 삼는 원리를 가진 정치-종교로 작동하고 있었다는 말이다. 그리고 올바른 제사, 즉 정사正祀는 유교가 공인하는 신적인 존재와 정당하게 소통하는 행위로 유교적 예치 질서 안에서 정당한 위상을 얻을 수 있었다. 하지만 그렇지 않은 비정통적 제사, 즉 음사는 예치 질서에서 벗어나는 것이기 때문에 그런 실천에 의해 사회질서는 혼란으로 빠진다고 생각되었다. 따라서 제거 대상이 되었다. 유교 국가가 제대로 작동하던 시절에 음사라고 평가받던 종교 활동은 나중에 서양의 과학이 수용되고 근대화가 추진되는 과정에서 일괄적으로 '미신'이라는 이름을 얻고 사회의 주변부로 밀려나고 만다.2)

3 ___ 유교 정통론의 배경

앞서 언급한 대로 '이단'이라는 개념 자체는 『논어』에서 처음 나타난다. 그러나 공자의 '이단' 개념이 종교적 정통과 비정통에 대한 구분과 차별의 관념에 뿌리내리고 있는 것이라고 말할 수는 없다. 하지만 그런 말 자체에서 벌써 바른 신념 및 의례적 실천을 둘러싼 옳고 그름에 관한 구별 의식이 존재하고 있었음을 감지하는 것은 어렵지 않다. 『논어』에 반복적으로 등장하는 군자와 소인의 구별 역시 이념과 실천의 올바름을 둘러싼 판단과 구별이 유교 담론의 밑바탕에 깔려 있음을 보여준다. 사실상 『논어』 안에 등장하는 모든 구별 개념 자체가 어떤 의미에서든 바른 견해를 확정하고자 하는 정통에의 의지의 결과라고 말할 수 있다. 그런 의미에서 사상의 출현은 견해의 선택을 강요하는 구별 짓기를 동반한다고 말할 수 있다.

앞서도 간단히 언급했지만 『논어』에 나오는 이단 개념을 후대의

---

2) 근대에 동아시아 각국은 서양의 인문사회과학의 관점, 특히 인류학의 관점을 수용하면서 인간의 지적·정신적 활동을 과학, 종교, 미신으로 구분하고 위계화했다. 그러한 위계화는 기독교에서의 정통과 이단이라는 구분의 연장선에서 형성된 것이었다. 그리고 근대에 들어오면서 기독교를 제외한 거의 모든 정신적 활동이나 신념, 신앙, 의례는 미신Superstition이라는 명찰을 획득한다. 중국 내지 조선에서 근대 이전에 음사로 평가받던 종교 활동은 근대 이후 일괄적으로 '미신'이라는 명찰을 얻게 된다. 그런 전환 과정에 대해서는 다른 곳에서 논의한다.

해석, 특히 주자학적 해석에 의존해 불교 및 도교 등의 타종교 비판의 언설로 단정하는 것은 적절하지 않다. 그럼에도 불구하고 주자학의 세례를 받은 해석자들이 『논어』의 '이단' 개념을 단순히 비정통적 사상을 가리키는 것처럼 보는 관행을 따르고 있는 것이 사실이다.

철학자 야스퍼스의 명명법을 이어받아 공자와 맹자 등 유교의 원형이 만들어진 시대를 중국의 '축의 시대axial age'라고 부를 수 있을 것이다. '축의 시대'란 인류 문명의 기본틀이 형성된 시대로, 이 시기에 형성된 가치관과 삶의 태도가 이후 인류의 역사의 방향에 결정적 영향을 미치게 되는 근원적 시대라는 의미를 갖고 있다. 공자의 사상은 전형적인 '축의 시대'의 사상적 창조물로, 중국 문명, 나아가 동아시아 문명의 발전 방향을 제시한 의미를 갖고 있다. 그러나 중국의 경우 다른 문명과 달리 이 축의 시대의 정신적 창조성은 이 시대에 돌발적으로 등장한 것이라고만은 할 수 없다. 적어도 중국의 경우 축의 시대는 이전 시대와의 단절에 의해 만들어진 것이 아니라 이전 시대의 문화적·문명적 기초 위에서 자연스럽게 발전한 것이었다. 따라서 적어도 중국 문명에서 축의 시대의 혁명성을 지나치게 강조하는 것은 무리가 있을 수 있다. 그럼에도 불구하고 중국에서의 '축의 시대', 즉 춘추전국시대(기원전 8세기 중엽에서 기원전 3세기 후반)로 대표되는 축의 시대는 유가를 중심으로 놓고 도가, 묵가, 법가, 병가, 음양가 등등 이루 헤아리기 어려울 정도의 다양한 사상가, 학파가 앞 다투어 보다 바람직한 삶의 방식, 보다 바람직한 문명 질서를 수립하기 위해 경쟁하는 과정에서 다른 문명과 비견할 수 없을 정도로 찬란한 성취를 이룬 시기였다.

공자가 완성한 유학은 이전에 이미 1천년 이상 또는 적어도 수 백년 이전부터 발전해온 문화적 유산의 집대성이라는 성격을 가진다. 그런 의미에서 공자 사상의 강력한 영향 하에 유학의 발전에 기여한 맹자는 공자에게 '집대성集大成'의 성인이라는 명예를 부여했다. 공자는 중국의 '축의 시대' 이전부터 존재한 육경六經 또는 육예六藝의 가르침을 바탕으로 새로운 사상적 창조와 사상적 정리를 김행적했다. 그리고 우리는 그의 공적을 높이 평가한다는 의미에서 반드시 적절한 것이라고는 말할 수 없음에도 불구하고 공자를 유교의 개조라고 부르기도 한다. 공자가 정리한 유교 전통은 육경이라는 문서 군에 근간을 둔다. 이 시대에는 단순히 육예라고 불리던 육경에 대해 공자가 사상적 근원으로서의 정통성을 부여하려고 했던 것은 분명하다. 그런 점에서 공자가 육예와 거리를 가진 사상 또는 육예의 이념(공자가 해석하는)을 거부하는 사상가들의 입장에 동의하지 않았으리라는 것은 쉽게 상상할 수 있다.

공자는 귀족주의의 예치 질서를 근간으로 육경을 정리하고 재해석하려고 했다. 공자와 육경의 관계는 어느 정도는 전설적이고 신화적인 양상을 띠는 것이 사실이지만 육경의 정리와 전승에서 공자의 역할을 부정하는 것 역시 온당하지 못하다. 공자는 '축의 시대' 이전부터 존재하던 문화 유산을 계승하면서 그것에 창조적 해석을 가한 인물인 것이다. 그리고 유교는 공자를 계승한다는 자각을 가진 사상가 집단, 즉 유가儒家가 긴 시간에 걸쳐 구축한 정신적 창조물이다. 공자 이후에 등장하는 소위 제자백가의 사상가들 역시 '축의 시대' 이전에 존재했던 육예(육경)를 중국 문화 공통의 문화유산으로 삼으면서 유가의 해석과 다른 방향을 선택하고 점차 다듬어 유가와 구별되는 사상 체계를 구축했다. 우리는 시기적으로 전국시대 말기 무렵에 등장한 것으로 추정할 수 있는 『장자』의 「천하편처나편례」에서의 '도술'과 '방술'의 구분에 대한 논의를 통해 유가와 제자백가의 전개 양상을 확인할 수 있다. 그런 의미에서 제자백가의 사상, 특히 도가, 묵가, 법가 등의 사상은 유교의 관점에서 볼 때는 비정통적 사상 내지 이단적 사상이라고 볼 수 있다. 실제로 초기 유학의 형성 과정에서 제자백가는 배척과 비판 대상이 되었다. 그리고 유교의 형성기에 자기의 정체성을 분명하게 수립해야 할 필요 때문에 어쩔 수 없이 제자백가 학파를 과도하게 비판할 수밖에 없었던 점도 있다. 하지만 동아시아 문명의 정신과 사유의 깊이를 포괄적으로 이해하기 위해서는 그들의 생각을 단순히 '이단'이라고 배척하기보다는 유교의 부족한 부분을 보완할 수 있는 보완적 사유 전통 또는 유교와는 다른 새로운 관점에서 육경을 해석할 수 있는 가능성을 보여주는 사상 자원으로 적극적으로 평가할 필요가 있을 것이다.

그러나 유교가 정신적 방향을 어느 정도 확립한 다음, 더구나 한 제국 이후 제국의 종교, 제국의 통치 이념과 결합하는 국가 종교로서 유교가 독자적 권위를 확립한 다음에는 방대한 제국의 통치 영역 안에서 보다 포괄적인 성격을 가져야 할 필요에 대응하기 위해 외연의 확장에도 힘을 쏟았다. 그 결과 한 제국의 유교는 춘추전국시대의 극단적인 이단 배척 태도 또는 유교 절대주의적이고 유교 근본주의적 입장을 상당히 완화해가는 현상을 발견할 수 있다. 한 제국 이후의 중국 사상계는 형식적으로는 독존유술獨尊儒術의 이념을 내걸고 유교 일극一極 체제를 완성해가는 형세를 보여주지만 실제에서는 유교를 중심으로 제자백가는 물론 축의 시대에 등장한 모든 사상적·이념적 가능성을 포괄적으로 통합, 종합하는 유교의 외연 확대라는 양상을 보여준다. 우리가 유교의 독존이라든가, 유교의 이단 사상 또는 유교 절대주의를 논의하는 장에서 결코 잊어서는 안 되는 점이다.

한 제국 이후의 유교는 결코 공맹순의 순수주의에 의해 정화된 유교가 아니었다. 한 제국 이후의 유교는 공맹순을 중심에 두고 모든 중국적 사유의 가능성, 육예와 육예 해석의 한계를 극단적 지점까지 확장한 다음 새롭게 종합한 통합적 유교임을 잊어서는 안 된다. 그런 외연 확대와 통합 경험에 바탕을 두고 유교는 이후 인도에서 유입된 불교(한말~당대), 서구에서 유입된 기독교(명청~근대) 그리고 현대 이후에 와서는 서양의 근대 과학, 나아가 사회주의와 자유주의를 통합하는 거대한 새로운 문명 체계를 만들어낼 수 있는 창조적 종합의 저력을 축적해 왔다고 평가할 수 있다. 그렇게 외연과 내포가 확대된 통합 유교는 21세기에 중국이 세계사의 중심으로 복귀하는 상황에서 중요한 사상 자원이 될 것이 확실하다.

4 _____ 맹자와 순자: 유교 정통론의 두 방향

공자는 축의 시대 이전부터 존재한 육경을 재해석, 정리하면서 소위 유교의 공식적 개조로서의 권위를 획득한다. 공자의 중요성은 공자의 제자 또는 제자의 제자들에 의해 노나라에 한정되지 않고 전국적 규모로 확대되어 갔다. 최근에 발견된 신출토문헌新出土文獻들은 공자 사후 제자 집단에 의한 유교의 확대 발전의 양상을 어느 정도 보여주고 있다. 하지만 유교 전통에서 공자의 권위를 확고하게 정립하는데 큰 공을 세운 인물은 맹자와 순자였다. 실제로 순자는 맹자를 비롯해 공자의 제자들에서 발전한 여러 분파를 신랄하게 비판하고 있을 뿐만 아니라 그들을 공자의 계승자로 인정하는 데 인색했다. 그럼에도 불구하고 맹자와 순자가 유교의 정통적 계보를 그려내면서 공자의 권위를 확립하고자 했던 태도는 대단히 중요하다.

춘추전국시대에는 육경 해석에서 사士와 대부大夫의 권위가 부각되기 시작한다. 공자의 육경 해석은 그런 사대부의 해석의 한 입장에 불과했을 가능성이 있다. 그러나 맹자의 전투적 정통론 주장, 전투적 공자 조술의 입장이 육경의 전승에서 공자의 중요성을 부각시키는 작용을 했던 것은 의심할 수 없다(맹자가 그다지 유행하는 사상가가 아니었음에도 그렇다). 그리고 전국시대 말기에 사상계에서 중요한 지위를 확보하고 있던 순자의 등장으로 육경 해석에서 공자의 권위는 부동의 것으로 확립된다. 그렇다고 맹자, 순자로 이어지는 사상의 직선적 발전을 상정하는 것은 지나치게 단순한 관점이다. 신출토문헌이 발견되기 이전부터 우리는 중요한 유교 문헌 집성인 『예기』 안에 존재하는 공자의 제자들 또는 공자학파에 속하는 사상가들의 언설을 확인할 수 있다. 과거에는 『예기』의 문서들이 전국시대 공자학파의 사상을 직접 전하는 것처럼 보지 않는 입장, 즉 의고파疑古派의 입장이 주류를 이루고 있었다. 하지만 신출토문헌이 등장하면서 『예기』에 수록된 문서들의 중요성과 원전성原典性을 재평가하는 움직임이 일고 있다. 그런 흐름을 모두 고려해본다면 맹자의 사상은 '공자ㅡ증자ㅡ자사'로 이어지는 사상적 흐름을 계승하고 있다. 이 경우 맹자는 공자 사상 중 인의仁義를 중심으로 삼는 심성론적 사상 창조를 적극적으로 평가하고 그것을 계승 발전시키려는 노력을 기울인 것으로 평가할 수 있다.

한편 순자는 맹자와 맹자가 계승한 사상 계통을 비판한다. 순자는 분명히 공자 사상의 또 다른 축이라고 할 수 있는 예 사상을 적극적으로 계승, 조술하고 있다. 뿐만 아니라 공자와 공자의 제자인 자하子夏로 이어지는 육예의 해석학을 계승하는 문헌학자로서의 일면을 갖고 있고, 순자의 그런 측면은 나중에 높은 평가를 받게 된다. 맹자와 순자는 육경 해석 및 유교의 사상적 발전에서 공자의 어느 한 측면을 강조하는데, 이 두 사상가의 대립은 후대 유교의 역사적 발전 과정에서 하나의 전범으로서의 의미를 가진다.

앞서 말한 대로 한 제국의 유교는 공맹순 전통을 넘어서는 통합 체계를 만들면서 외연을 확장했지만 그 안에서 맹자와 순자는 유교라는 커다란 타원형의 두 중심으로서 긴장을 유지하고 있었다고 할 수 있다. 그리고 이 두 중심은 마치 럭비공의 역동성처럼 유교의 역동성을 확대 유지하는 데 전범으로 작용했다. 그러나 전체적으로 볼 때, 특히 송 대 이후의 유교의 발전 국면에서 순자는 거의 완패했다고 말할 수 있을 정도로 존재가 희미해진다. 송 대 이후 유교 정통론이 맹자 일변도로 고착되어 가면서 유교는 오직 하나의 중심을 갖게 되고, 그 결과 역동성을 상실하게 되었다고 말할 수 있다.

맹자와 순자는 각각 중심점을 달리하면서 공자에서 정립되는 유학을 극단적으로 발전시켰다. 이 과정에서 그들은 당시 사상계에 만연하던 비유교적 관점, 심지어는 같은 유교라고 할지라도 그들이 수용하지 못하는 입장에 대해 치열한 비판을 전개하고, 그러한 비판을 통해 유교의 정통적 입장(바른 견해)을 확립하려는 노력을 경주했다. 예를 들어 맹자는 양주로 대표되는 도가사상과 묵적으로 대표되는 묵가 사상에 대해 인간이 아니라 동물(금수)이라는 비판을 퍼붓는다. 맹자 사상에서 대단히 중요한 주제 중의 하나인 '인간/동물' 논쟁은 그런 이단 사상 비판의 맥락에서 형성된 것이었다. 유교적 정통성의 수립을 위해 비유교적 사상, 심지어는 유교 내부의 비정통적 사상에 대해 격렬한 비판을 던진다는 점에서 순자는 맹자에 뒤지지 않았다(「비십이자」, 「해폐」 등으로 대표된다). 어떤 의미에서 보면 『맹자』와 『순자』는 자체가 강력한 정통 의식에 의해 추동되는 논쟁 문서라고 말할 수 있다. 비정통적 유학 사상 혹은 이단에 대한 그들의 대항 의식은 그 정도로 강렬하고 치열하다. 특히 순자의 경우 유교 이외의 기타 사상 유파에 대한 비판 어조와는 비교가 되지 않을 정도로 맹자 및 맹자의 선구적 계통에 대해 신랄한 비판을 퍼붓고 있는 점은 주목할 만하다.

유교의 초기 사상이 성립되는 과정에서 공자에서 비롯되어 맹자, 순자로 이어지는 초기 유학의 사상적 발전을 이야기하는 통속적 관점에서 본다면 순자의 맹자 비판 또는 사맹학파思孟學派에 대한 순자의 비판은 놀라운 것이 아닐 수 없다. 주공에서 시작되어 공자를 거쳐 완성되는 유학의 정통 노선을 수립하고자 하는 순자의 정통론적 관점에서 볼 때 비유교적 사상 학파보다 유교 내부의 이단적 노선이 보다 위험한 적으로 파악되었을 것임은 예상할 수 있는 일이기도 하다. 그렇지만 맹자와 순자를 하나의 노선의 선후의 발전 과정으로 평가하는 상식에서 본다면 순자의 맹자 비판은 대단한 의외가 아닐 수 없다. 순자와 맹자의 대립을 여기서 자세히 살펴보는 것은 본문의 주제에서 벗어나지만 유교 형성기에서 비정통 혹은 이단에 대한 비판 의식이 유교를 다른 사상 전통과 구별시켜주면서 독자적인 하나의 사상 전통으로 확립하는 데 기여했음은 분명하다.

정통성의 지향은 타자를 적대시하면서 자기의 존재 의미를 확정하려는 정체성 탐색의 몸부림이다. 특히 춘추전국시대의 혼란기에 유교 사상이 독자적인 사상, 문화 전통으로 정체성을 확립하려고 할 때 이단 비판이 정통 확립의 또 다른 얼굴로 모습을 드러내면서 유교적 정체성 수립의 하나의 시도로 등장하는 것은 자연스러운 일이라고까지 말할 수 있을 것이다. 이후 한 제국을 거치면서 정통의 확립을 위한 인정 투쟁 또는 이단 비판 논의는 거의 흔적을 감춘다. 왜냐하면 유교의 정통성은 이미 정립되었고, 타자를 배제하는 방식으로 자신의 독자성을 확립하는 것이 이미 시대가 요구하는 바가 아니었기 때문이다. 그러나 당말 오대를 거치면서 그리고 북송에 들어와서 유교는 정통성 의식으로 무장하고 다시금 중국 사상사의 표면으로 떠오른다. 그리고 이 경우 유교의 정통성 주장 또는 이단 비판은 거의 1천 년 전의 유교 성립기의 모델을 재해석하고 확대하면서 전개된다.

5 _____ 경학과 순자의 부각

한 제국 이후 유교는 관학으로의 지위를 획득하게 된다. 소위 독존 유술이라는 표현에서 드러나듯 유교는 국가 경영을 위한 중요 이념, 사상으로서의 정치적 지위를 획득한다. 물론 이 경우 유교는 선진 시대의 유교와 성격을 달리한다는 사실을 잊어서는 안 될 것이다. 그런 시대 배경 하에서 주나라 이래 전승되어온 육예의 고대 문헌을 재해석해 새로운 시대 이념으로 환골탈태시키는 학문적 노력이 국가적 규모로 이루어졌다. 그리고 육예의 전승자로서 유학의 중요성은 다른 제자백가를 능가하게 되었다. 결국 유교는 육예를 전승하고 조술하는 사상 체계로서 특별한 중요성이 부여되고, 공자는 단순히 한 사상가가 아니라 특별한 존재로서의 지위를 획득한다. 그런 공자의 관점에 기대 고대의 문헌인 육예를 해석하는 학문은 이제 경학이라는 이름을 획득하고 제국 학술계의 중심이 된다. 결국 한나라 이후 유학은 경학으로서 제국 사상의 중심이 되었고 제자백가의 학문은 자학으로서 경학을 보조하는 배경적 지식으로 물러난다. 경학은 육경의 문헌학적, 훈고학적(스콜라주의적) 해석 전통을 지칭하는 말에 그치지 않고 유학의 다른 이름이 된다.

앞서 언급한 대로 공자 이후 맹자는 공자의 인 사상을 발전시킨다. 한편 순자는 공자의 예론을 계승하고 법 관념을 발전시켜 '융례중법隆禮重法'[예를 드높이고 법을 중시한다]의 사상 체계를 구상했다. 맹자가 사마천의 평가대로 "敍詩書, 述仲尼之意"[시서를 해설하고 공자의 정신을 전달했다]"(『사기』「맹가순경열전」)했다면 순자는 경학을 중시하면서도 모씨, 노씨, 한씨의 시경학詩經學을 계승하고 『좌전左傳』, 『곡량전穀梁傳』, 『예기』(대대례, 소대례) 등 대부분의 경전을 전수하면서 경학을 전체적으로 전승하는 길을 연 것으로 평가받는다.3)

결국 맹자와 순자는 공자를 계승하려는 정통성의 자각과 의지를 갖고 있었지만 구체적으로는 경전의 전승과 재해석이라는 문헌학적 작업을 근거로 발전하는 한 제국 이후의 경학의 수립이라는 측면에서 순자의 공은 맹자보다 결코 작다고 말할 수 없다. 그런 점에서 한 제국에서의 독존유술의 발전은 '육예의 학'과 '공자의 술'을 계승하는 것이었기 때문에 유학의 발전사에서 순자의 위상은 절대로 무시할 수 없는 것이었다(『한서』「동중서전」). 그리고 이 경우 유학은 사상가로서의 공자의 사상을 계승하는 측면보다는 육예의 전승자, 경서의 정리자로서의 공자의 학술을 계승하는 데 주안점을 두고 있었다고 할 수 있다. 그런 국면에서 육예의 학술을 전승한 인물로서 순자의 위상은 한층 더 높아진다. 경학이라는 관점에서 공자를 바라본다면 인학의 창조자로서의 공자의 위상은 경전의 중요성에 앞서 뒤로 한발 물러날 수밖에 없는 측면이 있다. 더구나 '술이부작述而不作'과 '신이호고信而好古'를 자임했던

---

3) 왕중, 「순경자통론」, 왕선겸, 『순자집해』에 수록되어 있다.

공자는 경전의 창조자가 아니라 경전의 정리자, 조술자로서의 의미를 갖게 된다. 한 제국 이후 경학이 국가 학술의 중요한 지위를 차지하게 된 다음 새로운 사상을 창조한 공자 자신보다는 공자가 조술한 경전의 창조자인 주공의 지위가 높아지는 것은 당연히 예상할 수 있고, 실제로 한당漢唐 시기의 경학 중심의 유학의 발전에서 주공의 지위는 공자의 지위를 능가했다. 반면 공자는 주공을 보좌하는 지위로 격하되었던 것이 사실이다. 한대의 경학에서 공자나 공자의 후계자들보다는 육예의 창조자인 주공이 더 중시되었다. 주공은 공자가 등장한 축의 시대 이전에 형성된 문화 유산의 종합자로 공자가 축의 시대의 사상가라면 축의 시대 이전pre-axial age의 집대성자는 주공이었다. 독존유술 전통이 확립되는 과정에서 주공의 지위가 공자보다 더 높았고, 공자의 인 사상을 계승한 맹자보다는 경학의 전통을 전승한 순자가 더 중요한 지위를 갖고 있던 것은 이런 맥락에서 이해해야 한다. 공자의 인학과 사상적 창조는 경학의 배경으로 후퇴한다.

그렇다면 넓은 의미에서 유교 경학은 순자의 전통에 속한다고 말할 수 있고, 실제로 한당 대에 순자는 맹자보다 더 중요한 인물로 여겨졌다. 경학을 중시하면 맹자보다는 순자의 위상이 더 높아지는 것이 자연스럽기 때문이다. 청대의 고증학자 왕중汪中은 「순경자통론」에서 이렇게 말한다.

순경荀卿[순자]의 학술은 공자에서 나왔으며, 여러 유교 경전에 대해 남긴 공적이 더욱 두드러진다. …… 공자 제자 70인과 그들의 제자들이 죽은 후에 한漢의 여러 유자들이 아직 발흥하기 이전에, 더구나 전국시대의 혼란과 진나라의 유교에 대한 횡포를 거치면서 육예의 전승이 단절되지 않을 수 있었던 것은 오로지 순경 때문이다. 주공이 창조하고 공자가 해설하고 순자가 이 가르침을 전승했으니, 그들의 공적과 행동은 결국 하나라고 말할 수 있다.4)

왕중은 육예가 끊어지지 않고 계승될 수 있던 이유를 순자에서 찾는다. 심지어 왕중은 유교 경학의 전승에서의 순자의 공적을 공자보다 뒤지지 않는 것으로 평가한다. 물론 그의 반주자학적 관점을 고려한다면 그런 평가에 대해서도 약간의 유보는 필요하지만 그럼에도 불구하고 위에서 말한 이유에서 경학을 강조할 경우 맹자보다 심지어 공자보다 주공과 순자의 지위가 승격되는 것은 충분히 이해할 수 있다. 그러나 공자-맹자 중심의 유교 정통사관에 익숙한 우리로서는 왕중의 순자 평가, 심지어 공자보다 주공을 우위에 두는 왕중의 유교 정통론은 충격적인 것으로 다가온다. 특히 경전의 전승 맥락을 사상의 계승 맥락보다 중시하는 청대 고증학과 문헌학의 흐름 안에서 왕중의 주공 및 순자 평가는 결코 가볍게 무시할 수 없는 것으로 받아들여졌다. 예를 들어 청대 말기 고증학과 문헌학의 대가로 중국 고대 학술을 총체적으로 정리하는 데 큰 공적을 남긴 양계초의 평가는 주목할 가치가 있다.

한대의 육경 연구는 대부분이 순자가 전달해준 것에 근거하고 있다. 그리고 경전을 전달한 선생들은 거의 진나라 박사들이었다. 한나라 이후의 경학은 명의상 공자의 학술을 계승 발양한다고 했지만 실제로 그들이 전한 것은 오

---

4) "荀卿之學出於孔氏, 而優有功於諸經. …… 蓋自七十子之徒旣沒, 漢諸儒未興, 中更戰國暴秦之亂, 六藝之傳賴以不絶者, 荀卿也. 周公作之, 孔子述之, 荀卿子傳之, 其揆一也"(왕선겸, 『순자집해』).

직 순자 일파의 전통이었을 뿐이다.5)

경전의 전승을 중시하면 거의 필연적으로 '주공→공자→순자'의 계보를 강조하지 않을 수 없다. 왕중이 세시한 이런 관점은 양계초에게도 그대로 계승되고 있음을 알 수 있다. 게다가 양계초는 중국 유학의 역사가 형식적으로는 공자의 학문을 계승한다고 하지만 실제로 육경 경학은 대부분 순자 계통에서 전한 것이라는 단언을 서슴지 않는다. 유교 경학은 말로는 공자학孔學이라고 하지만 실제로는 순자학荀學의 일파라는 것이다. 양계초의 과도한 확신에 전적으로 동의하기는 어렵지만 적어도 유교 경학의 전승에서 순자의 영향력은 실제로 우리가 흔히 이해하는 수준을 넘어서는 것이었음을 확인하기에 충분하다.

6 ____ 맹자인가, 순자인가?

시대가 거듭되면서 누가 육경의 진정한 계승자인가 또는 누가 공자의 진정한 계승자인가를 둘러싼 정통 논의가 활발하게 전개되었다. 사실 도통론의 맹아적 주장은 맹자에서 제시된 것이다. 주자학에서 결실을 보는 도통론은 맹자의 유학 전승사에서 맹아적 형태가 드러난다는 것이 학계의 공통 인식 중의 하나다. 맹자는 '요-순-우-탕-문-공자'로 이어지는 유가 도통론의 초보적 형태를 제시한바 있다. 이 경우 맹자는 공자를 집대성의 성인으로 부각시키고, 공자를 유학의 창조적 완

---

5) "漢世六經家法, 强半爲荀子所傳, 而傳經諸老師, 又多故秦博士, 故自漢以後, 名雖爲昌明孔學, 實則所傳者僅荀學一支派而已"(梁啓超, 『論中國學術史思想變遷之大勢』, 上海古籍, 2001[1904], 80쪽).

성자로 평가한다. 그러나 한당 시대의 도통론은 오히려 경학의 전승이라는 측면에서 사상적 창조의 맥락에서 제시된 맹자의 도통론과 결별하게 된 것이라고 볼 수 있다. 한당 이후의 도통론 토론에서 중요한 주제 중의 하나는 주공과 공자 두 성인 중 누가 고전 문명의 완성자인가 하는 문제였다. 그러나 '육경'의 권위에 맞먹는 '사서'의 권위 상승(북송 이후)이 일어난 송 대 이후의 상황에서는 '공자 대 주공'의 위상을 어떻게 평가할 것인가에 덧붙여 '맹자 대 순자'의 위상을 어떻게 평가할 것인가 하는 문제가 사상계의 주요 주제가 되었다. 특히 유교의 정통성을 문제 삼는 정통론의 맥락에서 이 문제는 첨예한 주제였다.

이런 유교 정통의 계보론을 도통론이라고 부른다면 정식화된 도통론은 당대에 활동한 순자의 주석가 양경楊倞이 제시한 도통론, 즉 경학 전승의 맥락에서 바라본 도 전승론이라는 논점에 의해 새로운 양상을 띠게 된다. 이 도 전승론의 계보에 대해 양경은 이렇게 말한다.

> 옛날에 주공은 옛날 삼황오제의 도를 근거로 하나라와 은나라의 전적을 더하고 빼서 예를 제정하고 악을 지었다. 그 결과 인의로 천하를 다스릴 수 있었고, 덕에 입각한 교화와 형벌 및 정치 원리를 시에 간직해두었다. ······ 따라서 중니[공자]는 예악을 제정하고 춘추를 지었다. 그로 인해 하은주 삼대의 유풍遺風이 느슨해졌다가 다시 세상에 펼쳐지게 되었다. 그러나 공자는 적절한 지위를 갖지 못했기 때문에 그의 공적이 천하에 펼쳐지지 못했고, 단지 문인들이 그의 정신을 전달했을 뿐이다. ······ 그리고 맹자가 먼저 공자의 뜻을 밝혔고, 순자가 뒤에서 그의 사상을 떨쳤다. ······ 따라서 그들은 진정으로 세상을 이름을 남긴 선비요, 제왕의 스승이라고 할 수 있다. ······ 대체로 주공은 예악을 제작하고 중니가 그것을 조술했으며, 순자와 맹자는

그것을 도와서 이루었으니贊成, 그들로 인해 왕도는 확고해지고 갖추어졌다. 이후 춘추시대에 사방의 오랑캐가 번갈아 중국을 침략하는 위기, 전국시대의 삼강이 흐트러지는 위기를 겪으면서도 주공, 공자의 도는 완전히 무너지지 않았다.6)

양경의 도통론의 논점은 '삼황오제의 도→주공의 제작→중니의 조술→순맹의 찬성'이라는 계보를 제시하는 것이라고 할 수 있다. 그는 주공이 제작하고 공자가 조술한 삼황오제의 도의 핵심은 예악과 인의 그리고 그러한 예악과 인의에 입각한 구체적인 정치 활동인 예악형정德化刑政이라고 파악한다. 문화의 제도적 형식으로서의 예악과 그것의 정신으로서의 인의, 그것에 근거한 덕화형정이 유가 경전 전승의 진정한 내용이라는 것이다. 한마디로 유가가 계승하고 발양해야 할 왕도란 덕화형정의 도에 다름 아니다.

한편 『시경』, 『서경』, 『춘추』 등 유교 경전은 그러한 예악, 인의, 덕화형정을 기록한 문서로서 신성성을 가진다. 양경의 이러한 왕도 전승론은 초기 형태의 도통론을 제시한 것으로 주목할 가치가 있다. 나아가 여기서 우리가 주목해야 할 사실은 양경의 초기 도통론이 순자의 지위를 맹자와 동일하게 다루고 있는 점이다. 그리고 순자의 중요성을 부각시키는 양경의 그러한 입장은 북송 초에 도통론을 전개한 손복이나 석개의 도통론으로 계승되고 있다.7)

---

6) "昔者周公稽古三五之道, 損益夏殷之典, 制禮作樂, 以仁義理天下, 其德化刑政存於是. …… 故仲尼定禮樂, 作春秋, 然後三代之遺風, 弛而復張, 而無時位, 功烈不得於天下, 但文人傳述而已. …… 故孟軻闡其前, 荀卿振其後. …… 眞名世之士, 王者之師. …… 蓋周公制作之, 仲尼祖述之, 荀孟贊成之, 所以膠固王道, 至深至備. 雖春秋四夷交侵, 戰國三綱弛絶, 斯道竟不墮矣"(楊倞, 「荀子注序」, 王先謙, 『순자집해』에 수록).

그러나 양경보다 조금 늦게 등장한 한유韓愈(768~824년)는 골자에서는 양경과 유사한 전승론을 제시하지만 양경과 달리 순자의 존재를 배제하는 새로운 형태의 입장을 표명한다. 그리고 그런 한유의 도통론이 소위 도학파道學派 도통론자들에게 계승되고, 결국 주자의 도학파 도통론으로 완성되어간다. 당대의 고문가 한유는 맹자가 제시한 유교의 맹아적 도통론을 계승 발양하면서 송 대에 도학이 형성되기 위한 사상적 준비를 한 인물로 평가받고 있다. 이렇게 볼 때 도학의 도통론은 맹자에서 비롯되고 한유에 의해 정립된 '도통'의 아이디어를 발전시키면서 확립된 것으로 간주될 수 있다. 한유는 그의 유명한 논설 「원도原道」에서 노장이나 불교의 도와 대비되는 유교의 도를 강조하면서 '요-순-우-탕-문-무-주공-공자-맹자'로 이어지는 도의 전승사를 이렇게 언급한다.

    맹자가 말했다. 요순에서 탕에 이르는 5백여 년 동안 우나 고요皐陶 같은 성인이 나타나 그것의 존재를 보고 알았으며, 탕 같은 성인이 나타나 그것을 듣고 알았다[즉 도의 전승이 계속되었다]. 그리고 탕에서 문왕에 이르는 5백여 년 동안 이윤伊尹이나 래주萊朱 같은 위인이 나타나 그것의 존재를 알

---

7) 손복孫復과 석개石介의 도통론 골자는 아래와 같다(여기서 그들의 도통론에 대한 분석은 생략한다. 그리고 그들의 사상사적 위치에 대해서는 조금 뒤에 7절에서 다시 언급한다). "吾所謂道者, 堯舜禹湯文武周公孔子之道也. 孟軻荀卿揚雄王通韓愈之道也"(손복, 『손명부선생소집孫明復先生小集』). 석개의 도통론은 "道是於伏羲而成終於孔子. …… 伏羲, 神農, 黃帝, 少昊, 顓頊, 高辛, 唐堯, 虞舜, 禹湯, 文武, 周公, 孔子. 十有四聖人. 孔子爲聖人之至. 孟軻, 荀況, 揚雄, 王通, 韓愈, 五賢人"(석개, 『조래선생문집徂徠先生文集』). 북송 초의 소위 초기 도통론자들은 거의 예외 없이 한유의 위상을 높이 평가한다. 한유의 중요성은 북송 초의 도통론자들에 의해 확립되었다고 할 수 있다.

았고, 문왕에 이르러 그것의 의미를 듣고 알았다[역시 도의 전승이 일어났다]. 그리고 문왕에서 공자에 이르는 5백여 년 동안 태공망이나 산의생 같은 인물이 나타나 보고 알았으며, 공자가 나타나서는 듣고 알았다. 공자에서 지금에 이르는 100여 년 동안은 성인이 세상을 떠난 지 그다지 오래되지는 않았다. 성인이 살았던 지역과의 공간적 거리도 그다지 멀지 않다. 그러나 이 도를 계승하는 사람은 없구나, 아, 역시 없구나.8)

내가 말하는 도는 과거의 노자나 불교의 도가 아니다. 요 임금은 이 도를 순 임금에게 전했고, 순 임금은 그것을 우 임금에게 전했다. 우는 그것을 탕 임금에게 전했고, 탕 임금은 그것을 문왕, 무왕, 주공에게 전했다. 그들은 그것을 공자에게 전했으며 공자는 그것을 맹자에게 전했다. 맹자가 돌아가신 후에 그것을 전해 받은 사람은 없다. 순자나 양웅 같은 인물이 나타났지만 도의 전부가 아니라 선별적으로 수용했고, 도에 대해 말하기는 했지만 아주 정밀하지는 않았다. 주공 이전의 성인들은 모두 군주로서 다스렸기에 이 도를 실제로 실행할 수 있었지만 주공 이후의 성인은 신하의 신분에 머물렀기 때문에 이 말이 길어졌던 것이다.9)

당대 말기에 한유는 「원도」라는 문장을 지어 공맹으로 전승되는

---

8) "孟子曰, 由堯舜至於湯, 五百有餘歲, 若禹皐陶, 則見而知之, 若湯, 則聞而知之, 由湯至於文王, 五百有餘歲, 若伊尹萊朱則見而知之, 若文王, 則聞而知之, 由文王至於孔子, 五百有餘歲, 若太公望散宜生, 則見而知之, 若孔子, 則聞而知之, 由孔子而來至於今, 百有餘歲, 去聖人之世, 若此其未遠也, 近聖人之居, 若此其甚也. 然而無有乎爾, 則亦無有乎爾"(『맹자, 진심하』).

9) "吾所謂道也, 非向所謂老與佛之道也. 堯以是傳之舜, 舜以是傳之禹, 禹以是傳之湯, 湯以是傳之文武周公, 文武周公傳之孔子, 孔子傳之孟軻. 軻死後不得其傳焉. 荀與揚也, 擇焉而不精, 語焉而不詳. 由周公而上, 上而爲君, 故其事行. 由周公而下, 下而爲臣, 故其說長"(한유, 「원도」, 『한창려전집』, 중화서국).

도통의 계보를 되살리려고 시도했고, 그의 그런 시도는 북송 시기에 등장한 성리학적 도통론의 단초를 제공한 것으로 평가받는다. 한유는 한대 중기 이후에 중국에 유입된 불교의 영향으로 중국 문화의 방향이 변질되어 가고 있다는 위기의식을 가졌다. 그런 입장에서 그는 오랫동안 지식인의 사유의 맥락 안에서 잊혀져 있던 고전적 유교의 사상 전통을 회복해 중국의 정신적·문화적 위기를 극복하는 방향을 모색하려고 했다. 그 결과 그는 중국의 축의 시대의 문화적 창조에 착안해 그러한 문화적 창조를 전승한 공자와 맹자의 사상적 전승에 주목했다.

한유의 관점은 축의 시대의 중국 문화가 달성한 깊이와 수준을 도달해야 할 모델로 삼아 새로운 중국 문명의 가능성을 탐색하는 것이었다. 그리고 이 경우 경전의 창조와 전승 자체보다는 경전을 해석해 춘추전국시대의 사상적 위기를 돌파해 새롭게 중국 문화의 표준을 완성한 공자와 맹자의 사상적 창조가 더 중요하다. 따라서 예악과 경전의 창조자인 주공은 배후로 물러나고, 경전을 재해석해 사상적 깊이를 확보하게 해준 공자가 전면에 부각된다. 나아가 경전의 전승자로서의 순자가 뒷면으로 물러나고 맹자가 전면에 부각된다. 순자가 단순한 전승자라면 맹자는 공자의 정신을 계승해 유교적 도와 의리의 정신을 회복하는 데 큰 공로를 가진 사상가이기 때문이다. 한유의 도통론에서 공자와 주공, 맹자와 순자의 역전 현상이 일어난 것이다.

특히 한유는 신유학의 선구자로 공자의 보편적 박애의 심성으로서의 인을 중시하고 이 인의 정신이 맹자의 성선설에 의해 계승, 확대되었다고 평가한다. 그런 관점에 입각할 때 인간의 악한 속성을 강조하면서 성악설을 주장한 순자는 부정적 평가를 얻을 수밖에 없다. 그렇게 사상적 창조라는 관점에서 도통을 규정하는 신유학의 도통론은 한유의 도통론에서 새로운 동력을 얻고, 나중에 유학의 새로운 정통으로 자리 잡는다.

한유 이후에 도통론의 발명을 주장한 도학파 유학자들은 유학, 유교의 중심에 주공이 아니라 공자가 있다고 생각한다. 그 결과 그들은 공자를 중심으로 삼는 유교적 도의 계승 계보를 상정하고 그러한 전통을 확립하려고 노력한다. 그렇게 만들어진 소위 신유학적 도통론 계보는 당말의 한유 이후에 서서히 성장해간 것으로 성리학자들, 특히 도학파 성리학자들에 의해 확고한 진리로 정립된다. 그리고 그들의 노력에 힘입어 맹자의 위상 역시 확립되고 순자는 이 계보 바깥으로 밀려난다. 마찬가지로 주공도 유교의 배경으로 물러나고 만다. 그 결과 오늘날 유교를 연구하는 사람은 자기도 모르게 인(=博愛)을 공자 사상 및 유학의 중심으로 받아들이게 되었고, 당연히 공자는 인학의 완성자라는 의미를 부여받으면서 유학의 개조, 나아가 신성한 인물이라는 의미를 부여받기에 이른다. 그리고 이 공자의 사상을 계승한 맹자는 아성亞聖으로 공자에 버금가는 인물로 높은 평가를 받기에 이르렀다. 그 결과 유학의 정통적 계보, 즉 도통은 '요-순-우-탕-문-무→공-맹'이라는 도식이 완성된다. 나아가 '맹자의 죽음 이후 이 전통이 단절되었다軻之死不得其傳焉'는 도통 단절의 역사의식이 확립된다. 그러나 그런 도학적 도통론에 이르는 길은 일직선의 평탄한 길은 아니었다.

7 ___ 북송 초의 유교 정통론: 맹자의 부각

당말, 북송에 활발하게 등장한 도통론, 정통론은 결국 주자학의 도통론으로 완성된다. 주자학의 도통론이 맹자 중심주의로의 회귀라고 평가될 수 있다면 당연히 주자학이 승리하면서 이전의 도통론의 방향도 역전되었으리라고 예상할 수 있을 것이다. 역사적으로 보자면 주자는 신유학의 선구자로 평가되는 한유의 도통론을 계승하고 있다. 그것은 결과적으로 북송 초의 손복과 석개의 유교 전승론이 부정되는 결과를 초래했다.

성리학의 승리는 결국 존맹尊孟(맹자 존중) 사상의 승리고, 존맹 사조의 부각으로 인해 순자가 배경으로 물러나고 맹자가 공자의 계승자로 부각되는 결과를 초래했다. 심성론 중심의 도학과 성리학은 공자의 사상적 창조에 주목하고 축의 시대의 사상적 창조에 무게 중심을 두었다. 그리고 경전의 전승을 중시하는 경학 자체는 사상의 중심에서 물러나게 되었다. 당연히 주공의 위상도 많이 약해졌다. 또한 맹자가 부각되면서 순자의 위상도 약해졌다. 이 역시 역사 평가의 중심이 이동하면 충분히 예상될 수 있는 일이었다.

주자는 도통론이 맹자 이후 단절을 겪으면서 쇠미했으나 당대 중기의 한유의 인학을 거쳐 점차 형태가 분명해진다는 사실을 인지하고 한유가 초보적으로 확정한 도의 전승론을 계승하면서 도학의 계보를 '도통'이라는 명칭으로 명시적으로 확정한다. 주자는 「맹자서설孟子序說」에서 "한유의 이 말은 앞 사람들을 답습한 것이 아니다. 그리고 근거 없이 마구 지어낸 말도 아니라 반드시 나름의 식견을 가진 말이라고 평가할 수 있다. 그가 어떤 식견에 근거하지 않았다고 한다면 그가 전하고자 한 것이 무엇인지 모르겠다"[10]는 정자의 말을 인용하면서 도통론을 구성하는 역사적 맥락을 부연 제시한다. 다시 말해 주자는 요순에

---

10) "韓子此語, 非是蹈襲前人, 又非鑿空撰得出, 必有所見, 若無所見, 不知言所傳者何事"(주자, 「맹자서설」, 『사서장구집주』).

서 시작되어 공자에 이르는 고전적 도통의 전승 맥락을 기초로 '맹자→(한유)→정자'를 고전적 유가 전승 맥락의 연장선에 놓는 도학적 도통론을 제시했다. 하지만 주자는 나중에 한유를 도통의 계보에서 배제하고 맹자에서 정자로 이어지는 도학적 도통론을 확성하기에 이른다.

주자가 한유를 중시하면서도 도학적 도통의 전승 맥락에서 제외한 것은 주자학의 사상적 중심이 심성론에 놓이는 것과 일정한 관련이 있을 것이라고 추측할 수 있다. 원래 송 대의 유학자들은 거의 이구동성으로 한유와 맹자의 연결 고리를 강조하고 있었다. 그러나 도학파 사상가들은 왕안석의 변법파와 대립하는 과정에서 심성론의 중요성을 특별히 강조하는 방향으로 선회한다. 이 과정에서 그들은 심성론이라는 의제를 풍성하게 담고 있는 『맹자』의 가치를 특별히 강조하게 된 것이다. 그것은 북송 시대에 도학파 사상가들에 의해 소위 맹자승격운동[11]이라고 불릴 수 있을 정도로 활발한 맹자 재평가 운동이 일어나는 것으로 연결되고, 그런 시대적 사상 동향의 연장선에서 주자는 한유를 배제하고 맹자를 강조하는 도학적 도통론을 완성하게 되는 것이라고 해석할 수 있을 것이다.

한유는 노장과 불교의 도를 비판하면서 유가적 도의 전승 맥락을 제시했고, 그런 한유의 역사 해석은 북송 시대의 여러 유자의 호응을 받았다. 예를 들어 유개柳開(948~1001년), 손복(992~1057년), 석개(1005~1045년), 구양수歐陽修(1007~1072년) 등이 대표적이다. 물론 그들의 사상을 직접적으로 도학 계열에 포함시켜 생각하는 것은 온당치 못할 수 있다. 그러나 그들은 불교와 노장 혹은 도교를 비판하면서

---

[11] 북송 대의 '맹자승격운동'에 대해서는 이용주, 『주희의 문화 이데올로기』, 이학사, 2003년을 참조하라.

한유의 도불 비판을 적극 수용했고, 그런 그들의 노력에 힘입어 도통론은 북송 시대의 유학자들의 공통 인식으로 뿌리 내릴 수 있었다는 사실을 놓고 본다면 그들의 존재가 도학의 형성에 중요한 계기를 제공했다고 보는 것도 큰 무리는 없을 것이다.12)

손복, 석개의 초기 도통론을 계승하면서 좀 더 분명하게 선악이라는 가치 평가의 관점에서 성현의 전승 계보를 논한 사상가는 사마광(1019~1086년)이었다. 사마광은 가우嘉祐 6년(1061년)에 집필한 문장에서 선악이라는 가치 관점에 입각해 성현의 계보론을 이렇게 언급한다.

선악과 시비는 서로 뒤섞여 있기 때문에 그것을 하나로 대한다면 흑백을 구별할 바가 없어진다. 그리고 선을 평가해 칭찬하지 못하고 악을 구별해 벌을 내리지 못한다면 선을 행하는 자들도 날로 해이해질 것이고, 악을 행하는 자들에게 날로 이 악을 권면하는 꼴이 될 것이다. 요, 순, 우, 탕, 문, 무

---

12) 고대 성인의 계보를 논하면서 '요, 순, 우, 탕, 문, 무'를 거론하는 것은 북송 초의 유학자들의 거의 상투적인 발언이었다는 것 또한 잊어서는 안 될 것이다. 북송 시대의 유학자들은 요, 순, 우, 탕, 문, 무의 계보를 도통이라는 관점에서 명확하게 평가하고 있지는 않았다. 북송 초기의 성현 계보 담론은 송의 성립이라는 정치적 사건을 맹자에서 등장하는 혁명이라는 개념을 원용해 논의하거나 송의 정권 수립을 고대 성인의 활동과 연계시켜 논의하는 것이라는 점에서 불교, 도교와 대항하는 유교의 사상적 정통성을 회복하려는 강한 의지를 보이는 도학파의 도통론과 성격을 달리하지만 적어도 성현의 계보론 자체가 일종의 유행 담론으로 존재했음은 분명한 사실이다. 손복과 석개의 정통론은 거의 동일하면서도 조금 다르다. 손복은 '요, 순, 우, 탕, 문, 무, 주공, 공자, 맹가, 순경, 양웅, 왕통, 한유'를 거론한다. 반면 석개는 성인과 현인을 구분하면서 '복희, 신농, 황제, 소호, 전욱, 고신, 당뇨, 우순, 우, 탕, 문, 무, 주공, 공자'를 성인의 계보에 넣고, 현인의 계보에는 '맹가, 순황, 양웅, 왕통, (문중자), 한유'를 꼽는다. 이중 특히 한유가 탁월하다고 평가한다. 북송 초의 이런 도통론은 한유의 중요성을 인정하고 있지만 본문에서 살펴본 순자 주석가인 양경이 제시한 초기 경학 전승론의 영향을 일정 정도 받고 있다는 사실을 부정할 수 없다. 『전송문』 44권, 3책, 97쪽. 『전송문』 67권, 4책, 129쪽. 『전송문』 4책, 68권, 151쪽. 『전송문』 84권, 5책, 86쪽 등을 참조하라.

50 1부 이단에 대한 유학의 문제의식과 그 흐름

등의 임금들이 나타나고, 동시에 직, 계, 이윤, 여상, 주공, 소공 등의 신하가 나타난다고 해도 그런 방식으로 다스리라고 한다면 그것은 마치 얼음을 뚫어서 불을 구하는 것과 다름이 없고, 초나라를 향해서 간다고 하면서 북쪽으로 방향을 잡고 나아가는 것과 다를 바 없이 불가능한 일이 될 것이다.13)

물론 사마광의 성현 계보론은 반드시 도통론적 관점에서 논의된 것은 아니다. 그러나 그의 논설은 강력한 선악의 가치 관점에 입각한 것이라는 점에서 도학적 도통론의 구도 및 의지와 연결될 가능성을 갖고 있었다. 선악이 가치 기준이 되는 도를 유학의 성현 계보 및 이 계보를 잇는 공자의 사상 안에서 찾아야 한다는 사마광의 입장은 다음의 문장에서 더욱 분명한 모습을 갖고 등장하는데, 거기서는 선왕과 공자가 연이어 등장한다는 점에 주목할 필요가 있다.

따라서 배우는 사람이 진실로 도를 지향하고자 한다면 천지에 바탕을 두고 선왕의 가르침을 탐구하며 공자에게서 근거를 구하고 현재의 일에서 실천하며 검증하는 것보다 더 올바른 길은 없을 것이다.14)

사마광과 동시대 인물이자 고문가의 하나로 널리 알려진 증공曾鞏(1019~1083년) 역시 학문을 통한 도의 탐구라는 관점에서 성현의 계

---

13) "夫善惡是非相與混淆, 若待之如一, 無所別白, 或知其善而不能賞, 知其惡而不能罰, 則爲善者日懈, 爲惡者日勸. 雖有堯舜禹湯文武之君, 稷契伊呂周召之臣, 以之求治, 猶鑿冰而取火, 適楚而北行也."
14) "故學者苟志於道, 則莫若本之於天地, 考之於先王, 質之於孔子, 驗之於當今"(「答陳充密校書」, 『사마광문집』, 『전송문』, 1210권, 56책, 5쪽).

보를 논한다.

옛날의 성인은 순, 우, 성, 탕, 문, 무를 꼽을 수 있는데, 학문을 통하지 않고 이 경지에 도달한 분은 없었습니다. 그리고 부열과 주공이 그들의 군주를 보좌했는데, 학문으로서 노력하지 않고 그렇게 된 경우는 없었습니다. 따라서 맹자는 배운 다음에 정치적 활동을 해야 한다고 말한 것입니다. 탕이 왕도를 실행한 것, 제 환공이 패도를 실천한 것은 노력하지 않고 그렇게 된 것이 아닌 것입니다. 대체로 학문이 임금 노릇하는 공덕을 이루게 하는 기능을 갖고 있음을 알 수 있습니다.15)

때를 얻어 도를 끝까지 추급해 천하에 펼치는 실천을 했던 분으로는 당(요), 우(순), 우, 탕, 문, 무 임금을 꼽을 수 있다. 고, 기, 익, 직, 이윤, 태공, 주공 등이 신하로서 활약한 것도 그런 상황에 속한다고 말할 수 있다. 때를 얻지 못해 도를 지켜서 후세를 기약한 분으로는 공자와 맹자를 꼽을 수 있다. 그들의 가르침이 이미 이루어졌고 효력도 이미 드러났으니, 후대 사람들에게 가르쳐서 실천하도록 전범을 보여주는 것이 다름 아닌 육경이다.16)

요순에서 탕무를 거쳐 주공과 공맹으로 이어지는 성인의 계보를 설정한다는 점에서 증공의 논의는 분명히 북송 시대 유학자들의 공통 인

---

15) "古之聖人, 舜禹成湯文武, 未有不由學而成, 而傅說周公之輔其君, 未嘗不勉之以學. 故孟子以謂學焉而後有爲, 則湯而王, 齊桓公以覇, 皆無不勞而能也. 蓋學所以成人主之功德如此"(「熙寧轉對疏」, 『曾子固集』, 『전송문』, 1240권, 57책, 149쪽).
16) "得其時, 推此道以行於天下者, 唐虞禹湯文武之君, 皐夔益稷伊尹太公周公之臣是也. 不得其時, 守此道以俟後世者, 孔孟是也. 其法已行, 其效已見, 告後之人使取而則之者, 六經是也"(「爲治論」, 『曾子固集』, 『전송문』 1255권, 58책, 33쪽).

식에 속하는 것임을 알 수 있다. 다시 말해 증공의 논의는 구양수의 「정통론서」, 「정통론상하」17), 소식의 「정통론삼수」18), 진사도陳師道(1053~1101년)의 「정통론」19)에서 거론된 성현의 계보론의 연장선에서 제시된 것으로, 나중에 북송과 남송 시대 도학의 '도통'론의 추세로 연결되는 것이었음을 알 수 있다.

8 ___ 주자의 정통론 완성

'도통'이라는 말은 주자학의 정신을 표현하는 가장 중요한 개념 중의 하나다. 이 말을 처음 사용한 사람은 주자가 아니지만 주자 문하에서는 이 말이 주자학의 정신적 가치와 사상적 목표를 극명하게 보여주는 표현이라는 인식은 아주 이른 시기부터 존재하고 있었다. 주자학의 계승자인 왕백王柏(1197~1274년)이 「발도통론跋道統論」에서 언급한 것이 증거라고 볼 수 있다. "도통이라는 명사는 고대의 글에는 보이지 않고 최근에 만들어진 말이다. 따라서 주자는 『중용』에 서문을 쓸 때 '도통'이 전해지지 않았다는 사실을 강조하면서 천하 후세를 걱정하는 마음이 깊은 것을 잘 보여주고 있다."20)

'도통' 개념이 주자학의 학문적 목표와 사상적 핵심을 표현하고 있다는 사실은 의심할 여지가 없다. 하지만 이 말의 의미는 반드시 분명

---

17) 『歐陽修全集』(중화서국, 2001), 권16, 265~273쪽.
18) 『蘇軾文集』(중화서국, 1986), 권4, 120~126쪽.
19) 「後山居士文集」, (『전송문』, 2667권, 책123, 335쪽).
20) "道統之名不見于古, 而起于近世, 故朱子之序中庸, 擧擧乎道統之不傳, 所以憂患天下後世也深矣"(「跋道統錄」). 王柏, 『魯齋集』, 권11, 116쪽. 문연각사고전서 1186책, 대만상무인서관. 왕백은 주자의 삼전三傳 제자의 한 사람으로 알려져 있다.

한 것은 아닐 뿐만 아니라 역사적으로 남용되는 경향을 갖고 있다는 사실, 나아가 송 대 이후 유학의 역사에서 복잡한 굴절을 겪으면서 복잡한 전개 양상을 보였다는 사실 또한 잊어서는 곤란하다. 이런 사정을 염두에 두면서 도통 개념의 의미를 명확하게 이해하기 위해 도통 개념이 형성되어 가는 시대적 맥락과 발전 과정을 간략하게 짚어보자. 주자는 널리 알려진 대로 「중용장구서中庸章句序」에서 '도통' 개념을 사용하면서 확고한 가치론적 입장에서 유교의 역사를 개괄한다.

상고의 성인들이 하늘의 뜻을 받들어 진리의 표준을 세운 이후, 도통의 전승은 계속 이어져 내려왔다. 이 '도통'의 정신이라고 할 수 있는 '윤집궐중允執厥中'[가운데(중용)를 진실하게 붙잡아야 한다]이 경전에 보이는데, 요 임금이 순 임금에게 전해준 것이다. 사람의 마음은 항상 위태롭고 도의 마음은 희미해서 알아보기 어렵다. 오로지 정성과 집중으로서 가운데[중용]를 바르게 붙잡아야 한다는 말은 순 임금이 우 임금에게 전해준 것이다. 요 임금의 '윤집궐중' 한 마디는 지극한 진실을 다 표현하고 있다. 그리고 순 임금이 덧붙인 세 마디 말은 요 임금의 한 마디 말을 명확하게 부연한 것으로서 대체로 진리에 가까운 말씀이라고 할 수 있다.21)

이 경우 도통이란 주희가 평가하는 유교의 정통적 역사 전승이다. 주자의 평가에서 도통과 도통이 아닌 전승을 구별하는 기준은 '중용을 진실하게 붙잡는다'는 상당히 모호한 내용을 가진 정신적 가치였고, 주

---

21) "蓋自上古聖神繼天立極, 而道統之傳有自來矣. 其見於經, 則'允執厥中'者, 堯之所以授舜也. 人心惟危, 道心惟微, 惟精惟一, 允執厥中者, 舜之所以授禹也. 堯之一言, 至矣, 盡矣, 而舜復益之以三言者, 則所以明夫堯之一言, 必如是而後可庶幾也"(朱熹,「中庸章句序」,『四書章句集注』).

자는 이 정신적 가치를 기준으로 유교의 전승사를 선별하고 이 전승사에 대해 정통성을 부여했다. 위의 문장에 이어 주자는 도통의 전승사를 정리하고 주자 당대에서 도통의 전승을 재확인하는 것의 사상사적 의미를 언급한다.

> 요, 순, 우 임금은 천하의 위대한 성인이다. …… 성, 탕, 문, 무 등의 군주들과 고요, 이윤, 부열, 주공, 소공 등의 신하들은 도통의 전승을 이어준 인물들이다. 그리고 우리 공자[부자]의 공적은 오히려 요순보다 더 뛰어난 점이 있다. …… 공자 이후에는 오직 안연과 증자 등의 제자가 정통성을 이었다. 증자의 제자의 제자 중에 공자의 손자 자사가 나타났지만 성인들과 시간적 거리가 먼 관계로 이단이 일어나기 시작했고, 자사는 성인에서 멀어지면 질수록 진실한 전통을 잇기 어려울 것으로 생각했다. …… 이후 맹자가 나타나 자사의 서[중용]의 의미를 밝히면서 앞선 성인의 도통을 이었다. 그러나 그가 돌아가신 후에는 도통의 전승이 사라졌다. …… 이후 이단의 주장이 날이 갈수록 더욱 번성하게 일어나고, 마침내 도교와 불교의 무리가 출현하기에 이르렀다. 그들의 가르침은 이치를 드러내고 있는 듯이 보였기에 더욱 더 진리를 혼란스럽게 만들었다. …… 그리고 근세에 정명도, 정이천 형제가 나타나 천 년 동안 전승되지 않았던 도를 회복하고 도교와 불교의 사이비 진리를 공격했다.22)

---

22) "夫堯舜禹, 天下之大聖也. …… 若成湯文武之爲君, 皐陶, 伊, 傅, 周, 召之爲臣, 旣皆以此而接夫道統之傳. 若吾夫子 …其功反有賢於堯舜者. …… 惟顏氏曾氏之傳得其宗, 及曾氏之再傳, 而復得夫子之孫子思, 則去聖遠而異端起矣. 子思懼夫愈久而愈失其眞也. …… 自是而又再傳以得孟氏, 爲能推明是書, 以承先聖之統. 及其沒而遂失其傳焉. …… 而異端之說日新月盛. 以至於老佛之徒出, 則彌近理而大亂眞矣. …… 故程夫子兄弟者出, 得有所考, 以續夫千載不傳之緒, 得有所據, 以斥夫二家似是之非"(朱熹,「中庸章句序」).

주희가 제시하는 유교적 '도의 정통'은 요-순-우-탕-문-무의 고대 성왕의 맥락과 그것을 계승하는 공자夫子-증자-자사-맹자, 나아가 근세, 즉 북송의 정씨 형제로 이어지는 맥락이다. 여기서 주자가 '도통'을 강조하는 이유는 도교와 불교로 대표되는 이단의 발전을 저지하기 위한 것이다. 그리고 주자는 그런 이단 사상을 차단하는 것이 곧바로 유교로 대표되는 중국적 정신의 회복이라는 시대적 과제와 직결된다고 보았다. 이 목표를 달성하기 위해 주자는 우선 사서의 체계를 강화하고, 다음으로 사서 안에서 특별히 중요한 문서로 재발견된 『중용』의 가치를 부각시키려고 했다. 주자의 그러한 의도에 의해 『논어』(공자), 『맹자』(맹자), 『대학』, 『중용』으로 이루어진 '사서'는 독립적 문서의 지위를 획득하고, 더 나아가 주자의 탁월한 재해석을 거치면서 중국 역사상 처음으로 '오경'과 맞먹는 경전적 지위를 획득하게 되었다. 주자는 죽는 순간까지 '사서'를 재해석하는 노력을 기울였는데, 그런 노력을 통해 도학, 즉 주자학은 이후 1천년 동안 유학의 전범으로서의 지위를 획득하는데 성공했다.

9 　도통론의 정치-종교학적 의미

주희는 중국 사상의 가장 중요한 줄기 중의 하나인 '도학'을 완성한 인물이다. 주희는 자기 사상을 확립하는 과정에서 과거에 존재했던 다양한 사상을 폭넓게 흡수하고 당시의 다양한 학문적 경향을 포용하거나 혹은 비판, 배척하면서 확고하고 거대한 스케일을 갖춘 사상 체계를 수립했다. 주희가 완성한 도학은 궁극적으로 '수기'와 '치인'이라는 전통 유교의 두 방향을 통합하는 것을 이상으로 삼는 사대부의 학문으로서 북송 시대의 주돈이周敦頤(1017~1073년), 장재張載(1020~1077년), 정호程顥(명도明道, 1032~1085년), 정이程頤(이천伊川, 1033~1107년)의 학문을 계승해 주희 본인에 의해 완성된 사상적 흐름을 총칭하는 것이다. 도학의 목적은 전통적인 유교의 수양을 통해 도덕적 인격을 완성하고修己, 일반 민중을 교화시켜 사회 전체를 조화롭고 질서 잡힌 평화 세계로 이끄는 것治人이었다. 이때 수양과 교화의 주체는 송 대 이후에 새로운 사회 계층으로 등장한 사대부 지식인이었다.

사대부 지식인의 사상이자 세계관인 도학은 강한 문화적 민족주의를 추동력으로 삼아 수립된 사상이라는 특징을 갖고 있다. 그러한 문화적 민족주의는 주희에 이르러 분명한 모습을 드러내게 된다. 도학 사상가들은 당시 중화(송나라) 세계가 위기에 빠진 원인을 문화적 주체성의 상실 때문이라고 생각했다는 점에서 문화주의적 태도를 취하고 있었다고 말할 수 있다. 그러한 그들의 문화주의는 현실주의적 관심을 지니고 있던 진량陳亮으로 대표되는 소위 공리주의적 사상가들에 의해 심각한 비판을 받지만 역사는 결국 도학파가 제시한 문화주의적인 방향으로 귀착되고, 원 나라 이후에는 도학파의 관점이 국가 이데올로기의 지위에까지 오르게 된다.

주희가 표방한 문화 민족주의(=중화주의)는 이단 사상 및 이민족 종교인 불교에 대한 비판이라는 과정을 거쳐 수립된 것이었다. 그들이 제기한 이단, 특히 도교와 불교에 대한 가차 없는 비판은 언뜻 보면 '도학'이 지향하는 조화 및 질서의 관점과 위배되는 것처럼 보일 수 있다. 그러나 도학자들은 진정한 중국적 조화와 질서를 수립하기 위해서는 중국인이 중시해온 정치-사회질서禮를 부정하는 이민족의 사상인 불교를 배척하는 것이 무엇보다 시급한 과제라는 인식을 공유했다. 그들에게서 사회적 평화는 중화 질서의 확립과 안정을 의미하는 것이었기 때문에 중화적 문화를 위협하는 어떠한 세력에 대해서도 단호한 투쟁을 불사한다는 전투적 성격을 갖게 되었다. 확고한 평화주의가 전투적 근본주의로 전환하는 것은 역사의 아이러니가 아닐 수 없다.

도학의 불교 비판은 당나라의 한유가 제시한 배불론의 정신을 계승하고 있다. 한유는 이민족의 가르침인 불교는 중국 문화의 핵심인 예를 부정할 뿐만 아니라 조화로운 사회질서 자체를 부정하는 초속적인 가르침이기 때문에 중국적 질서를 파괴한다고 판단했다. 그는 중국 문화의 근간이 되는 유교야말로 고대 중국의 선왕들이 남겨준 가르침이자 중국 문화의 정체성 회복을 위해서 반드시 회복해야 할 것이라며 선왕의 가르침인 유교의 가치를 이렇게 요약한다.

이른바 저 선왕의 도란 무엇인가? 널리 사람을 사랑하는 인, 이치에 맞게 행동하는 의, 인의를 따라 실천하는 도, 자기가 이미 갖추고 있어서 바깥에 구할 필요가 없는 덕이 바로 그것이다. 이 네 가지 가치가 담겨진 문헌은 『시경』『서경』『주역』『춘추』이며, 이 법도가 다름 아닌 예악형정이다.23)

예악형정은 유가가 전통적으로 지지해온 조화로운 사회 수립을 위한 수단을 총칭한다. 한유는 「대학」에서 제시된 팔조목八條目과 삼강령三綱領이 예악형정에 바탕을 둔 중국적 질서를 한 마디로 요약한 것임을 강조한다. 특히 한유가 중요하게 본 것은 정심正心(마음을 바르게 함),

23)「原道」,『한유집』, 권11.

성의誠意(뜻을 참되게 함) 및 명명덕明明德(천하에 명덕을 밝힘)이었다. 한유는 "옛날 천하에 명덕을 밝히려는 자는 우선 자기 나라를 다스렸고, 나라를 다스리는 자는 우선 자기 가문을 다스렸고, 가문을 다스리려는 자는 우선 자기 몸을 다스렸고, 몸을 다스리는 자는 우선 마음을 바르게 했고, 마음을 바르게 하려는 자는 우선 뜻을 참되게 했다. 옛날에 이른바 마음을 바르게正心 하고 뜻을 참되게誠意 한 것은 장차 일을 도모하려는 뜻이었지만 지금은 마음을 다스린다고 하면서 천하 국가를 도외시하고 하늘의 영원한 이치를 멸했으니 ……"라면서 개인의 마음 수양과 이 수양에 바탕을 두고 올바른 세계를 만들고자 하는 지향을 가진 유교적 가르침의 핵심을 제시하고, 그러한 지향에서 어긋난 불교의 가르침이 근본적으로 중국적 질서를 무시하는 것이라고 비판한다.

『대학』은 본래 『예기』 중의 한 편이었기 때문에 한나라 이후 『예기』의 한 편에 불과한 『대학』의 사상에 특별히 관심을 기울인 사람은 없었다. 그러나 『대학』이 유교의 정수를 담고 있는 문헌이라고 판단하고 그 속에 담긴 관점을 적용해 이민족의 종교 및 이단의 가르침을 배척해 유교적 정신으로 중국적 질서를 회복할 것을 기획한 한유의 입장은 사상사적으로 획기적인 의의를 지닌 것이라고 할 수 있다. 송나라 이후 사상계의 승자로 등장한 도학은 『대학』에 표현된 유교적 정신을 계승하고 확대해석한 사상 체계였기 때문에 그런 점에서 한유는 도학의 선구자라는 평가를 받는다.[24]

도학은 분명 한유의 배불론과 문화적 민족주의를 계승하고 있다.

---

24) 송 대의 사상가 중 도학파 사상가들은 『대학』을 유가의 평화 정치 실현의 큰 줄거리를 보여주는 경전으로 대서특필했다. 도학과 『대학』의 관계에 대해서는 이용주, 『주희의 문화 이데올로기』, 이학사, 2004를 참조하라.

그러나 주희 이전의 도학파 사상가들의 관심은 주로 배불론과 결부된 내면적 정신 수양 문제로 기울어지고 있다는 인상을 지우기 어렵다. 다시 말하자면 도학은 유교의 전통적인 두 방향의 관심, 즉 내성內聖(인격 수양)과 외왕外王(정치 질서 수립) 혹은 수기修己(자기 수양)와 치인治人(정치 활동)의 두 방향의 관심 중 주로 '내성' 차원 또는 '수기' 차원에 정력을 쏟고 있었다고 평가할 수 있다. 그러나 도학의 흐름을 종합한 주희 자신은 대단히 폭넓은 시야를 지니고 '내성'과 '외왕', '수기'와 '치인'에 동등한 무게 중심을 두면서 방대한 학문 세계를 정립한 위대한 사상가였다. 주희의 사상 체계 전체를 살피는 것은 다른 기회로 미루고 여기서는 그의 정통론, 즉 도통론적 입장을 간략히 살펴보자 (도통은 '도의 정통道之正統'의 축약어다).

주희의 사상적 관심은 공자와 맹자에 의해 수립된 유교의 참된 정신을 회복해 당시의 민족적, 문화적 위기를 극복하는 것이었다고 할 수 있다. 그런 목표를 달성하기 위해 주희는 먼저 도통, 즉 유교적 정통성을 회복하는 일에 힘을 쏟는다. 그의 학문은 사서와 육경을 비롯한 유교의 경전 해석학에 기반을 두고, 불교 및 도교로 대표되는 이단 종교를 비판하는 데 집중되고 있다. 그러나 주자는 이단 사상이 쉽사리 부정할 수 있는 단순한 물건이 아니라는 사실을 누구보다 잘 알고 있었다. 마음의 이해와 수양 문제에서 불교와 도교는 중국인의 삶 속에 깊이 자리 잡고 있었을 뿐만 아니라 전통적인 유교는 그러한 문제에 응답할 수 있는 깊이를 결여하고 있었다.

주희는 유교적 정체성 수립이라는 사상적 과제를 수행하기 위해서는 감정적인 비판에만 머물 수 없다고 판단했다. 주희는 자연스럽게 불교와 도교를 능가할 수 있는 유교적 마음의 이론과 수양 이론을 정립하기 위한 이론적·실천적 연구에 몰두했다. 그리고 마침내 성리학이라고 알려진 경전 해석학, 역사철학, 심성학과 수양론을 포괄하는 거대한 사상 체계를 완성했다. 주자를 비판적으로 평가하는 학자들은 주희가 수립한 심성학, 수양론이 유교의 외피를 뒤집어 쓴 불교와 도교라고 비난하기도 한다.25) 어떤 면에서 그러한 평가는 옳다. 하지만 모든 위대한 사상이 종합과 조화의 산물이라는 사실을 고려할 때 주자학의 종합주의는 그러한 사상의 결함이라기보다는 오히려 그러한 사상의 특징을 제대로 지적한 것이라고 볼 수 있을 것이다. 주희는 도교와 불교의 장점을 최대한 유교적 체계 속에 받아들였다. 그리고 그런 이단 사상의 자원을 활용해 당시 중국 문화의 위기라는 사상적 현장의 요청에 부응할 수 있는 형태로 그것을 재해석하고 유교의 내용을 풍부하게 만들었다. 그런 종합을 거치면서 유교는 당시의 위기를 돌파할 수 있는 완결된 세계관의 체계로 승화되었다고 말할 수 있다. 그런 점에서 주희의 사상이 유교의 모습을 띤 불교라고 평가되는 것은 주희 사상의 의도와 지향을 이해하지 못한 단견이라고 볼 수 있다. 무릇 사상의 참신함과 위대함은 해당 사상이 어떤 요소들을 담고 있는가하는 단순한 영향론의 관점에서 평가되어서는 안 될 것이다.

    모든 창조적 사상은 이전의 사상적 자원을 충실하게 이용한다. 그

---

25) 이런 관점을 대표하는 연구자로는 일본의 아라키 켄고荒木見悟를 꼽을 수 있다. 그의 『유교와 불교, 유교의 모습을 한 불교』(심경호역), 예문서원, 2000년을 참조하라. 원래 이 책은 1969년에 일본에서 출판되어 이 분야의 고전으로 자리 잡고 있다. 우리말 번역은 이 책의 1990년 개정판을 번역한 것이다. 아라키의 연구는 그 자체로 대단히 치밀하고 당송 시대의 선불교 사상을 대표하는 규봉 종밀과 대혜 종고의 심성 이론을 면밀히 분석하고 주희의 것과 비교하고 있다.

리고 그런 종합과 취사선택을 거치면서 시대적 요청에 부응하는 거대한 체계를 만들어낸다. 창조적 사상가는 고전의 텍스트를 원래의 맥락 안으로 되돌려 둘 사이의 연결 지점을 정확하게 포착한 다음 새로운 맥락에서 텍스트를 다시 읽어낸다. 주희의 사상은 새로운 맥락의 요청에 부합하는 정치한 텍스트 읽기의 시도를 거친 거대한 사상 체계를 갖추고 있다. 주희의 손을 거치면서 유교는 우주론, 정치철학, 심성론 및 수양론의 체계를 갖춘 새로운 유교로 다시 태어나고 당시 중국 사상계를 석권하고 있던 도교와 불교를 대체할 수 있는 거대한 세계관을 제시할 수 있었던 것이다. 실로 그것은 세계관의 패러다임 쉬프트를 가져왔다고 말할 수 있을 것이다.

주희의 도학은 유교를 정통으로 삼는 문화적 이상주의를 지향하고 있다. 앞서 살펴본 대로 그의 이상주의는 동시대의 현실주의 내지 공리주의자들의 비판의 표적이 되었다. 그러나 주희는 중국적 질서의 위기가 곧 문화의 위기라고 보며 해결 방안을 문화적 정체성의 확립에서 찾는 문화주의적 태도를 결코 양보하지 않는다. 주희는 중국 문화의 본질이 고대 유교의 성인들의 가르침 속에 갖추어져 있다고 주장한다.

평범한 사람은 고전이 탄생한 맥락과 고전을 다시 읽어야 하는 새로운 맥락의 융합을 통합하는 해석학적 창조를 이룰 수 없기 때문에 단순히 고전을 포기하거나 고전을 지식 과시용으로 삼고 만다. 주자는 당시 유학자들은 고전을 창조적으로 재해석하지 않고 출세를 위한 수험서로 암기하는 데 만족하고 있다고 비판했다. 주자는 당시 유교가 활력을 상실한 이유를 고전의 몰락에서 찾았다. 과거제도에 대한 주자의 비판은 고전의 정신을 포기한 유학자들의 저급한 사고에 대한 비판이었다. 고전 해석은 텍스트와 텍스트의 콘텍스트 그리고 현재적 상황(해석자의 콘텍스트)이라는 삼자三者의 교호작용 속에서 이루어져야 하고 이 경우 고전은 재창조될 수 있다. 주희는 고전 텍스트에 창조적 생명력을 불어넣기 위해 필사적 노력을 경주했고, 엄청난 양의 고전 해석학의 성과를 만들어냈다. 그의 해석이 근세 중국뿐만 아니라 동아시아 세계의 이념적 패러다임이 된 것은 주지의 사실이다. '세계는 한 번만 창조되는 것이 아니라 위대한 예술가가 출현하는 횟수만큼 다시 만들어진다'는 소설가 프루스트의 말은 사상적 창조의 경우에도 동일하게 적용될 수 있다.

고전의 해석을 통해 주희가 발견한 중국적 진리는 '리'로 개념화된다. '리'는 유교적 진리의 다른 이름이다. 주희의 리 개념은 추상성으로 인해 많은 비판자의 도전을 받았다. 하지만 이 개념은 불변하는 중국적 가치 질서가 존재한다는 주희의 굳은 신념을 대변하는 상징어로서의 가치가 있다. 궁극적 가치의 근거인 리는 다양한 의미 변환의 가능성을 갖고 있다. 의미의 모호함 때문에 논란을 불러일으키긴 하지만 리 개념은 이후 천년에 걸쳐 동아시아 사상을 이끌어가는 중심 개념으로 기능했다.

리는 한편으로는 우주 전체의 존재를 뒷받침하는 원리이며, 인간 사회의 존속을 뒷받침하는 원리이도 하다. 인간과 사회 그리고 우주는 리의 뒷받침으로 인해 존재한다. 즉 모든 존재하는 것은 그것의 존재를 가능하게 해주는 필연적이고 당위적인 근본 원리를 갖고 있다. 그리고 이 원리理는 인간이 작위적으로 변경하거나 조작할 수 있는 것이 아니라는 점에서 초월적이고 보편적이다. 주희는 중국의 성인聖人이 제시한 도道(리理)는 아직 완전히 실현된 적은 없지만 "도의 보편성은 사람이 간여할 수 없는 것"26)이라고 사상적 논적 진량에게 보내는 편지에서 천명한다. 한 사람의 인격적 완성, 한 사회의 정치적 완성 그리고 세상의 질서와 평화는 각 층위에 합당한 원리理를 이해하고 그러한 원리에 어긋나지 않는 한에서 보장될 수 있다. 즉 리理를 근거로 삼아 나라를 다스리면 국가는 태평治을 얻을 수 있다. 그러나 그 반대는 혼란亂을 가져 온다. 『대학』에서 제시하는 '치국편천하治國平天下'라는 유교적 이상은 리理를 관건으로 삼는다.

주희가 주장하는 대로 리는 고대 성현들의 삶 속에 실현된 것이고, 고대 성현들이 제정한 중국적 문화 질서 즉 예 속에 실현되어 있었다. 다시 말해 예는 중국적 문화 질서理와 동의어가 될 수 있다. 이상 정치의 실현은 고대 성현이 가르쳐 준 원리理, 즉 예禮를 현실 속에 구현하는 것에 의해 가능하다. 하지만 문제는 그리 간단하지 않다. 왜냐하면 도나 리는 영원 보편성을 가진 것이지만 그것을 실천하는 인간은 완전한 존재가 아니기 때문이다. 여기서 수양의 필요성이 제기된다. 한유가 유교의 두 방향이라고 본 수기(내성)와 치인(외왕)은 주자학에서 유교적 이상 사회를 실현하기 위한 예理의 실천 그리고 그러한 예의 실천을 가능케 하는 개인의 수양이라는 순환적 관계망 안에서 이론적으로 종합된다.

수양은 개인 차원에서 존재의 원리理를 발견하고 실현하는 행위이다. 예는 완성된 개인이 사회관계 속에서 존재의 원리를 실천하는 것이다. 그리고 이상적 정치治國平天下는 개인의 완성과 사회의 완성, 즉 자기실현과 예의 실현이 동시에 담보되는 상태를 의미한다. 여기서 개인과 사회는 연속성을 가진다. 나아가 인간과 사회 그리고 우주는 연속성

---

26) 「答陳同甫書」, 『주희집』, p. 1592.

을 가진 하나의 커다란 유기체로 이해된다. 중국적 사유의 뿌리인 천인합일을 지향하는 세계관은 그러한 유기체적 사유 방식에서 비롯되는 것이다. 주희는 그러한 유기체적 관점을 갖고 이기론, 심성론, 수양론, 문화론, 이단 비판론, 우주론, 정치철학을 통관하는 거대한 세계관을 수립했던 것이다.

10 ___ 현대 신유학의 도통론 논의

송 대에 등장한 '도학'은 주자의 도통론을 거치면서 동아시아 세계 전체에 영향력을 행사하는 보편 이데올로기로서의 지위를 획득했다. 그 결과 우리는 주자, 도통, '사서'를 하나의 연쇄적 덩어리로 기억하게 된 것이다.

물론 주자, 도통, '사서'를 하나의 통일적 구성물로 이해하는 관점에 대해 의문을 제기한 학자들이 없던 것은 아니다. 그들은 주자학이 제안하는 도통론이라는 관점 자체를 수용하지 않거나 주자가 도통 전승의 근거로 제시한 '사서'를 도통 전승의 증거로 보고, 그것에 경전적 가치를 부여하는 관점을 허구적인 역사 해석에 불과하다고 비판한다. 예를 들어 청대의 고증학자 중의 하나인 대진戴震(1724~1777년)은 젊은 시절에 이미 '사서' 중의 한 편인 『대학』의 경經 부분은 "공자의 말을 증자가 조술孔子之言, 而曾子述之"했으며, 전傳 부분은 "증자의 생각을 문인이 기록한 것曾子之意, 而文人記之"이라는 주자의 주장이 증거가 부족한 허구적 주장이라고 의문을 표한 것으로 알려져 있다.27) 그런

---

27) 洪榜, 「戴先生行狀」 및 王昶, 「戴東原先生墓誌銘」. 張岱年, 『戴震全書』, 黃山書社, 1995, 제7책, 부록.

일화 자체의 사실성 여부는 차치하고 이 일화를 통해 우리는 『대학』이 공자 및 증자와 관련된 문서라는 주자학의 도통론적 관점을 비판하면서 도통과 '사서'의 연결고리를 끊음으로써 주자학적 이데올로기의 허구성을 드러내는 것이 대진의 고증학을 관통하는 의도였음을 알 수 있다.

고증학자 전대흔(1728~1804년) 역시 "도통이라는 두 글자는 이원강의 『성문사업도』라는 책에 처음으로 보인다. '전도정통傳道正統'이라는 제목을 가진 이 책의 제1도에서는 명도明道와 이천이 맹자를 계승한 것으로 정리되어 있다. 이 책은 주자와 동시대 즉 건도乾道 임진년壬辰年에 완성된 것"28)이라고 말한다. 전대흔의 목표 역시 대진과 비슷하게 '도통' 개념 자체가 주자와 동시대 인물인 이원강이 처음 사용한 말이라고 지적함으로써 주자학의 독창성은 물론 도통과 주자의 연결고리가 취약함을 간접적으로 주장한 것이라고 이해할 수 있다. 그러나 그러한 노력에도 불구하고 주자학이 공고한 국가 이데올로기로서의 지위를 점하고 있던 전통 사회에서 주자학적 도통론이 일정한 의도에 근거해 만들어진 역사 해석의 산물이라는 사실, 즉 그것 자체가 하나의 역사적 허구일 수 있다는 주장이 인정받기는 쉽지 않았다. 고증학자들의 작업은 일종의 지식의 고고학이라고 말할 수 있지만 그런 지식, 개념의 고고학적 연구를 통해 도통론이 객관적 사실이 아니라 도학의 체계 안에서 의도적으로 재구성된 것이라는 점을 밝히고, 그것이 사회적 승인을 얻어내는 것은 쉬운 일은 아니었다. 옛날이나 지금이나 주류적 사상을 벗어난다는 것은 어려운 일이고 때로는 위험한 일이기도 하기 때문이

---

28) "道統二字, 始見於李元綱聖門事業圖. 其第一圖曰傳道正統, 以明道伊川承孟子. 其書成於乾道任震, 與朱文公同時." 錢大昕, 「十駕齋養新錄」, 陳文和 주편, 『嘉定錢大昕全集』, 江蘇古籍出版社, 7책, 권18, '道統', 492쪽.

다. 그러나 시간이 지나면서 여러 방면의 도전과 시대적 상황의 변화라는 복합적 벡터가 작용하면서 도통론적 역사 이해는 서서히 권위를 상실했다. 그러한 여러 벡터 중 청대 고증학자들의 비판은 대단히 중요한 역할을 했다. 그러나 주자학 중심주의의 자장이 강한 한국 학계에서 도통론적 역사 이해는 알게 모르게 여전히 강력한 힘을 갖고 있는 것 같다.

현대에 들어와 도통론을 근간으로 삼은 신유학, 즉 도학적 신유학이 중국 사상 또는 중국 철학의 기본적인 전승 맥락이라고 이해하는 소위 현대 신유학으로 인해 주자의 도통론적 사상사 해석은 다시금 권위를 획득하는 모습을 보이고 있다.29) 물론 현대 신유학 계통의 사상가라고 해서 모두 도통론을 수용하는 것은 아니다. 예를 들어 현대에 들어와서 주자학의 체계를 총체적으로 재해석하는 노력을 기울인 전목錢穆(1895~1990년)은 주자와 '사서'의 가치를 높이 평가하는 '도학' 재평가의 입장에 서 있기는 하지만 도통 전승의 역사적 사실성에 대해서는 일정한 유보를 덧붙이고 있다. "이 정二程[정명도와 정이천]이 처음으로 언급하고 주자가 확정한 대로 『대학大』이 경 부분과 전 부분으로 나뉘는 것이 옳은지 아닌지 그리고 소위 경 부분이 공자의 말을 증자가 조술한 것인지 아닌지 그리고 소위 전 부분이 증자의 생각을 문인이 기록한 것인지 아닌지, 『중용』이 자사가 저술한 것을 맹자에게 전수한 것인지 아닌지, 고대의 유가 전통이 공자, 증자, 자사, 맹자의 계통을 따라서 전승된 것인지 아닌지. 이 모든 것은 반대 논변의 여지가 얼마든지 있다."30)

---

29) 葛兆光,「道統, 系譜與歷史: 關於中國思想脈絡的來源與確立」,「문사철 294기」, 2006년, 제3기, 49쪽.

도통의 전승에 관해 비판적 해석 가능성을 언급하는 전목의 입장은 청대 고증학과 거기서 유래하는 1930~1940년대의 고사변파의 논의에서 영향을 받은 것이라고 할 수 있다. 한편 청말민국 초기에 청대 고증학의 학술적 발전사의 마지막 단계에 위치하면서 고사변파의 의고주의와는 일정한 거리를 취했던 유사배劉師培라는 학자는 역사적으로 볼 때 유학은 크게 두 가지 계보가 있었다고 지적하면서 전통적인 도통론의 관점과 일정한 거리를 취한다.31)

유사배의 분류에 따르면 첫 번째 계보는 "공자→증자→자사→맹자"로 이어지는 공맹의 전통이다. 이 계보에서는 송학이 공맹 전통을 이어받았다고 한다. 나아가 이 계보에서는 인이 공자 사상 및 유교 체계의 중심이라고 보고, 인을 실천하는 수기치인의 심성학을 정통이라고 평가한다. 이 전통은 자연스럽게 내면주의로 흐르는 경향을 가진다. 송 대 이후의 주자학적 도통론이 전형적으로 이런 흐름을 대표한다.

두 번째 계보는 "공자→자하→순자"로 이어지는 순자학의 전통이다. 이 전통에서는 내면적 인이나 심성 수양에 중점을 두는 내면주의적 경향에 대해 부정적인 태도를 취한다. 널리 알려진 대로 순자는 예악이라는 제도적 장치를 내면화하는 장기적인 습관과 훈육의 중요성을 강조한다. 그리고 이들은 선왕의 가르침과 제도를 구현하고 있는 육예의 전통을 강조하고 결과적으로 경학을 중시하는 학문적 입장을 정통으로 삼는다. 순자의 사맹학파 비판은 내면주의 심성론에 대한 비판이라고 할 수 있다. 그리고 그런 순자의 입장이 나중에 한나라 이후의 경학과 한학의 전통으로 계승된다.

---

30) 錢穆, 「朱子學提綱」, 『朱子新學案』 제1권.
31) 劉師培, 「近儒學術系統論」, 「南北學派不同論」 등을 참조하라. 『劉申叔先生遺書』.

유사배는 두 번째 계보, 즉 맹자가 아니라 순자로 대표되는 경학 중시, 예악 중시의 입장을 유교의 바른 계승이라고 판단한다. 이 점에서 유사배는 주자학에 대해 비판적 태도를 갖고 있었다고 할 수 있다. 도통설로 대표되는 유교의 정통 논의 자체가 그랬던 대로 청대 이후의 정통 논의 역시 독자적인 가치관에 입각한 역사 해석임은 두말할 필요도 없다. 유사배가 주자학의 도통론을 비판적으로 바라보는 근거는 대개 두 가지 정도다. 첫째, 그는 청대 고증학의 특징으로 꼽을 수 있는 객관적·실증적 태도가 근대 중국이 필요로 하는 과학적 정신과 유사한 지점이 있다고 평가하기 때문에 주자학을 비판한다. 둘째, 유사배는 당시 중국이 서구 열강 앞에 무너지면서 전통 문화를 송두리째 망실하는 위기에 처한 원인을 신유학의 내면주의와 도덕주의의 무력함에서 찾기 때문에 주자학을 비판한다. 보통 유사배는 청말민국 초기의 '국수주의'를 대표하는 인물이라고 알려져 있는데, 그가 지향하는 소위 '국수주의'는 무조건적인 전통 찬미와는 거리가 멀다.

그들이 말하는 '국수주의'는 오히려 과거에 대한 비판적 재해석이라고 부를 수 있는 태도로 역사적 전통에 대한 실증적 연구를 바탕으로 전통의 '정수精髓國粹=national essence'를 찾아낸 다음, 그것의 바탕 위에서 중국 전통의 가치를 재발견하고 회복해야 한다는 문화민족주의적 입장이었다. 그런 국수주의의 관점에서 유사배는 먼저 신유학의 도통 논의가 객관성이 부족한 이데올로기적 역사 해석이며, 그런 도통론에서 배제된 또 다른 유교의 흐름인 순자의 전통이 시대의 요구에 더 부합하는 실제성을 갖고 있다고 보았던 것이다.

유사배보다 조금 나중에 활약하는 풍우란, 모종삼, 전목 그리고 1980년대 이후 중국 대륙 사상계의 총아로 떠오른 이택후 역시 유학의 전통을 재서술하는 과정에서 어떤 전통을 유학의 바른 전통이라고 볼 것인가 하는 정통성 논의를 제기하고 있다. 하지만 현대 신유학의 유학 정통론 갈등을 논하는 것은 지나치게 포괄적인 주제이기 때문에 여기서는 그들의 결론만 간단하게 소개하는 데 만족하려고 한다.

먼저 풍우란과 모종삼의 입장이 대표적 관점이다. 간단히 말하자면 그들은 송 대의 신유학, 특히 주자 계열의 '이학=도학'이 유교의 정통이기 때문에 이학을 현대적 관점에서 확장하면서 계승하는 것을 학문적 과제라고 생각한다. 풍우란과 모종삼의 철학적 목표는 이학(도학)의 심성설을 표준으로 도통론의 계보를 재확정하고 그것을 현대적으로 확장하는 것이다. 그런 점에서 풍우란이 이학을 현대적으로 재해석해 확대하고, 그것을 창조적으로 발전시키는 대표 저작에 『신이학新理學』이라는 이름을 붙인 것은 의미심장하다. 그의 그런 작업은 1930~1940년대 정리된 『정원육서貞元六書』로 결실되는데, 이 책을 구성하는 일련의 저작[신이학, 신원도, 신원인 등]의 이름 자체가 신유학의 대표적인 저술 또는 개념에서 출발해 그것을 재해석한다는 목표를 드러내고 있다. 한편 모종삼은 『심체여성체心體與性體』라는 대저를 통해 이학의 총체적 종합과 정리를 시도하는데, 이 책의 제목에서 알 수 있는 대로 그가 전통 리학[성체]을 중심에 두고 심학[심체]까지도 포함하는 심성론을 유교의 정통적 흐름으로 삼고, 거기에다 근대 서양에서 도입한 민주, 자유주의 정치경제학과 서양의 관념론 전통을 종합하는 창조적 재해석을 시도하는 것을 학문적 과제로 삼았음은 잘 알려져 있다.

다음으로 전목과 이택후는 또 다른 관점을 대표한다고 할 수 있다. 전목은 사상가라기보다는 역사가(=사상사가)의 입장에서 중국의 사상 전통, 문화 전통을 총체적으로 재정리하는 것을 학문의 목표로 삼았다.

앞서 살펴본 대로 그는 이학(도학)의 정통론을 벗어나 유교 사상의 흐름을 새롭게 볼 수 있는 가능성을 제시했다. 전목과 달리 창조적 사상가로서 20세기 후반 중국 대륙의 현대 철학을 대표하는 이택후 역시 전목과 비슷한 관점에서 새로운 유교 계보론을 제안하는데, 이택후의 해석은 훨씬 더 넓은 의미에서 유학의 다양한 계보를 중시하는 것이라고 말할 수 있다. 전목과 이택후의 입장은 도학적 정통론의 편협함을 극복하고 중국의 전통 사상 전체를 객관적으로 평가해 사상 자원으로서 평등하게 취급해야 한다는 것이라고 볼 수 있다. 사상사를 제대로 서술하고 그것을 사상 자원으로 활용하기 위해서는 '정통'이라는 편협한 기준을 넘어서 객관적이고 종합적인 역사학의 태도를 견지하고자 하는 것이 두 사람의 기본적인 출발점이다.

전자의 흐름의 관점을 대표하는 모종삼은 소위 유학 '3기설'을 제시한다. 그것은 내성심학(이학+심학)을 근간에 놓고 민주, 과학의 신외왕의 관점에서 그것을 창조적으로 재해석하려는 입장이다(모종삼의 제자인 유술선은 유학 3기설을 보다 명확한 형태로 제시하고 있다). 그들은 "공맹(1기)→송 대의 도학(2기)→웅십력, 모종삼 등(3기)"으로 유교의 역사를 시대 구분하고 유교적 정통 노선을 정리한다. 모종삼은 3기설을 통해 순자의 사상이나 한대 및 청대의 경학(한학)의 전통을 완전히 배제하면서 유교의 역사를 재현하려고 한다.

반면 객관적인 역사 해석에 비중을 두는 이택후는 모종삼 일파가 제시하는 '3기설'의 대안으로 '4기설'을 제시한다. 그것은 직접적으로는 모종삼 등 신유가가 제시하는 심성론 위주의 역사 해석을 비판하고 유학의 전통을 네 단계로 나누어 보는 입장이다. 그런 입장에서 이택후는 유교의 역사를 이렇게 구분한다. "공맹순(1기)→한대 유학(2기)→송명 이학(3기)→현재와 미래의 발전(4기)." 이택후의 4기설에서는 3기설이 무시한 한나라의 유학, 즉 경학 중심의 유학이 하나의 독자적 단계로 지위를 차지하고 있는 것이 특징이다. 앞서 살펴본 대로 경학 중심의 유학에서 순자는 경전 전승의 중요한 고리로서 확고한 위상을 갖고 있다.

11   왜 '정통/이단'을 논의하는가?

엄격하게 말하자면 객관적인 역사 해석이란 존재하지 않는다. 역사적 정통론 자체가 이념의 대결이고, 가치와 판단에 대한 욕망의 대결이었듯이 현대의 해석학 역시 그런 성격을 완전히 극복할 수 없는 것은 당연하다. 그리고 현대 신유학의 도통 해석학은 완전히 새로운 관점이라기보다는 과거부터 있던 두 가지 입장 차이에서 출발해 현대적 상황에서 그러한 차이를 재조정하려는 것임을 알 수 있다. 이 두 입장을 '도학 중심주의'와 '유학 중심주의'라고 간단하게 명명할 수 있을 것이다.

'도학 중심주의'는 정통 개념을 좀 더 엄격하게 좀 더 좁게 보는 경향이 있다. 이 편이 유학의 확고한 정체성을 규정하고 방향을 설정하는 데 더 유리하기 때문일 것이다. 그러나 '유학 중심주의'는 엄격한 정체성 관념을 갖는 것이 오히려 위험한 것이라고 보는 것 같다. 너무 엄격하면 이 틀에 들어오지 않는 것을 배제하거나 부정해야 한다. 그런 부정과 배제의 원리가 지나친 순결주의로 확대될 수 있고, 결과적으로는 근본주의적으로 나아갈 위험성을 가진다.

우리 논의 역시 이런 선택을 요구받고 있다. 유교의 정통성 담론,

자신이 지켜야 할 것을 더 명확하게 지키기 위해 이학과 이단을 부정하거나 배척하는 전통 유교의 정통성 담론, 특히 조선 유학에서 특히 강력한 힘을 발휘한 도학적 정통성 담론을 어떻게 해석하고 재평가해야 할까? 그런 정통성 담론은 그저 낡은 염불에 불과했던 것일까? 확고한 정체성을 유지하기 위해 모든 외적 도전이나 영향을 불순한 것이라고 배척해야 할까? 아니면 보다 마음을 열어 시대의 흐름에 따라 사상이 발전 변화할 수 있다는 사실을 받아들이고, 외부로부터 들어오는 다양한 사상에 대해서도 개방적인 태도를 취해야 할까? 양쪽 다 나름의 위험성을 갖고 있다. 그리고 어느 쪽도 나름의 가능성과 합리성을 갖고 있다.

먼저 확고한 정체성을 정립해야만 외부의 도전에 대해서도 자기를 지킬 수 있다. 자기를 지키지 못한다면 그것은 문화적이든 정치적이든 경제적이든 외부의 자극에 손쉽게 무너질 수 있다. 그러나 이런 순수주의에 반대하는 입장에서는 다르게 말할 것이다. 확고한 정체성은 격변하는 시대에는 위험한 것이 될 수 있다. 개방적인 태도로 외부의 영향, 내적 변화를 서서히 수용하는 유연한 태도를 가질 때 오히려 외적 자극에 적응하는 일종의 내성을 가질 수 있다. 그런 내성을 갖지 못했을 때 오히려 한순간에 모든 것을 잃을 수도 있다.

어느 쪽이 옳은지, 어느 쪽이 먼저인지는 해당 사회가 결정해야 한다. 조선시대 유학자들, 특히 주자학의 정통성을 강조하는 유학자들은 전자의 길, 확고한 정체성을 주장하는 길을 선택했다고 말할 수 있다. 하지만 그들이 고집쟁이라서 그런 길을 선택했다고 간단하게 말해버릴 수는 없다. 이 시대는 전 세계적인 문명 전환의 시대였지만 그런 변화를 포괄적으로 조망하고 미래를 준비하는 안목을 가진 사람이 조선에는 많지 않았다. 그것이 조선말의 비극이 발생한 이유다. 그렇긴 하지만 이 시대에 어느 누가 전혀 듣지도 보지도 못한 외부에서 불어 닥치는 폭풍을 제대로 감지하고 이해할 수 있었겠는가? 그리고 외부에서 불어오는 바람이 반드시 옳은 것도 아니고, 필연적인 것도 아니라면 말이다. 그리고 시간이 흐르면서 세상의 문명사적 전환에 눈을 뜨는 사람이 점점 많아지면서 외부를 바라보는 유학자들의 태도도 바뀌었다. 그러나 어떤 일이든 때가 있는 법, 세상의 변화를 자각했을 때는 이미 너무 늦었다.

그리고 1세기 혹은 2세기가 지났다. 우리는 현재의 지혜를 갖고 과거를 손쉽게 비난하는 경향이 있다. 하지만 현재의 지혜로 역사를 단죄하는 경박함을 드러내는 것을 부끄럽게 생각하지 않는다. 사실 오늘 우리가 세상 사람들이 거의 관심을 두지 않는 유교의 정통론과 이단 논의를 점검하는 것에는, 단순한 학문적 정리라는 관심에서 추동되는 것이기도 하지만 이 주제가 21세기의 새로운 문명 전환기를 맞이해, 당신들은 2백 년 전에 무엇을 했는가라고, 23세기 내지 24세기의 후배들이 던질 힐난에 대해 부끄럼이 없는 시간을 살았다고 떳떳하게 말할 수 있을지 생각해보자는 현실 진단적인 의미도 숨어 있다. 우리가 오늘 '대한민국'이라는 백척간두에서 21세기를 살아남기 위해 잃지 않고 지켜야 할 것은 무엇일까? 혹은 과감하게 버려야 할 것은 무엇일까? 이 물음에 누가 쉽게 답할 수 있을까?

조선후기의 유학자들은 세상의 변화, 특히 천주교라는 듣지도 보지도 못한 새로운 사상이 민중의 관심을 빼앗아가는 현실에 직면해 자기를 점검하려는 노력을 기울였다. 그리고 역사를 돌아보면 5백 년 전에도, 1천 년 전에도, 2천 년 전에도 비슷한 고민을 하면서 그런 변화에 대처하는 과정에서 새로운 사상이 출현했음을 확인할 수 있다. 그리고 시대의 한계 안에서 정통과 이단, 바른 생각과 바르지 않은 생각을 구별해야 한다는 절박감에서 연구하고 토론을 벌였다. 그 결과물이 『이학집변』이다.

그러나 이 시점에서 부끄러운 사실은, 조선의 유자들의 고식적 태도와 편협함과 식견 부족을 비판하고 비난하는 데 익숙해 있는 우리 사회가, 나아가 성리학이 조선 망국의 원인이라고 그렇게 자주 비난하는 우리가 정작 새로운 문명 전환의 이 시대에 무엇을 준비하고 어떤 미래의 방향을 고민하고 있는지 대답할 수 없다는 사실이다. 지킬 것과 버릴 것이 무엇인지 논의하기는커녕 그런 기미조차 일어나고 있지 않다. 그런 자각이 드는 순간 나는, 우리가 사는 이 시대가 우리 역사에서 가장 잘 사는 세대이긴 하지만 다른 한편으로 우리 역사에서 가장 생각이 없고, 정신적·사상적으로 가장 가진 것이 없는 세대가 아닌가하는 자괴감을 갖게 된다. 과거 100년 동안 우리가 가진 사상을 다 내던져 버리고 난 다음, 목욕물과 함께 아이까지 다함께 내버리고 난 다음, 이리저리 부평초처럼 떠돌며 다양한 외부의 이론과 사상을 베끼고 배우기에 온정신을 놓고 그러는 동안 제대로 지켜야 할 가치가 있는 나의 생각, 나의 사상, 나의 것을 만들어본 적이 있는가? 혹은 지키면서도 변해야 할 것이 무엇인지, 생각이나 해 본 적이 있는가?

『이학집변』, 더 거슬러 올라가 주자, 맹자, 유학의 위대한 사상가들이 격투했던 것과 같이 바른 생각을 수립하고 그것에 입각해 새로운 시대를 만들고자 했던 강렬한 의지를 가졌던 그들의 각고의 노력과 투철함을 10분의 1이라도 발휘하고 있는지 생각하면 낯이 뜨겁다. 21세기 문명 전환의 시대에 중국과 미국, 중국과 일본, 세계 강대국의 틈바구니에서 200년, 150년 전과는 비교도 되지 않을 풍성한 정보와 지식을 갖고 있는 우리가 정보의 바다에서 방향 없이 허우적거리고 있는 것은 아닐까? 우리가 나아갈 길은 어디일까?

2장

조선시대 이단 담론과 영남 유학의 이단 비판론

박종천

1____조선시대 이단 비판의 유형과 전개

1) 조선시대 이단 비판론의 유형

이단은 특정한 종교 전통 내부의 주류에서 벗어난 비주류 사상 및 실천에 대한 배타적 규정이다. 주류인 정통은 종교문화적 권위에 근거해 비주류인 이단을 이론적으로 논박했을 뿐만 아니라 정치권력으로 탄압하곤 했다.1) 이단은 정통에 의해 비판적으로 인식되는 타자로 규정되며, 정통은 이단에 대한 배타적이고 차별적인 인식에 의해 비로소 구성된다.2) 정통의 종교문화적 권위는 신앙 차원에서 초월적인 것으

---

1) 조선, 중국, 서양의 이단 비판에 대한 역사적 논의로는 베이커Donald Baker, 『朝鮮後期 儒敎와 天主敎의 대립』(金世潤譯, 一潮閣 1997); Kwang-Ching Liu and Richard Shek eds., *Heterodoxy in Late Imperial China*(Honolulu: University of Hawaii Press, 2004); Hubert Seiwert ed., *Popular Religious Movements and Heterodox Sects in Chinese History*(Leiden: Brill, 2003)을 참조하라.

로 가정되고 실천 차원에서는 유일한 규범적 권위로 구현되곤 하지만 역사적 맥락에서 보면 이단의 발견 혹은 발명에 의해 비로소 구성된다. 요컨대 정통의 정체성은 타자적 이단에 대한 배타적 담론과 차별적 실천에 의해 역사적으로 구성된다.

유교 전통에서는 맹자가 양주와 묵적을 비판하면서 설정한 '무부무군無父無君'을 기준으로 삼아 가家와 국國의 공동체 질서와 이 질서를 유지하는 인륜 규범에 반하는 각종 사상과 실천을 이단으로 규정했다. 그러나 이단에 대한 비판적 인식은 상이한 양상으로 나타났다. "이단을 전공/공격하면 해롭다"3)는 공자의 언명에 대해 이단을 비판하는 것으로 해석할 것인가 아니면 포용하는 것으로 해석할 것인가를 두고 전근대 동아시아의 많은 유학자들은 각각 '근본주의'와 '포용주의'의 관점을 전개했다. 예컨대 주희나 이황을 비롯한 성리학자들이 대체로 전자의 관점을 견지한 반면, 이익이나 정약용 등의 일부 실학자는 후자의 입장을 대변했다. 근본주의가 이단을 철저한 배척 대상으로 보는 반면 포용주의는 정통 유교의 우월한 권위를 인정하면서도 일정한 한도 내에서 이단의 존재를 허용하며 공존한다는 점에서 차이가 났다. 이에 비해 유불도 삼교합일三敎合一의 관점은 혼합적 '다원주의'에 따라 정통과 이단의 이분법을 해체하는 양상을 드러냈다.4)

---

2) Sarah Mortimer and John Robertson eds., *The Intellectual Consequences of Religious Heterodoxy 1600~1750*(Leiden: Brill, 2012)을 참조하라.
3) 『論語』「爲政」. "攻乎異端, 斯害也已." '攻'은 전공과 공격이라는 상반된 의미로 해석된다.
4) 최영진, 「유교, 하나와 여럿의 형이상학 – 종교다원주의의 성리학적 기초」(『동양철학연구』 30, 동양철학연구회, 2002); 김성기, 「유교와 종교다원주의」(『종교연구』 11, 한국종교학회, 1995); 박종천, 「이성과 믿음: 신앙 원리와 문화 역량의 변주곡 – 한국유교의 종교문화적 양태」(『국학연구』 14, 한국국학진흥원)를 참조하라.

이렇듯 이단에 대한 관점의 차이는 근본주의적 배타주의exclusivism와 우월적 포용주의inclusivism, 혼합적 다원주의pluralism 등으로 다양하게 나타났다.5) 그럼에도 불구하고 대부분의 이단 비판론은 담론 차원에서 정통 대 이단의 이분법으로 지나치게 논의를 단순화하고 만다. 그러나 실제로 이단은 단일한 개념으로 존재하지 않았다. '이단' 중에서도 현실적 효용성을 지니면서 정통과 이단 사이에 존재하는 '소도小道'도 있었고, 공동체를 무너뜨릴 만한 현실적 위험성 때문에 철저하게 박멸해야 할 '사마외도邪魔外道'도 있었다. 조선시대에 이단 비판론은 사마외도에 대한 비판적 인식이 강화되면서 척사론斥邪論의 배타주의로 치닫기도 하고, 소도의 현실적 유용성을 인정하면서 탄력적으로 이단에 대응하는 위정론衛正論의 포용주의로 나타나기도 했다.

2) 문화적 동화의 '교화'에서 물리적 배제의 '형정'으로

조선후기는 '이단'의 시대였다. 물론 조선전기에도 이단은 있었다. 성리학의 나라 조선은 유교적 정통론의 관점에서 불교와 무속 등의 사상과 실천을 이단으로 규정하고 규제하는 사상적 권위와 사회적 권력을 유교 지식인들에게 부여했다. 유교 지식인들은 성리학을 토대로 삼아 고려시대까지 융성했던 불교의 사상과 무속의 관습을 일소하는 사상 비판과 문화적 혁신 운동을 전개했다. 정도전鄭道傳(1342~1398년)의 『불씨잡변佛氏雜辨』과 『심기리편心氣理篇』 등이 사상적 차원의 이단

---

5) 배타주의, 포용주의, 다원주의에 대해서는 Raimundo Panikkar, *The Intrareligious Dialogue*(New York: Paulist Press, 1978); Alan Race, *Christians and Religious Pluralism: Patterns in the Christian Theology of Religions*(New York: Orbis Books, 1982); Harold Coward, *Pluralism: Challenge to World Religions*(New York: Orbis Books, 1985)를 참조하라.

비판론이라면, 승려나 무당을 도성 밖으로 축출하고 무속이나 불교에서 비롯된 각종 의례를 『가례家禮』의 실천으로 대체한 것은 실천적 차원의 문화적 혁신 운동이었다.

그러나 창업기를 지나 수성기에 들어서 발발한 대규모 국제 전쟁과 대기근, 홍수, 전염병 등의 각종 재난은 유교 사회의 근간을 뒤흔들었다. 그리하여 조선후기에는 백성의 억눌린 욕망과 원망이 각종 민간 종교 운동과 민란 형태로 표출되었다. 한편으로는 『정감록』 류의 도참비결圖讖秘訣들이 널리 횡행했고, 다른 한편으로는 미륵불 혹은 생불을 자처하는 승려와 무당들을 중심으로 작당하는 땡초黨聚들의 저항적 민간 종교결사들이 사회 문제로 심심치 않게 불거졌다.

이단의 창궐과 민란의 빈발은 '경장更張'을 요청하는 시대적 징후였다. 이러한 흐름을 읽은 일부 지식인은 청으로부터 유입된 서학을 통해 기존 사상과 제도를 넘어서는 새로운 대안을 꿈꾸었고, 사회적 억압과 불만에 지친 백성은 저항과 반역의 일탈도 마다하지 않았다. 그리하여 조선후기 천주교는 신주를 소각하며 제사를 거부하고 서양에 군함을 요청하는 등 유교적 인륜 문화와 조선의 사회질서에 공공연하게 정면 도전을 감행했다. 이는 조선전기 무속이나 불교가 유교의 사상적 권위를 정점으로 하는 사회문화적 위계질서에 일정하게 순응했던 것과는 분명하게 구별되는 양상이었다. 조선전기에 불교나 무속이 일정한 한계 내에서 용인하고 순치시킬 '교화' 대상이었던 반면 조선후기 천주교는 철저하게 박멸해야 할 '형정'의 대상이었다. 교화 대상인 '이단'에게는 당근을 제시했지만 형정 대상인 '외도外道'에게는 채찍질이 기다리고 있었다.

조선전기의 '이단'에서 조선후기의 '외도'로 변하는 이단 비판론의 사상적 전회는 사회문화적으로는 문화적 동화의 '교화'에서 물리적 배제의 '형정'으로 정치적 대응을 병행했다. 서학, 그중에서도 특히 천주교 문제가 그러한 사상적 이슈와 사회적 현안 문제를 초래했다.6) 실제로 천주교 문제는 근기남인 내부에서 천주교의 사상적 가능성을 감지한 소장 지식인들의 연구와 그것의 이념적 폭발성을 자각한 노장 지식인들의 내부 단속 사이에서 시작되었으나 남인 시파時派와 노론 벽파僻派의 정치적 갈등으로 인해 사회적으로 폭발성이 증폭되는 과정을 거치고, 다시 서양 군대의 물리적 개입과 충돌을 겪으면서 갈등이 극대화되면서 100년이 넘게 진행되었다.7) 이 과정에서 수많은 인명이 살상되면서 천주교 문제는 개인의 종교적 신념이라는 사상적 문제에서 사회질서와 국가 존립에 대한 실제적 위협과 그에 대한 물리적 대응이라는 정치사회적 문제로 이행되었다.

3) 포용에서 탄압으로, 다시 봉쇄에서 개화로

이러한 역사적 흐름에 따라 조선 정부의 대응도 점차 달라졌다.8) 천주교 문제가 불거진 초기 단계에서는 18세기 후반 정조(1752~1800년)가 취한 온건한 포용적 회유 정책이 주류를 이루었으나 19세기 초반 정조 사후 정권을 잡은 노론 벽파는 순조의 신유교옥辛酉敎獄(1801년)을 기점으로 강경한 금압禁壓 정책으로 천주교 박해를 본격화했다. 이

---

6) 조선후기 천주교 수용과 전파에 대한 논의로는 이원순, 「천주교의 수용과 전파」, 『한국사 35: 조선후기의 문화』(국사편찬위원회, 1998), 84~126쪽을 참조하라.
7) 李能和, 『朝鮮基督敎及外交史』(京城: 朝鮮基督敎彰文社, 昭和3[1928])를 참조하라.
8) 琴章泰, 「朝鮮 後期 西學의 傳來와 朝鮮政府의 對應策」, 『朝鮮 後期의 儒學思想』(서울대학교출판부, 1998); 정옥자, 「19세기 斥邪論의 歷史的 位相」(『韓國學報』 78, 一志社, 1995); 박종천, 「「斥邪綸音」 硏究」(『종교학연구』 18, 서울대학교 종교학연구회, 1999)를 참조하라.

후 약간 완화된 강경책을 유지한 안동김씨 중심의 세도정치 시기를 거쳐 19세기 후반 흥선대원군 이하응(1820~1898년) 집권기에는 병인양요丙寅洋擾(1866년)와 신미양요辛未洋擾(1871년) 등 서양 군대와 물리적으로 충돌하는 과정을 거치면서 폐쇄적인 척양斥洋 정책이 심화되어 철저한 탄압 정책은 최고조에 이르렀다. 19세기말에 고종은 개화 정책을 펼치면서 1886년에 조불수호통상조약을 통해 종교의 자유를 허용하는 한편, 1899년에는 『존성윤음尊聖綸音』으로 유교 정치의 수장으로서 종교 문화의 새로운 위계질서를 구축하려고 시도했다.

조선 정부의 천주교 정책은 18세기 후반의 포용에서 19세기의 탄압으로, 19세기 후반의 봉쇄에서 19세기 말의 개화로 시기마다 정도와 양상을 달리했다. 중앙 정부가 2세기에 걸쳐 포용적 위정론衛正論에서 배타적 척사론을 거쳐 폐쇄적 척양론을 지나 개방적 개화론으로 정책을 바꾸는 동안 지방의 유교 지식인들은 대체로 배타적인 이단 비판론을 견지하면서 19세기의 위정척사운동에 적극 나섰다. 물론 모든 양반이 배타적인 이단 비판으로 일관한 것은 아니다. 근기남인 신서파信西派 계열의 젊은 유학자들이 자발적으로 천주교를 수용한 사실에서 잘 나타나듯, 초기에는 일부 양반이 학문적 관심에서 서학을 수용했으나 점차 하층 백성을 중심으로 천주교가 광범하게 확산되었다.

한편 지역의 지리적 특성과 문화적 에토스에 따라 지역마다 또는 동일한 지역 내에서도 사상-문화적 경향의 차이에 따라 천주교 비판에서도 온건과 강경의 상대적 정도차가 나타났다. 특히 성리학의 이단 비판론에 근거해 천주교 탄압을 철저하게 견지하는 전반적 사회 분위기 속에서도 경화세족 중심의 중앙 정부가 상대적으로 탄력적인 온건론을 보여준 반면 정치적으로 소외된 지방에서는 배타적 강경론이 득세했다.

4) 조선후기 '소도'에 대한 인식의 분화

조선후기 이단 비판론의 스펙트럼의 변화에서 주목할 만한 또 다른 현상은 '소도小道'에 대한 인식의 분화 양상이다. 조선후기 이단 비판론에서는 이단을 넘어서 외도에 대한 박멸을 추구하는 배타적 척사론 외에도 정통과 이단 사이에서 현실적으로 인정 혹은 허용할 만한 '권도權道' 혹은 '소도'에 대해 인정하는 관점과 그것을 비판하는 인식의 분화가 심화되었다. 특히 소수 벌열 가문이 중앙권력을 독과점하면서 제대로 기능하지 못하는 과거제도에 대한 비판 의식과 더불어 경화세족의 사치스런 소비 풍조와 그것을 뒷받침하는 청나라 과학 기술 등에 대한 비판적 인식이 지방의 유학자들을 중심으로 점차 고조되었다.

권도 혹은 소도의 현실적 효용성에 대한 용인은 본래 조선전기부터 지속된 흐름이었다. 권도는 정도의 실현이 불가능할 때 불가피하게 선택할 수밖에 없는 현실적 상황론이었다. 권도론은 공인 종교로서의 유교적 이상의 현실적 한계가 노정되는 상황에서 배타적 반혼합주의를 잠시 유보하고 민간 종교의 혼합주의를 일부 용인하는 것이었다. 예컨대 유교 사회에서 무속 의례나 풍수신앙 등이 권도 차원에서 일정하게 수용되었다.9) 실제로 기근이나 질병 등의 현실적 문제 해결에서 드러나는 유교 이념의 현실적 한계에 봉착했을 때 성리학 이념 외에 다른 이론과 실천을 권도 차원에서 일정하게 묵인하게 되었다. 이렇듯 권도는 조선 사회의 구성원들에게 유교 이념의 한계를 일정하게 해소하는

---

9) 최종성, 「조선조 유교사회와 무속 國行儀禮 연구」(서울대학교 박사학위논문, 2001); 이화, 「조선조 풍수신앙 연구: 유교와의 상관관계를 중심으로」(서울대학교 박사학위논문, 2005)를 참조하라.

심리-문화적 문제 해소 기제로 작동했다.

이에 비해 조선후기에는 유교를 뜻하는 '오도吾道' 혹은 '대도大道'와 대비되는 '소도'의 현실적 효용성이 특별히 주목받았다. 조선후기 실학은 소도의 가치에 대한 새로운 발견과 평가에서 비롯되었다. 우주의 운행과 인간의 삶 전반을 관통하는 유교의 보편적 진리와는 달리 '소도'는 특정한 영역에 국한된 특수한 도리로 설정되었다. 그리하여 소도는 일시적이고 임시적이며 한정적인 특수 차원의 현실적 효용성으로 국한되었으며, 정도正道는 보편적이고 항상적이며 전면적인 일반 차원의 유교적 인륜질서로 설정되었다.

그러나 소도에 대한 이러한 인식과 대응 역시 일률적이지는 않았다. 실제로 조선후기에 근기 지역의 북학론자를 중심으로 하는 현실주의자들이 권도 혹은 소도에 대한 인정 혹은 강조를 보여준 반면 영남의 이상주의자들은 서학을 '외도'로 비판하는 것은 물론 북학론자들이 선보인 현실주의적 전회마저도 철저하게 비판했다. 천주교를 '외도'라고 비판하는 배타적 척사론이 노론의 산림에서 기호와 영남의 남인을 공격하는 정치적 비판 도구였던 반면, 소도의 현실적 효용성에 대한 영남 남인의 비판은 소도를 새롭게 재인식하고 강조한 노론의 북학론자들에 대한 이상주의적 비판 전략으로 전개되었다. 이렇듯 유교적 이단 비판론은 이념적 순수성과 현실적 탄력성 혹은 이상적인 종교문화적 권위와 현실적인 정치사회적 권력 사이에서 '정도/정통/정학-권도-소도-이단-(사마)외도'의 개념적 스펙트럼 혹은 담론적 위계질서로 다양하게 구현되었다. 유학자들과 정부의 천주교 대책 또한 배타적 척사론과 자성적 위정론 사이에서 배타적 강경론과 포용적 온건론의 다양한 차이를 보였다.10)

2 ___ '이단'을 넘어 '외도'의 시대로

1) '이단'보다 심각한 '사마외도' 문제

조선후기의 천주교 비판은 수많은 인명을 살상할 만큼 참혹한 물리적 탄압으로 전개되었다. 조선전기에 불교나 양명학에 대해 이론적 비판 중심으로 전개된 이단 비판론은 조선후기에 와서 공동체의 존립을 현실적으로 위협하는 천주교인을 역모에 준해 처결하는 양상으로 변했다. 유교적 이단 비판론이 종교문화적 권위의 '교화' 담론에서 정치사회적 권력의 '형벌'로 바뀌어 실현된 것이다.

실제로 조선전기에 전개된 양명학과 불교에 대한 이단 비판론으로 인해 죽음에 이른 사람은 거의 찾아볼 수 없었던 반면 조선후기 천주교에 대한 이단 비판론은 수많은 천주교인의 대규모 순교를 초래했다. 당시의 문초 기록인 『추안급국안推案及鞫案』을 비롯해 『조선왕조실록』과 각종 문집류 등에서는 이를 '사옥邪獄'이라고 명명했다. '사옥'은 사회 질서를 어지럽히는 비윤리적/반사회적인 '사교邪敎, evil cult' 집단에 대한 국가 권력의 정당한 형법 집행이라는 의미를 담고 있다. 조선후기의 천주교 사옥의 처리 방식은 공동체 질서를 위협하는 현실적인 사교 집단에 대한 단호한 처결이라는 점에서 무당이나 승려가 생불 혹은 미륵불을 자처하면서 역모를 일으킨 경우11)에 견줄만했다.

---

10) 금장태, 『조선후기 유교와 서학』(서울대학교출판부, 2003)을 참조하라.
11) 최종성 외 역, 『국역 차충결추안』(서울: 민속원, 2010); 최종성 외 역, 『국역 역적여환 등추안』(서울: 민속원, 2010); 최종성 역주, 『역주 요승 처경 추안』(서울: 지식과교양, 2013)을 참조하라.

보다 흥미로운 대목은 이처럼 대규모 순교를 초래한 천주교를 국가권력과 유교 지식인들이 '사마외도' 혹은 '외도'로 새롭게 규정한 점이다. 사마외도 혹은 외도는 바른 도道의 기준을 벗어나 치우치고 잘못된 사상과 실천을 가리키는데, 가르침을 통해 설득할 수 있는 '교화' 대상인 '이단'과는 달리 물리적 폭력으로 박멸해야 할 '형정' 대상으로 분명하게 구별되었다.

먼저 '사마외도'라는 표현은 『조선왕조실록』이나 『승정원일기』 등에는 명시적으로 나오지 않는다. 대산大山 이상정李象靖(1711~1781년), 만곡晩谷 조술도趙述道(1729~1803년), 손재損齋 남한조南漢朝(1744~1810년), 화서華西 이항로李恒老(1792~1868년) 등 조선후기 유교 지식인들의 문집과 저술에 간헐적으로 등장할 뿐이다. 이상정은 마음의 본원을 닦는 과정에서 깊고 차분한 기상을 갖추어 도리를 구현하지 못하고 '사마외도'에 떨어지는 문제점을 지목했고12), 조술도는 서학이 범람해 '사마외도'에 물드는 현실을 용납할 수 없다고 경계했다.13) 남한조도 서학이 정도인 주자학을 막는 '심각한 사마외도邪魔外道之尤'라고 지목했고14), 이항로도 서학이 올바른 도리를 막아버리고 '사마외도'로 떨어지게끔 하는 가장 심각한 종교 사상이라고 비판했다.15) 요컨대 '사마외도'라는 표현은 18세기 이후에 척사론적 관점을 지닌 유학자들에 의해 본격적으로 쓰이기 시작했으며, 주로 천주교를 '사마외도' 혹은 '사마외도 중 심각한 경우'로 비판하는 데 집중적으로 사용되었다.

---

12) 李象靖, 『大山集』 卷39, 「晩修錄 [己未]」.
13) 趙述道, 『晩谷集』 卷4, 「與金定之」.
14) 南漢朝, 『損齋集』 卷20, 「安順庵天學或問辨疑」.
15) 李恒老, 『華西集』 卷22, 「看八灘南公萬物眞源辨小識 [辛亥五月]」.

다음으로 '외도'라는 표현이 이단이라는 범주로 사용되는 용례는 서학을 '사학邪學'이라고 비판하는 조선후기에 와서 간헐적으로 확인된다. 대표적인 사례는 천주교를 박멸하려고 한 정부의 공식 포고문인 〈척사윤음斥邪綸音〉16)에서 찾아볼 수 있다.

> 터럭만큼 차이가 있어도 오히려 '이단'이라고 말하는데, 더구나 음흉하고 터무니없으며 이상하고 비정상적인 '외도'야 말할 게 있겠는가? 국가에는 일정한 형벌이 있으므로, 반드시 죽이고 용서가 없다. 이는 이른바 죄를 물어 죄를 그치게 하는 방법이다.17)

1839년에 반포된 〈척사윤음〉(일명 〈기해윤음己亥綸音〉)에서는 천주교를 '이단'을 넘어서는 '외도'로 분명하게 규정했다. 이단은 정도와 조금이라도 차이가 나는 모든 사상과 실천인 반면 외도는 이단 중에서도 "음흉하고 터무니없으며 이상하고 비정상적인" 사교邪敎인 것이다. 〈기해윤음〉은 천주교가 유교적 교리에서 벗어나는 이론적 문제점을 갖고 있을 뿐만 아니라 나쁜 의도로 비합리적인 주장을 펼치며 인륜질서의 정상적 범주에서 벗어나는 '사교'라는 인식까지 명확하게 보여준다.

나아가 〈기해윤음〉은 국가질서를 전복하려는 사교에 대해서는 교화가 아니라 형벌만이 유일한 처결책이라는 인식을 극명하게 드러냈다. 일반적으로 유교적 전통 사회의 질서는 교화를 선행하고 그것이 불가능할 때 한해 형정을 병행하는 방식으로 유지되었다. 유교적 이념에

---

16) 박종천, 「「斥邪綸音」 硏究」를 참조하라.
17) 『憲宗實錄』 6권, 헌종 5년(1839년) 10월 18일.

따라 형정 중심의 패도霸道를 지양하고 교화 중심의 왕도王道를 중시했기 때문이다. 다만 끝내 교화를 거부하며 예교 질서에서 벗어나는 백성에게만 형정으로 강제했다.

역사적으로 정조 대에 공표되는 정부 문서들이 형정보다는 교화를 강조한 반면 순조 대 이후의 〈척사윤음〉은 교화가 통하지 않는 이들을 형정의 강제 수단으로 일벌백계하는 강경책으로 선회했다. 이는 천주교를 '교화'의 설득을 넘어 '형정'의 강제력을 동원해야 할 대상으로 인식한 사실을 극적으로 보여준다. 요컨대 외도는 이단 중에서도 교화 영역을 넘어서 형정 대상으로 전락한 사교에 대한 호칭이었던 것이다.

그러나 죽음이라는 형벌도 천주교도들에게는 잘 통하지 않았다. 실제로 〈기해윤음〉에 의하면 천주교인들은 참혹하게 죽은 예수를 본받아 처형되는 것조차 즐겁게 견디면서 두려움조차 느끼지 않고 종교에 취하고 미친 어리석고 망령된 사람들이었다. 형벌에 따른 죽음을 무릅쓰면서까지 순교하는 자세는 유교 사회에 큰 충격을 안겼고, 그러한 충격은 '이단'보다 더 이해하기 힘들고 가혹하게 다루어야 할 '외도'에 대한 탄압을 강화시켰다.

2) 사마외도로서의 천주교 비판

이렇듯 사마외도 혹은 외도는 이단 중에서도 교화가 통하지 않는 형정 대상으로 박멸해야 할 사교 집단에 대한 배타적 규정이었다. 그렇다면 왜 천주교는 형정 대상으로 규정되면서 대규모 순교를 초래할 만큼 박멸 대상으로 몰린 것일까?

조선시대에 불교를 비롯한 다른 이단은 국가의 임금과 가족의 아버지에게 순종하면서 유교적 교화 체계에 순응한 반면 천주교는 신주를 소각하고 서양 선박을 불러들이려고 시도하는 등 인륜질서와 국가 체제에 전면적으로 도전했다. 조선 정부의 천주교 탄압은 천주교가 불교나 무속 등과 달리 '종교적 자치권'을 주장함에 따라 필연적으로 불거질 수밖에 없었던 것이다.18) 특히 천주교는 다른 이단과는 달리 종교문화적 권위에 대한 도전뿐만 아니라 국가 체제를 현실적으로 위협했기 때문에 가혹한 박해를 초래했다.

실제로 조선전기의 무속과 불교는 비록 한양 도성 밖으로 쫓겨나고 신분적으로 하층으로 내몰렸지만 유교적 이념이 해결할 수 없는 백성의 다양한 현실적 욕구에 부응함으로써 현실적으로 일정하게 용인되었다. 이에 비해 천주교는 『천주실의天主實義』의 보유론補儒論처럼 유교적 이념 및 실천과 조화를 이루려는 흐름도 일부 있었지만 결국 유교질서와 정면으로 충돌했다. 정하상丁夏祥(1795~1839년)의 『상재상서上宰相書』에서 볼 수 있듯이 천주교인들은 상제上帝를 아버지와 군주에 유비하면서도 유교적 가족질서와 사회질서를 넘어서는 대부大父이자 대군大君으로 설정함으로써 인륜질서를 넘어서는 초월적 '종교' 영역을 담론으로 드러냈다. 윤지충尹持忠(1759~1791년)처럼 제사를 거부하고 신주를 소각하는 반인륜적 실천을 극적으로 보여주기도 했으며, 황사영黃嗣永(1775~1801년)의 『백서帛書』처럼 서양의 정치군사적 개입을 통해 조선의 생존을 위협하는 방식으로 '종교'의 자유를 확보하려고 시도하기도 했다. 이로 인해 조선의 위정자들은 천주교의 확산에서 청나라에서 백련교白蓮敎가 일으킨 사회적 혼란과 국가 체제 전복의 위협을 떠올렸다.19) 따라서 천주교는 종교문화적으로 사교일 뿐만 아니라 정

---

18) 베이커, 앞의 책, 332~353쪽을 참조하라.
19) 〈기해윤음〉을 참조하라.

치사회적으로도 조선의 사회질서를 붕괴시킬 수 있는 현실적 반역 집단으로 규정될 수밖에 없었다.

사마외도에 대한 배타주의적 비판 의식은 민간의 유교 지식인들 사이에서도 고조되었다. 그것의 대표적인 양상을 영남의 호문湖門 6군자 중 한 명인 조술도에게서 확인할 수 있다. 조술도는 "우리 동방에서 1,500년간 언제나 주자학을 철저히 존신하면서 배양한 덕분에 여러 스승의 유풍遺風이 지속되고 있는데, 이 전통은 마치 주례周禮가 노나라에 남아 있던 것과 같거늘, 어찌 사마외도가 소중화의 천지를 막을 수 있겠는가?"라며 조선이 소중화 문명을 계승했다는 자부심을 드러내는 한편 천주교를 사마외도로 명확하게 지목하면서 소중화 문명을 지키기 위해 현실적으로 범람하는 사마외도를 막아야 한다는 사명감을 드러냈다.20) 특히 그는 「운교문답雲橋問答」에서 하늘의 천주를 큰 부모로 섬기고 상제를 대군으로 받드는 서학이 결과적으로 육친의 부모와 나라의 임금을 무시하는 인륜질서의 부정을 낳는다고 경고했다.21) 이는 정하상의 『상재상서』가 제시한 논점을 정면으로 비판한 것이다. 조술도의 관점에서 보면 불교가 수양의 측면에서 유교와 비슷하지만 인륜질서를 저버리는 이단인 반면 천주교는 불교와 비슷하면서도 가족 공동체와 국가질서를 현실적으로 해체시킬 만큼 더 위험한 '(사마)외도'였

20) 趙述道, 『晩谷集』卷3, 「上蔡樊巖 [乙巳春, 先生以先事入洛, 目見西學, 已爲世道之憂, 爲著雲橋問答, 因有是書, 時樊翁落拓在露梁].」 "見京都實士大夫之標準, 且念吾東方千五百年一向尊信程朱先生之培養已久, 諸老先生之遺風未遠, 實有周禮在魯之盛, 則豈可於此, 容邪魔外道, 障翳我小中華天地邪?" 趙述道, 『晩谷集』卷4, 「與金定之」. "愚山鄭臺頃遺弟書, 謂李侍郎慮洋學之汎濫云, 而吾南學問只朴實頭做將去, 豈容邪魔外道浸染? 但吾人於此學, 未能自樹立, 零零碎碎. 何能出氣力, 拚死擔夯了然, 要使此心百碎無動耳."
21) 趙述道, 『晩谷集』卷8, 「雲橋問答」. "西學之云受形於父母, 而以天地爲父母, 定位於君臣, 而以上帝爲大君, 父母不我有也, 君臣不我有也, 則是彷彿於釋子之敎."

던 것이다.

3) 소도의 현실적 효용성에 대한 용인

조선후기 이단에 대한 배타적 인식이 (사마)외도에 대한 비판으로 심화된 반면 탄력적 인식은 소도의 현실적 효용성에 대한 인정으로 나타났다.

먼저 이단을 전공하면 해롭다고 본 주희와는 달리 조선후기에 근기 남인의 실학을 이끈 이익은 이단을 공격하면 해롭다고 해석해 이단에 대한 탄력적 포용성을 보여주었다. 또한 주자가 육경에 대한 주석 외에도『초사楚辭』에 대한 주석을 내고『참동계參同契』를 해석하고 고증하는 등 소도에 대해 용인하거나 일부 인정한 점을 주목하는 한편 '소도'가 원대한 공부에는 지장이 있지만 그래도 "볼 만한 부분이 있다"고 소도의 일정한 가치를 인정했다.22)

이익은 이러한 탄력적 인식에 따라 이단에 속하는 불교나 천주교 등에 대해 일정한 가치를 인정하기도 했다. 그는 이단인 불교를 비판하는 속유俗儒들이 제대로 정도를 실천하지 못하는 반면 불교 승려들은 유교적 관점에서도 칭찬할 만한 가치를 구현하는 경우가 종종 있음을 지적했다.23) 서학서西學書인『칠극七克』에 대해서는 일부 문제점이 있으나 유교에서 미처 제대로 밝히지 못한 부분을 더욱 분명하게 밝혀 극기복례克己復禮에 유익한 장점이 있다는 점에서 이단이 아니라 유가로 보기도 했다.24) 오히려 유교적 관점에서 시행한 과거의 현실적 폐해에

---

22) 李瀷,『星湖僿說』卷18,「朱子問學」.
23) 李瀷,『星湖僿說』卷13,「俗儒斥佛」.
24) 李瀷,『星湖僿說』卷18,「七克」.

대한 비판적 인식을 드러내기도 했으며25), 이단에 대한 비판보다 정도의 실천이 더 중요하다는 점을 강조하기도 했다.26) 이러한 현실적 탄력성은 한비자, 상앙 등 법가에 대한 인정과 더불어 사상의 현실주의적 전회를 가능하게 했다.27)

소도는 이단과 분명하게 구별되었다. 주희에 의하면 이단은 피상적으로는 도리에 지극히 근접한 듯하지만 실제로는 잘못된 사도로, 실행할 수 없는 것이므로 실행해서는 안 되는 것이다. 이에 비해 소도는 이단이 아니며 사도인 이단과는 달리 쉽게 행하고 효과가 있는 것이다. 다만 소도는 한 방면에 국한되어 포괄적이고 보편적이지 못한 채 치우치는 문제점이 있다.

> 소도는 이단이 아니다. 소도도 도리인데 다만 작은 것일 뿐이다. 농사, 의료, 점복, 백공百工 따위 등은 그래도 도리가 있는 것이다. 다만 한 방면으로만 도리를 구해 두루 통하지 않는 것뿐이다. 이단의 경우는 사도이니, 비록 (도리에) 지극히 가까운 듯해도 역시 행할 수 없는 것이다.28)

요컨대 소도는 현실적 효용성이 있는 특정 영역의 각종 지식과 기술인 것이다. 따라서 소도는 정도는 아니지만 현실적 효용성으로 인해 일정한 한계 내에서 인정받았다. 정도와 소도는 보편적 의리와 현실적

---

25) 李瀷, 『星湖僿說』 卷26, 「科學害道」.
26) 李瀷, 『星湖僿說』 卷14, 「異端」.
27) 박종천, 「조선후기 예론의 성격과 전개 양상」(『한국학연구』 31, 인하대학교 한국학연구소, 2013)을 참조하라.
28) 『朱子語類』 卷49, 49: 10. "小道不是異端, 小道亦是道理, 只是小. 如農圃·醫卜·百工之類 卻有道理在. 只一向上面求道理, 便不通了. 若異端, 則是邪道, 雖至近, 亦行不得."

효용성에 따라 구분되기는 하지만 모두 이단처럼 부정의 대상이 아니라 긍정의 대상이라는 점에서 상통한다. 예컨대 19세기에 이이교李利教가 지적한 대로 소도에 속하는 술수는 의리로 통하는 정대하고 긴요한 유술儒術이 아니라 사람을 화복으로 감동시기는 잡술雜術이다.29) 즉 공적 의리인가 사적 이익인가의 차이가 정도와 소도를 나누는 기준이었다.

조선후기 영남의 유교 지식인들은 근본주의적 이단 비판론을 폐쇄적이고 배타적으로 적용하지 않았다. 오히려 정통부터 이단에 이르는 다양한 사상적 스펙트럼을 선보였다. 정통 혹은 정도와 대비되는 이단, 사학, 사도, 사교도 있었지만 이념적 정당성보다 현실적 적합성을 중시하는 권도와 이념적 정당성은 모자라지만 현실적 효용성을 지닌 소도는 중간 지대에 위치했다. 중간 지대에 위치한 권도는 상황에 따라 정통 혹은 정도를 실현할 수 없을 때 부득이한 현실주의적 선택지가 될 수 있었으며, 소도는 선비가 할 일은 아니지만 현실적 효용성으로 인해 사회적 위계질서 상 양반 아래서 양반을 돕는 사람들의 영역으로 일정하게 가치를 인정받았다.

예컨대 이희발李義發(1768~1849년)은 주자의 기유봉사己酉封事의 영향을 받아 의리를 중심으로 근본적인 이단 비판론을 실천하는 자세를 제시하면서 이단 비판론이 정도지만 현실적으로 권도를 쓸 수 있는 가능성도 배려했다. 그는 양주와 묵적의 적도賊道를 걱정하면서 의리를 밝힌 맹자가 이단 비판 정신을 적절하게 실현한 것을 기준으로 삼았으며, 오랑캐 문화가 인륜을 어지럽히면 먼저 도의 근본을 성찰해야 한다

---

29) 李利教, 『蓉岡集』 卷2, 「廣業」.

고 역설했다. 특히 세상의 잘못된 경향을 바로잡으려면 '외도'의 속임수와 유혹에 넘어가지 않도록 의리지학義理之學을 거듭 밝히는 것이 중요하다고 주장했다.30)

이러한 인식은 정도와 이단 사이에 존재하는 권도와 더불어 이단 밖으로 밀려나는 외도의 위상에 대한 설명을 가능하게 해준다. 예컨대 19세기 후반 상주를 중심으로 활동한 사미헌四未軒 장복추張福樞(1815~1900년)의 논의는 이러한 소도에 대한 용인 혹은 허용을 잘 보여준다. 장복추는 이단과 구분되는 소도로서 병서, 농서, 율서律書, 점서占筮 등을 거론했으며, 소도를 특정 분야에서 현실적 효용성을 지닌 기술로 정의했다. 이에 비해 이단은 삿된 논설과 파격적 행동으로 인해 정도에서 어긋나는 것으로 정의했다. 소도는 정도는 아니지만 허용하는 반면 이단은 철저히 비판 대상으로 삼았다.

보내오신 편지에서 "병서, 농서, 율서, 점서를 이단에 섞어서 말할 수 없다"고 했는데, 그대의 견해가 아마도 옳은 듯합니다. 선유先儒들이 말하기를 "백가百家와 중기衆技로 서로 통용되어 쓰일 수 없는 것을 소도라고 하고 사설邪說과 피행詖行으로 정도에 어긋나는 것을 이단이라고 한다"고 했습니다. 그렇다면 병서, 농서, 율서, 점서는 오히려 중기에 섞어서 말할 수 있는 것이고, 사설과 피행에 섞어서 말할 수 없는 것이 명백합니다.31)

---

30) 李義發,『雲谷集』卷20,「遺事」. "上嘗題問朱子己酉封事, 府君對略曰, …… 其曰明義理以絶神姦者, 終古闢異端廓如者, 無如孟子, 而憂楊墨之賊道, 則終之以君子反經晦, 夷子亂倫, 則先告以吾道一本. 如欲正一世之趨向, 使不爲外道之証惑, 在申明義理之學."
31) 張福樞,『四未軒集』卷2,「答宋楚叟·康叟」. "俯示'兵·農·律·筮, 不可擾說於異端', 盛見恐得之. 先儒有曰, '百家衆技, 不能相通, 是曰小道. 邪說詖行, 戾乎正道, 是曰異端.' 然則兵·農·律·筮, 猶可擾說衆技, 而不可以擾說詖邪也審矣."

3 ____ 천주교와 영남학파 위상 사이의 함수 관계

1) 정조의 포용적 교화 정책과 영남의 내향적 근본주의

　조선후기의 천주교 옥사는 18세기말부터 19세기말까지 100년에 걸쳐 진행된 대규모 사회 문제였다.32) 천주교 탄압은 1785년의 을사추조적발사건乙巳秋曹摘發事件에서 시작되었는데, 1791년의 신해교옥, 1801년의 신유교옥, 1815년의 을해교옥, 1827년의 정해교옥, 1839년의 기해교옥, 1846년의 병오교옥, 1860년의 경신교옥, 1866년의 병인교옥 등을 거쳐 격화되다가 1886년의 조불수호통상조약 체결을 통해 중단되었으며, 1899년의 교민조약敎民條約에 의해 '신교信敎의 자유'가 보장되면서 완전히 종식되었다.

　천주교 문제는 초기에는 사상적 차원의 이단에 불과했으나 조선후기 정치 참여가 힘들게 된 영남남인에게는 자칫하면 정치적 탄압을 받을지도 모를 위험한 사안이었다. 이 문제와 관련된 첫 번째 희생자는 근기남인 실학자들이었다. 그들은 새로운 종교와 학문이 유입되고 전파되는 중심이던 서울 근처에 살았을 뿐만 아니라 중앙 정치에 참여하고 있었기 때문에 일찍 서학을 접했으며 천주교에 대한 사상적·정치적 탄압에 제일 먼저 희생되었다. 18세기말부터 19세기 초에 걸쳐 신해교옥과 신유교옥 등 천주교 탄압이 잇달아 발생하면서 이가환李家煥(1742~1801년)과 정약용 등 근기남인 관료-학자들은 정치적 후원자였던 정조와 번암樊巖 채제공蔡濟恭(1720~1799년)이 죽자마자 상당수

---

32) 이원순, 앞의 논문, 84~126쪽을 참조하라.

가 사형이나 유배로 제거되거나 실각했다.

정조는 천주교에 대해 포용적인 회유 정책을 펼쳤다. 정조와 채제공은 "책들은 모두 불태우되 사람은 되도록 상하지 않도록" 명했다.33) 이는 "교화시키지 않고 죽이거나 형벌을 가하는 것은 백성을 괴롭히는 학정"34)이라는 예교禮敎적 인식에서 비롯된 것이었다. 여기에는 교화와 형벌의 균형을 지키면서 물리적 강제력을 동원하는 형정 수단이 아니라 자발적 동의와 반성을 얻어내는 교화 수단을 우선시하는 포용적 회유 정책이 들어 있다. 교화와 형벌의 균형을 통한 당근과 채찍의 포용적 정책은 자칫 기호남인을 향한 칼날이 될 수도 있는 천주교 문제를 정치적으로 무마시키는 현실적 정책이기도 했다.35)

천주교 문제가 처음으로 사회적 쟁점으로 부각된 을사추조적발사건 당시 영남 지식인들은 정부 정책에 대체로 호응하면서 영남의 근본적이고 실질적인 유교적 전통이 올바른 대책이 될 수 있다는 자긍심을 드러냈다. 예컨대 조술도는 과거에 응시하지 않고 지방에서 학문에만 전념한 처사였는데, 을사추조적발사건 당시 노론 완론緩論에 속한 형조판서 김화진金華鎭(1728~1803년)에 대해 정조의 포용 정책에 따라 '책은 불사르고 이 학문만 금하되' 사람은 상하지 않게 해 효과를 거두었다고 칭찬하면서도 온정적으로 지엽적 사안만 따지고 근본적인 발본색

---

33) 『正祖實錄』 卷26, 正祖12年 戊申 八月 壬辰日. 上曰: "予意則使吾道大明, 正學丕闡, 則如此邪說, 可以自起自滅, 而人其人, 火其書, 則可矣."
34) 『孟子』 「告子下」 12: 8. "不敎民而用之, 謂之殃民." 『論語』 「堯曰」 20: 2. "不敎而殺, 謂之虐."
35) 조광, 「樊巖 蔡濟恭의 西學觀 硏究」(『사총』 17~18, 고려대학교 역사연구소, 1973); 곽신환, 「樊巖 蔡濟恭의 異端觀」(『동양철학』 13, 한국동양철학회, 2000); 박현모, 「西學과 儒學의 만남」(『정치사상연구』 4, 한국정치사상학회, 2001)을 참조하라.

원을 하지 않았기 때문에 문제를 남겨둔 문제점이 있다고 지적했다.36) 그가 근본적인 문제 해결책으로 제시한 것은 영남 선비들의 박실朴實한 학문 자세 배양이었다.37)

이러한 자세는 형벌을 내세워 물리적 압박을 가하기보다는 예교의 교화를 추진하되 이 추진 주체가 먼저 교화의 역량이자 근본적인 본질을 배양하면 지엽적인 현상과 문제점은 자연스레 해결될 수 있다는 점에서 정조의 정책과 상통했다. 따라서 천주교 문제에 대한 초기 영남 지식인들의 반응은 교화 대상에게 물리적 폭력을 가하는 강압적이고 배타적인 '향외적 근본주의'가 아니라 먼저 교화 주체가 반성하고 내실을 배양하는 '내향적 근본주의'였다.

내향적 근본주의는 모범적 실천을 통한 교화를 지향했다. 그리하여 이단 비판론은 사상적 권위에 기댄 정치 폭력으로 전락하지 않았다. 그런데 문제는 다른 곳에서 불거졌다. 내향적 근본주의에 입각한 교화는 물리적이고 타율적인 강제력을 동원하지 않고 점잖게 타이르는 자발적인 방식이었으나 사상적 공간에서 천주교를 용인하는 것은 아니었다. 오히려 근본적 원칙을 강력하게 견지하는 것이었다. 실제로 영남 지방은 유교적 이념에 따른 예교 질서와 양반을 정점으로 하는 사회적 위계 질서가 튼튼했으며, '추로지향'이라는 문화적 자긍심과 문화적 에토스

---

36) 趙述道, 『晩谷集』 卷8, 「雲橋問答」. "今年春, 金尙書華鎭判秋曹時, 白上以西學亂道, 拘致象胥輩, 爲此學者四五人, 下之刑獄. 其中士大夫子弟, 或自願輿之同罪. 尙書置而不問, 遂勘結此輩拘囚者, 布告五部, 張掛榜文, 使各焚其書, 禁其學, 尙書之功大矣. 而然問其枝葉, 而不盡根株, 安有痛斷之理乎?"

37) 趙述道, 『晩谷集』 卷8, 「雲橋問答」. "吾嶺人士爲學, 皆從朴實頭下工可無此慮, 而獨恐年少佻輕之類, 不暇詳究, 其旨務欲從人頭目上驚越, 不欲從脚迹下盤旋. 且此學苟如大明之中天, 則豈容纖翳之障礙, 而目今正學, 不明似是, 而非者實多? 此際有以窺見, 則其中毒甚易矣. 端居默念, 不勝區區過慮之私, 遂綴其左方, 願與同學者交修, 而共勉也. 歲乙巳, 仲冬書."

에 대한 사회적 인정으로 인해 천주교 탄압이 일어난 초기 교옥敎獄 시기에도 다른 지역에 비해 천주교의 유입에서 비교적 안전한 곳으로 인식되었다.

2) 천주교의 유입과 영남의 정치적 위기

그러나 1799년의 채제공의 죽음과 1801년의 정조의 죽음은 남인의 정치적 불행을 예고하는 사건이었다. 실제로 영남남인 지식인들은 정조 사후의 상황을 크게 우려하고 있었다. 예컨대 수헌守軒 류의목柳懿睦(1785~1833년)의 『하와일록河窩日錄』에는 채제공의 죽음에 대한 우려와 더불어 서학이 유행해 국가의 큰 걱정거리가 될 것을 우려한 정조의 온건한 금지 조치에도 불구하고 당시 선비들이 서학서를 공부하거나 과거시험에서 인용하는 세태가 특히 근기남인 사이에서 유행하고 있는 상황을 걱정하는 모습이 생생하게 나타나며, 서학의 과학기술적 성과를 환술幻術로 평가절하하거나 종교적 이상을 현실에 불만을 품은 '상놈常漢'들의 사후 영달 추구로 폄하하는 내용도 나온다.38)

이러한 우려와 상황 인식은 얼마 지나지 않아 현실이 되었다. 1801년의 기록을 보면 영남 지식인들은 채제공의 관직 삭탈 요청에 이어 이가환이 사학당邪學黨으로 몰려 장杖으로 매를 맞아 죽고 정약용 형제가 정치적 화禍를 입은 내용에 경악했으며, 6월의 기록에는 원근의 소요와 흉흉한 소문이 일어나는 상황이, 7월의 기록에는 '사학' 추종자들이 사회적 물의를 일으킨다고 걱정하는 장면이, 11월의 기록에는 조정에서 서학에 대한 단속이 강화되었다는 사실 등이 기록되어 있었다.39) 영남

38) 柳懿睦, 『河窩日錄』「辛酉 三月」을 참조하라.
39) 柳懿睦, 『河窩日錄』「辛酉 三月~十一月」을 참조하라.

남인들은 다른 지역 사람들처럼 직접적 피해를 입지는 않았지만 정치적 상황 악화를 우려스런 눈길로 주시하고 있었다.

한편 1801년의 신유교옥 이후 다른 지방에서 살던 천주교인들은 상주, 청송, 문경, 영양, 진보 등 영남 북부 지역의 외딴 산악 지대에 주로 숨어들어 교우촌敎友村을 형성했다. 1815년의 을해박해 이후 발각된 교우촌 신자들이 처형되면서 살아남은 신자들과 외부 유입 신자들을 중심으로 천주교는 영남 전역으로 확산되었다.40) 이렇듯 영남 지방은 강력한 성리학 전통의 문화적 에토스와 피난하기 좋은 산악 지역의 자연 환경 등으로 인해 천주교의 유입과 전파가 표면적으로 확실하게 억제되었으나 이면적으로는 오히려 은밀하게 확산되는 이중적 양상을 드러냈다.

이러한 이중적 양상은 1815년에 영남에서 불거진 을해교옥 이후 1827년의 정해교옥, 1868년의 병인교옥에 이르기까지 지속적으로 영남 지식인들의 골치 아픈 문젯거리가 되었다. 근기남인에게 집중되었던 천주교 관련 정치 탄압이 영남남인에 대한 천주교 옥사로 확대될 조짐이 보였기 때문이다. 특히 영남에 국한되어 일어난 을해교옥은 영남이 더 이상 천주교 문제로부터 자유로운 순정한 유교의 고향이 아니라는 점을 깨닫게 했다. 이 사건으로 인해 영남 지역 역시 천주교 옥사에서 자유롭지 않았으며, 노론 벽파를 중심으로 근기남인은 물론 영남남인들을 천주교 옥사에 직접적으로 연루시키려는 흐름이 있었다.

---

40) 영남 지역에서의 가톨릭 유입과 전파 과정에 대해서는 차기진, 「朝鮮後期 天主敎의 嶺南 傳播와 그 性格」(『교회사연구』 6, 한국교회사연구소, 1988); 정성한, 「대구·경북지역 초기 가톨릭 전래사 연구 – 교우촌의 형성과 박해를 중심으로」(『신학과 목회』 32, 2009) 등을 참조하라.

3) 노래산 천주교 교우촌 사건

영남 지역이 천주교 문제와 연루된 첫 번째 사안은 노래산老萊山 천주교 교우촌 사건이었다. 경북 청송의 노래산 교우촌은 신유박해 때 체포되었다가 풀려난 고성대高聖大과 고성운高聖云 형제가 주도해 충청도 내포內浦 지역 출신의 천주교 신자들이 모여들어 만들었다가 뒤에 영남 지역 천주교 신자들이 합류한 교우촌이었다. 이곳은 1815년 2월의 부활절 축일에 일어난 을해박해 때 관헌의 습격으로 인해 제일 먼저 천주교 신자들이 체포된 곳이었다. 1814년에 큰 흉년이 들었을 때 구걸하러 왔던 전지수가 이 교우촌을 밀고해 40여명이 체포되고 고씨 형제와 최성열崔性悅, 김화준 등을 중심으로 순교자가 많이 나왔다. 대다수 신자는 외지인이었으며, 양반도 일부 포함되어 있었다.

이 사건의 여파는 일차적으로 근기남인을 겨냥했으나 더 크게는 영남남인을 향했다. 1815년(순조 15년) 7월 7일에 노래산 천주교 교우촌 사건이 일어났을 때 성균관 유생儒生 김승연金升淵이 통문을 돌리자 당시 성균관 유생들은 이에 호응해 권당捲堂과 상소를 병행했다.

양학洋學의 여당餘黨을 지난겨울에 포도청에서 끝까지 구핵究覈하지 않았기 때문에 금년 여름 영남에서 또다시 산속에 모여드는 변괴가 있게 되었는데, 진실로 근원을 찾아본다면 전 유수 이익운李益運이 바로 그자입니다. 사부士夫의 여자 이름이 포도청에 나오고 재상의 자제가 부모를 버리고 도주한 것은 이미 이익운에 대한 당초의 단안斷案이니, 진실로 사람 축에 들지 못하게 벼슬길에서 영구히 막아야 마땅합니다. 그런데 일반 사람과 같이 취급해 숭반崇班을 역임했으니, 저 사악한 도적의 무리들이 어찌 이 소문을 듣고 일어나지 않겠습니까?41)

성균관 유생들은 채제공의 제자인 대사헌 이익운李益運(1748~1817년)을 겨냥했다. 거기서 한발 더 나가 오영吳瑛은 "영남 사족들도 그중 혼입渾入되어 있다"고 주장해 영남 지역이 천주교에 물든 혐의를 강조하며 정치적 폭발력을 키웠다. 이튿날 이익운은 이렇게 반박했다.

드디어 끝에 가서 노래산의 사도邪徒라고 결론을 맺어 신이 그 근거지요 소굴이라고 했으니, 이게 무슨 말입니까? 대저 죄를 얽는 방법이란 증거할 만한 단서와 맥락, 의심할 만한 형적과 영향을 얻은 다음에야 비로소 진짜 잘못을 잡아내 죄안을 결정하는 것입니다. 잘은 모르겠습니다만 영남의 옥사에서 사당邪黨을 다스릴 때 과연 끄집어낼 만한 단서나 맥락이 있었습니까? 아니면 의심할 만한 형적이나 영향이 있었습니까?42)

이에 대해 후계後溪 이이순李頤淳(1754~1832년)은 영남 유생을 대표해 태학太學에 보내는 통문에서 일부 유생의 척사설에서 성인聖人의 무리를 자처하면서도 정작 어진 사람이 갖추어야 할 '애오지도愛惡之道'와 '충후지기忠厚之氣'는 나타나지 않고, 도리어 지나친 탄압을 정치적으로 이용해 사익을 좇아 공적인 도리를 저버리는 문제점이 있다고 비판했다.43) 당시 교옥이 종교 문제를 지나치게 확대시켜 정치적으로 악용하고 있다는 비판이었다.

---

41) 『純祖實錄』 卷18, 純祖15年 7月 7日.
42) 『純祖實錄』 卷18, 純祖15年 7月 7日.
43) 李頤淳, 『後溪集』 卷6, 「通太學文 [代道儒作]」을 참조하라.

갈천葛川 김희주金熙周(1760~1830년)도 1815년경 오영에게 답장을 보내고 한성부우윤을 사직하는 상소문을 올렸다.44) 또한 한양에 머물고 있는 영남의 사림들을 접촉해봐서 알겠지만 그들이 머물고 있는 어느 곳에서도 '사도'에 대한 얘기조차 없을 정도로 알지 못하고 있다고 확언했다. 설령 '사도'에 대해 알았다 하더라도 척사를 자신들의 임무로 알고 있는 그들이 앞장서서 배척하는 한이 있어도 관용을 베풀지는 않는다고 주장했다. 따라서 그에 관한 일을 담당하면서 지공지정至公至正의 자세에 입각해 추호도 사의私意가 개입하지 않도록 해줄 것을 요청하는 한편 이단이 두려워해 이 땅에 발을 붙이지 못하도록 하는 계기를 마련할 것을 주문했다. 또한 선왕인 정조가 도산서원에서 별시를 시행한 바 있듯이 영남은 '추로지향'이니 정학正學인 유학의 본향으로서 손색없는 자격을 갖추고 있음을 항변하면서 세도世道가 개탄할 지경에 이르렀기 때문에 한성부우윤과 오위도총관五衛都摠管의 직위를 사직하겠다는 의사도 전했다.

4) 채제공과 채홍원의 신원 문제

한편 김희주는 근기남인을 대표하는 채제공과 그의 아들 채홍원蔡弘遠(1762~?)에 대한 신원을 위해 애쓴 영남남인의 상소를 주도했다. 그는 '사학'에 물들었다는 이유로 유배된 채제공의 아들 채홍원이 석방된 것을 계기로 채제공에 대한 오해를 풀기 위한 목적에서 영남 유생을 대표하는 연명상소를 썼다.45) 채제공을 사학을 전파한 사괴邪魁로 비판한 강준흠姜浚欽과 이기경李基慶은 그의 매얼媒孼이며 홍의호洪義浩는

---

44) 金熙周,『葛川集』卷5,「答吳瑛」,「辭右尹摠管仍辨吳瑛誣嶺人疏」를 참조하라.
45) 金熙周,『葛川集』卷3,「蔡樊巖伸理疏 [搢紳聯名]」.

그의 원수와 다를 바가 없음은 세상이 다 아는 일이지만 이가환李家煥과 이승훈李承薰이 채제공 문하에서 나왔다는 홍의호의 주장은 사감私感에서 비롯된 모함에 해당하는 것이라고 주장했다. 채제공은 영조와 정조를 보필한 충신이었다. 정조가 그의 아들 채홍원에게 '제고영의정채제공문祭故領議政蔡濟恭文'을 묘도墓道에 새기도록 하고 그의 유문遺文을 직접 교감하는 등 각별한 애정을 보인 점이 그것을 입증한다. 따라서 김희주는 '사학'의 괴수로 날조되어 한을 품고 있을 그의 원혼을 풀어줄 것을 요청했다.

이희발도 채제공 신원을 상소했으며, 사학에 물들었다고 비판당하는 채제공이 의리에 투철한 인물임을 강조하는 한편, 사학에 대항하기 위해서는 정학을 높여야 하므로『퇴계서절요退溪書節要』를 간행하고 이상정의 저술을 영남 감영에서 간행할 것을 청했다.46) 이러한 흐름은 당시 중앙권력을 쥔 노론의 파상적인 이념 공세를 막고 영남 문화의 정통성과 문화적 에토스에 기대 '정학'을 수호하기 위해 영남 퇴계학을 지원하려던 방어적 발상을 잘 보여준다.

그러나 순조의 등극과 함께 당시 권력을 쥔 노론 벽파는 교화 중심의 유연하고 탄력적인 천주교 정책을 버리는 대신 형벌 중심의 배타적이고 강경한 정책을 선택했다. 조정에서는 순조 대의 〈토역반교문討逆頒教文〉, 헌종 대의 〈기해윤음〉, 고종 대의 〈병인윤음〉 등을 통해 유화적 교화책에서 강경한 형벌책으로 선회하면서 천주교에 대한 위협을 고조시켰으며, 이러한 흐름은 고종 대의 〈신사윤음〉에서 다시 교화와 형벌의 균형 감각을 일정하게 회복할 때까지 지속되었다.47)

---

46) 李義發,『雲谷集』卷3,「辭職納봉兼請刊行退陶書節要疏」. 李義發,『雲谷集』卷3,「擬達請樊巖蔡文肅公伸理疏」.

이렇듯 채제공과 정조의 죽음을 계기로 일어난 천주교 교옥의 확대는 영남 지역에서 이단 비판론이라는 배타적이고 방어적인 자세를 강화시켰다. 대야大埜 류건휴柳健休(1768~1834년)의 『이학집변異學集辨』은 외부로부터 밀어닥치는 이러한 사상적 검증의 위협에 선제적으로 대응하면서 이단 비판론의 방어적 자세를 응축시킨 대표작이었다. 조선후기 영남남인 퇴계학파 지식인들에게 영남 지역으로 유입된 천주교 교우촌의 존재가 발각된 사건과 채제공과 채홍원의 신원 문제 등은 근기남인과의 연계 관계를 빌미삼아 노론 벽파가 영남남인을 탄압할 수 있는 선택지가 늘어나는 것을 의미했다. 따라서 그들은 천주교 문제에 대한 노론 벽파의 정치적 악용을 비판하면서도 영남 내부에 대한 탄압의 확산을 상당히 우려할 수밖에 없었다.

4   조선후기 영남 지역 이단 비판론의 스펙트럼

1) 온건한 포용주의에서 향외적 근본주의로

천주교 문제가 처음 불거졌을 때 정조나 채제공은 대체로 온건한 위정론의 포용주의를 취했으나 순조 이후에는 격렬한 척사론의 배타주의가 주도적 흐름이 되었다. 조선후기 영남 유학자들은 대체로 척사론을 견지했으나 차가운 배타주의보다는 따뜻한 포용주의를 지향하는 경우도 적지 않았다. 따라서 척사론의 배타적 갈등 이전에 위정론의 자율적 교화를 강조했으며, 기본적으로 대상을 타율적 물리력으로 강제하는 배타적이고 향외적인 근본주의가 아니라 자기반성과 근본 배양에

---

47) 박종천, 「「斥邪綸音」 硏究」를 참조하라.

힘쓰는 포용적이고 내향적인 근본주의를 지향하는 경우도 적지 않았다. 포용주의는 이단을 일정한 한도 내에서 인정한다는 점에서 이단과 공존을 철저히 거부하는 배타주의와 구별되지만 이단에 대한 합리적 비판의식과 정통론적 우위를 견지한다는 점에서 정통론적 우위를 해체히면서 이단과 공존하거나 정통과 이단의 이분법 해체를 주장하는 다원주의와도 구분된다.

물론 내향적 근본주의도 도통의 계승이라는 문화적 권력을 배타적으로 확보하고자 하는 문화적 차별화 전략이나 정치적 분쟁으로 번지는 경우에는 언제든지 향외적 근본주의로 전환될 수 있었다. 그것의 대표적 사례가 바로 『이학집변』이다. 실제로 천주교가 신주 소각과 서양 군대의 요청이라는 상징적 사건을 통해 '무부무군'의 질서 파괴라는 실제적 위협을 드러내면서 더 이상 따뜻하게 교화시켜야 할 '이단'이 아니라 철저하게 제거해야 할 '사마외도'로 재인식되면서 지식인 사회의 주류는 방어적이고 배타적인 향외적 근본주의로 선회하게 되었다.

영남의 퇴계학파 유학자들은 방어적 근본주의 차원에서 배타적 이단 비판론을 고수한 것이 아니라 온건한 포용주의를 면면히 계승하고 있었다. 영남 지역 유학자들은 '추로지향'이라는 문화적 자긍심을 바탕으로 자기반성과 근본 배양에 힘쓰는 '내향적 근본주의'를 지향했으며, 척사론의 배타적 갈등 이전에 위정론의 자율적 교화를 강조했다. 그러나 19세기 전반에 천주교 교옥이 연이어 발생하면서 천주교는 교화 대상인 '이단'이 아니라 형정 대상인 '사마외도'로 탄압받았으며, 그에 따라 영남의 이단 비판론도 방어적이며 배타적인 '향외적 근본주의'로 선회하게 되었다.

2) 위정론, 척사론, 척양론

이러한 역사적 배경으로 인해 영남 유학자들의 이단 비판론은 포용주의적 위정론, 배타주의적 척사론, 현실주의적 척양론이라는 세 가지 양상을 보였다. 17세기에 학가재學稼齋 이주李絑(1564~1636년)는 근본회복론적 포용주의의 관점에서 이단을 박멸 대상이 아니라 치유 대상으로 설정했다. 이 관점은 정조와 채제공의 탄력적인 천주교 정책과도 상통하며, 19세기에도 대계大溪 이주정李周禎(1750~1818년)과 곡구원谷口園 정상관鄭象觀(1776~1820년) 등을 통해 일정하게 계승되고 발전되었다. 이에 비해 신유교옥을 비롯해 교옥이 발생한 19세기 전반에 조술도를 비롯한 영남 유학자들은 천주교를 이단이 아니라 사마외도로 규정하면서 철저한 배타주의적 척사론을 전개했다. 마지막으로 병인양요가 발발한 19세기 후반 이후 일헌逸軒 정오석鄭五錫(1826~1869년)과 소무헌素無軒 금서술琴書述(1791~1872년)을 비롯한 유학자들은 서양 제국주의의 침탈이라는 역사적 맥락에 따라 경제, 과학, 농업, 기술, 의약 등의 현실적 문제에서 인간의 사적 욕망과 현실적 이익을 자극하는 서학을 비판적으로 인식하는 척양론의 현실주의적 전회를 이루게 되었다.

영남 유학자들의 이단 비판론은 크게 시대 별로, 유형 별로 위정론의 포용주의, 척사론의 배타주의, 척양론의 현실주의라는 세 가지 양상을 보였다.

먼저 천주교가 본격적으로 유입되기 전인 17세기에 이주는 리理의 보편성과 객관성보다 심心의 개별성과 주체성을 강조하는 수양론적 토대 위에서 이단의 근본과 갈래를 구별하고 현실적으로 문제가 되는 지엽적 현상을 치유함으로써 근원적 원기를 회복해 이단이 저절로 소멸되는 근본 회복론적 포용주의를 전개했다. 이주에 의하면 이단은 근원적으로 형정의 폭력을 통해 박멸해야 할 대상이라기보다는 교화를 통해 치유해야 할 대상이며, 이단의 사회적 문제점은 형정의 강제력을 통한 반본색원적 박멸이 아니라 현실적으로 문제가 된 지엽적 문제점들을 현상적 차원에서 해결함으로써 근본을 회복하는 치유적 회복을 통해 해소될 수 있는 것이다. 이러한 이단 비판론은 정조와 채제공의 탄력적 천주교 정책과 상통하며, 19세기에 이주정과 정상관 등이 이러한 관점을 일정하게 계승하고 발전시켰는데, 이를 위정론의 포용주의 단계라고 할 수 있다.

다음으로 18세기에 조술도는 '천인합일天人合一'을 추구하는 유교 정통에 비해 '천인분리天人分離'를 현실화하는 불교 이단을 비판하는 한편 종교적 자치권을 위해 가족질서와 국가질서를 전면적으로 거부하면서 죽음도 불사하는 천주교를 지식인의 모범 구현에 따라 교화 대상이 되는 '이단'이 아니라 국가의 물리적 강제력으로 철저히 제거해야 할 형정 대상인 '(사마)외도'로 구분했다. 그리하여 교옥이 전개되는 19세기 전반 이후 영남남인 유학자들은 대체로 철저한 배타적 근본주의를 전개했다. 방어적 차원에서 근기남인으로부터 불거진 천주교 교옥의 피해가 영남남인으로 확산되는 것을 차단하는 동시에 '추로지향'이라는 문화적 자부심을 근거로 지식 권력의 도통론적 우위를 점유하려는 『이학집변』도 이러한 관점을 반영하고 있다. 이를 척사론의 배타주의 단계라고 부를 수 있다.

마지막으로, 병인양요가 발발한 19세기 후반부터 정오석과 금서술 등의 유학자들은 서양 제국주의 열강의 침탈이 현실화되는 역사적 맥락에서 자본주의 세계 경제, 과학 및 농업기술, 의약 등의 위력을 맛보면서 인간의 사적 욕망을 자극하고 이익과 재화의 현실적 효용으로 미혹하는 서양 학문의 문제점을 비판적으로 인식하게 되었다. 이단의 범주가 종교적 문제에서 현실적 문제로 이행하는 양상을 통해 이단 비판론은 척양론의 현실주의로 변용되었던 것이다.

3) 17세기 이주의 포용주의와 근본 회복적 위정론

17세기 전반에 퇴계학파의 대표적인 이단 비판론의 전형은 성주 출신의 이주에게서 찾아볼 수 있다. 이주는「의작파방사구신선조擬作罷方士求神仙詔」에서 황제가 장생불사를 이루기 위해 신선을 구하는 도교적 방술方術이 어리석다는 점을 분명하게 비판했다.48) 이는 육체적인 사적 욕망을 채우기 위해 비합리적인 술수를 쓰는 방술을 비판한 것으로 이단 자체에 대한 비판을 넘어서 이단적 방술을 쓰는 목적과 방식에 대한 비판이라는 점에서 주목할 만하다. 여기서 이단 비판은 기본적으로 그것이 성리학에서 제시하는 공적인 의리의 발현이 아니라 사익 추구를 목적으로 하며 그것을 실현하기 위해 동원하는 방식 또한 바람직하지 못한 비합리적 주술magic이라는 점에 초점을 맞추고 있었다.

사익 추구와 비합리적 방식에 대한 비판은 조선시대 성리학이 공유하는 이단 비판론의 중요한 관점이었다. 그러나 이주의 이단 비판론은 배타적 근본주의로 매몰되지 않았다. 오히려「맹자불공노자론孟子不攻老子論」에서는 포용주의적 태도가 분명하게 부각되었다. '맹자는 노자를 공박하지 않았다'는 표현에서 극적으로 표현되듯이, 실제로 그는 노장老壯이나 불교 등의 이단에서 비롯된 문구를 인용할 정도로 상당히

---

48) 李絥,『學稼齋集』卷3,「擬作罷方士求神仙詔」를 참조하라.

포용적인 이단 비판론을 펼쳤다.49)

이러한 포용주의적 태도는 객관적 법칙보다 주체적 수양을 강조하는 학문 경향에서 비롯되었다. 이주는 여헌旅軒 장현광張顯光(1554~1637년)의 문인으로 벼슬길에 나아가지 않은 처사형 선비였다. 그는 기본적으로 보편적이고 객관적인 '리理'를 찾는 데 치중하기보다는 수양 주체인 마음心의 개별적 주체성을 주목하는 수양론을 전개했다.50) 조선전기 정도전이 『심기리편』에서 '리'라는 유교적 관점에서 불교의 '심'과 도교의 '기'를 비판했듯이 '리'의 보편성과 객관성을 강조하는 경우에는 '심'의 개별적 주체성이 이해利害나 정욕情欲이라는 이기적 욕망의 주관적 한계로 전락한다는 비판을 당하기 마련이었다.51) 이에 비해 '심'의 주체성을 강조하는 성리학적 수양론은 이주를 배타주의가 아니라 포용주의로 이끌었던 것이다.

포용주의적 이단론은 이단에 대한 배타적 제거 대신 이단에 대한 신중한 이해를 가져왔다. 특히 이단의 종류에 대한 섬세한 구별을 가능하게 해주었다. 이는 배타주의가 무차별적으로 이단에 대한 피상적 이해와 파상적 공격을 전개하는 것과 뚜렷하게 대조된다.

먼저 이주는 이단의 '근본宗'과 '갈래派'를 분리해 사유했다.52) 그에 의하면 이단의 기준은 '무부무군'의 인륜이며, 노자는 이단의 근본

---

49) 이유진, 「학가재 이주 철학의 연구」(『동양고전연구』 29, 동양고전학회, 2007), 116~118쪽을 참조하라.
50) 앞의 논문을 참조하라.
51) 鄭道傳, 『三峯集』卷6, 「理諭心氣」 참조하라. "有心無我, 利害之趨; 有氣無我, 血肉之軀. 蠢然以動, 禽獸同歸, 其與異者, 嗚呼幾希! …… ○此言人之所以異於禽獸者, 以其有義理也. 人而無義理, 則其所知覺者, 不過情欲利害之私而已矣. 其所運動者, 亦蠢然徒生而已矣. 雖曰爲人, 去禽獸何遠哉? 此儒者所以存心養氣, 必以義理爲之主也."
52) 李𦁗, 『學稼齋集』卷3, 「孟子不攻老子論」을 참조하라.

이고, 양주와 묵적은 이단의 갈래餘派이다.

정통론의 이러한 준거는 유교적 이단 비판론의 보편적 관점이었다. 정통과 이단을 구분하는 유교적 기준은 인륜이고, 인륜의 양대 축인 혈연적 유대감親親과 사회적 위계질서尊尊는 유교 공동체 구성과 유지의 핵심이었다. 따라서 이 두 가지 중 하나라도 침해하면 이단이라는 범주에 들게 되는데, 대표적인 전형이 바로 양주와 묵적이었다. 맹자에 의하면 묵적의 겸애설은 가족 관계의 혈연적 유대감을 무시하고無父, 양주의 위아설은 국가의 사회적 위계질서를 무시한다無君.53)

그런데 이주가 이러한 전통적 관점에서 한 단계 더 나아가 이단의 진원지로 노자를 지목한 것은 주목할 만하다. 근본과 갈래의 구별은 노자로부터 양주와 묵적이 파생되었으며, 노자의 도道가 위아爲我와 겸애兼愛를 초래했다는 인식을 가능하게 해주었다. 이에 따라 노자의 설이 일반적으로 그와 상충되는 학설로 간주되는 양주의 위아설과 묵적의 겸애설의 근원으로 설정되었다. 실제로 이주는 무군의 화를 초래한 양주의 위아가 노자의 청정淸淨에서 파생된 반면 무부의 화를 불러온 묵적의 겸애는 노자의 유복柔伏에서 파생되었다고 설명한다.54) 이러한 관점은 유교적 정통의 계승을 의미하는 도통의 계보 정립 단계를 넘어서 노자로부터 양주와 묵적으로 이어지는 이단의 전승을 계통화했다는 점에서 주목할 만하다. 물론 이러한 계통화는 역사적으로 이루어진 실제 전승을 의미한다기보다는 이단 비판론의 체계적 인식에 의해 빚어진 것이었다.

나아가 이주는 이단도 일종의 도로 보았다. 현대적 개념으로 보자

---

53) 『孟子』「滕文公下」를 참조하라.
54) 李縡 『學稼齋集』 卷3, 「孟子不攻老子論」을 참조하라.

면 '도'는 종교와 사상 및 세계관 등에 해당한다. 이주는 이단이 비록 잘못된 것이긴 하지만 종교와 사상 및 세계관에 해당하는 도의 범주임을 인정했다. 그는 "일반적으로 도에는 정사正邪를 막론하고 각각 근본과 갈래가 있다. 그러므로 저 이단이란 것도 비록 성인의 도는 아니지만 스스로 일단一端이 되어 그것을 창도해 근본이 되는 것도 있고 그것에 화합해 갈래가 되는 것도 있다"55)고 설명했다. 따라서 정통과 이단은 각각 '정도'와 '사도'로 설정될 수 있으며, 정통은 성인의 도를 계승한 정도이며, 이단은 성인의 도에서 벗어난 사도로 설명될 수 있다. 또한 "도가 비록 근본과 갈래의 차이는 있지만 화는 처음부터 피차간에 차이가 없다"56)고도 역설했다. 이주는 정통과 이단, 정도와 사도를 막론하고 모든 도는 근본과 갈래로 구별할 수 있으나 사도 혹은 이단의 화는 근본과 갈래 모두 동일하다는 점을 힘주어 강조했다.

그렇다면 군자가 이단을 막기 위해서는 멀리 이 근본을 거슬러 올라가 다스려야 할까? 아니면 현재 무성한 세력을 다스려야 할까? 이 물음에 대해 이주는 당시 한창 성행하는 양주와 묵적을 막는 데 철저해야지 근본인 노자까지 거론할 겨를이 없음을 강조했다. "양주의 '무군'을 막으면 노자의 '청정'도 군신지분君臣之分을 해칠 수 없으며, 묵적의 '무부'를 막으면 노자의 '유복'이 부자지륜父子之倫을 해칠 수 없으니, 양주와 묵적의 도가 천하에 마구 유행하지 않으면 노자의 학이 어떻게 세상에서 다시 실행될 수 있겠는가?"57) 이런 관점에서 이주는 이단에 대한 근본주의적 비판에 입각한 무차별적 발본색원을 지양하고 이단의

---

55) 李縡, 『學稼齋集』 卷3, 「孟子不攻老子論」.
56) 李縡, 『學稼齋集』 卷3, 「孟子不攻老子論」.
57) 李縡, 『學稼齋集』 卷3, 「孟子不攻老子論」을 참조하라.

현상적 문제점을 공략하거나 치유함으로써 이단 문제를 합리적으로 극복할 수 있는 근원적 토대를 회복하고자 했다.

> 나무를 베는 자는 긴 가지와 큰 잎을 먼저 자르고, 사람을 구하는 자는 곁가지 병세와 지엽적 증세를 먼저 공략한다. 무성한 가지와 잎을 쳐내면 묵은 줄기가 마르게 마련이고, 곁가지 병증을 없애버리면 진원眞元을 회복할 수 있다.58)

이주는 이단을 철저히 제거해야 할 '악'이 아니라 치유해야 할 사상적・사회적 '병'으로 보았다. 근본주의적 신념이 배타주의로 전개되면 이단은 박멸해야 할 악이 되지만 포용주의적 관점에서는 치유 대상으로 설정된다. 이주에 의하면 나무에 병이 들면 뿌리째 들어내는 것이 아니라 무성한 가지와 잎을 잘라내 묵은 줄기가 고사하도록 하는 것처럼 사람에게 병이 들면 지엽적 병증을 공략해 건강의 근원인 원기元氣를 회복하도록 해야 한다.

여기서 주목할 대목은 병증에 대한 치유가 근원의 박멸이 아니라 지엽에 대한 공략으로 이루어진다는 점이다. 이것은 뿌리를 뽑아내는 발본색원의 배타적이고 폭력적인 방식이 아니라 무성한 가지와 잎을 쳐내 자연스레 병증을 없애고 근원을 회복하는 방식이다. 근원의 제거를 통한 지엽의 소멸이 아니라 지엽의 공략을 통한 근원의 회복을 지향하고 있는 것이다.

이주에 의하면 이단의 시작은 노자에서 비롯되었으나 전성기는 양

---

58) 李絑, 『學稼齋集』 卷3, 「孟子不攻老子論」. "伐木者先剪其長枝大葉; 救人者先攻其傍病支症. 枝葉之盛除, 則宿幹必枯矣; 傍支之症去, 則眞元可回矣."

주와 묵적에서 이루어졌다. 실제로 이주는 온건한 포용주의의 근거로 맹자가 당시 유행하던 양주와 묵적을 공략했을 뿐 근본이 되는 노자까지 거슬러 올라가지 않은 점에 주목했다. 이에 따라 이단의 확산을 막기 위해서는 굳이 노자까지 거슬러 올라가지 않고 대신 현재 성행하는 이단의 현상을 막아야 하며, 그렇게 되면 사설邪說은 저절로 사라질 것이라고 진단했다.59) 요컨대 이단 혹은 사도의 지엽적 문제점을 현상적 차원에서 공략하거나 치유하면 그에 따라 이단의 문제점을 비판하고 극복할 만한 근본이 저절로 회복된다는 것이다. 이렇듯 이주의 근본 회복론적 관점은 이단에 대한 사회적 규제를 현상 치유적 요법에 국한시키되, 발본색원적 처방으로 확대시키지 않았다.

4) 18세기 조술도의 외도 비판과 배타주의적 척사론

호문 6군자 중 하나인 조술도는 영남의 퇴계학파가 강조한 리를 중심으로 불교와 천주교를 비판했다. 그의 저술 중 「운교문답雲橋問答」은 유불도 3교의 사상과 학설을 인용하고 비교해 천주학을 비판한 논설이고, 「유석분합변儒釋分合辨」은 유학을 숭상하고 불학佛學을 비판하는 논설이다.

조술도는 '천일합일'의 여부에 따라 이단을 비판했다. 그는 불교가 심성 수양에서 유교와 유사한 점이 있지만 '천인분리'를 지향하는 반면 유교는 '천인합일'을 지향하고 있다고 보았다. 「유석분합변」에 의하면 천지 사이 우주는 하나의 이치―理일 뿐이고, 이 이치가 구체적으로 실현되는 인류은 오륜으로 대표되는 규범적 인간관계이다. 불교는 천리

---

59) 李𥳴, 『學稼齋集』 卷3, 「孟子不攻老子論」을 참조하라.

와 인륜을 저버린다는 점에서 문제가 있으며, 마음공부心地一段工夫는 비록 유교와 조금 비슷하지만 실제로는 크게 다른 것이다. 유교가 우주와 인간을 합하는 반면 불교는 양자를 분리하고 유교가 마음과 이치를 하나로 하는 것과는 달리 불교는 양자를 분리해 공적空寂을 추구한다.60)

이에 비해 「운교문답」에서는 마테오 리치利瑪竇(Matteo Ricci, 1552~1610년)가 하늘을 주主로 삼으면서도 불교와 비슷한 부류의 논리를 펼치고 있다고 비판했다. 조술도에 의하면 서학은 하늘의 천주를 큰 부모大父로 섬기고 상제를 큰 임금大君으로 받드는데, 이는 육친의 부모와 나라의 임금을 제치고 천주와 부자의 친애 관계와 군신의 위계질서를 직접 맺음으로써 육친의 부모도 업신여기고 나라의 임금도 무시하는 결과를 낳게 될 위험이 있다.61) 이러한 논박은 천주교가 아버지와 군주를 매개로 하늘에 이르는 전통적인 유교적 질서 관념을 거부함에 따라 가족의 혈연관계에서 아버지가 지닌 위상과 국가의 위계질서에서 군주가 지닌 권위를 거부하고 종교적 자치권을 주장하는 문제를 비판한 것62)으로, 마테오 리치의 보유론적 논리에 따라 정하상의 『상재상서』가 유교적 충효의 논리를 확대해 천주를 큰 부모와 큰 군주로 유비했던 논리와 정면으로 충돌하는 것이었다.

---

60) 趙述道, 『晩谷集』 卷8, 「儒釋分合辨」. "天地之間, 一理而已, 仁之爲父子, 義之爲君臣, 夫婦之倫, 兄弟之親, 此莫非生人之不可無者也. 惟彼佛者, 山林之與處, 鳥獸之與羣, 蔑天理棄人倫, 無親戚君臣上下, 惟其有心地一段工夫, 雖小相似, 而實大不同. 吾則天與人合, 而佛則分之, 吾以心與理一, 而佛則二之, 枯槁而空寂也, 悖詭而荒幼也."
61) 趙述道, 『晩谷集』 卷8, 「雲橋問答」. "西學之云受形於父母, 而以天地爲父母, 定位於君臣, 而以上帝爲大君, 父母不我有也, 君臣不我有也, 則是彷彿於釋子之敎."
62) 베이커, 앞의 책, 332~353쪽을 참조하라.

나아가 조술도는 교화 대상이 되는 '이단'을 넘어서 유교적 교화의 한계를 넘어서는 극단적 '이교'를 '외도' 혹은 '사마외도'로 표현하며 맹공하는 배타적 근본주의를 보여주었다. 그는 천주교를 소중화 문명을 침범하는 사마외도로 지목하면서 서양 학문이 범람하는 현실을 비판적으로 경계했다.63) 천주교를 교화 대상인 이단이 아니라 형정 대상인 사마외도로 인식한 것이다.

극도로 강력한 조술도의 비판은 조선 정부의 천주교 탄압 사유와 일정하게 조응했다. 불교와 무속 등 다른 이단은 국가의 임금과 가족의 아버지를 중심으로 하는 유교적 교화 체계에 순응한 반면 천주교는 전면적으로 도전했기 때문이다. 천주교도들이 형벌에 따른 죽음을 무릅쓰면서 순교한 태도는 유교 사회에 큰 충격을 안겼고, 〈척사윤음〉을 비롯한 조선 사회의 공식적 대응은 천주교가 이단보다 더 이해하기 힘들고 박멸해야 할 '외도'라는 입장의 천명으로 나타났다.64) 실제로 조선 전기에는 유교적 이념에 따라 불교와 무속이 사회적으로 주변화되거나 억압당했지만65) 유교적 인륜질서를 전면적으로 거부하지는 않았기 때문에 박멸 대상으로 발본색원되지는 않았다. 이에 비해 조선후기 천주교는 신주 소각과 서양 군대의 침입이라는 두 가지 상징적 사건으로 인해 유교적 인륜질서에 직접적으로 도전하는 양상을 드러내 철저한 발

---

63) 趙述道, 『晩谷集』 卷3, 「上蔡樊巖 [乙巳春, 先生以先事入洛, 目見西學, 已爲世道之憂, 爲著雲橋問答, 因有是書, 時樊翁落拓在露梁].」. 趙述道, 『晩谷集』 卷4, 「與金定之」.
64) 박종천, 「「斥邪綸音」 硏究」를 참조하라.
65) 조선시대 스님과 무당은 유교화의 진전에 따라 도성에서 축출되었지만 도성 밖에서 세금을 내면서 여전히 존재를 유지했으며, 국가에 재이가 발생하거나 위기에 처했을 때 국가적으로 동원되기도 했었다. 상세한 논의로는 이능화의 『조선무속고』와 『조선불교통사』를 참조하라.

본색원 대상으로 전락했다.

「운교문답」의 비판적 영향력은 19세기의 정와訂窩 김대진金岱鎭(1800~1871년)의 「서운교문답후書雲橋問答後」에서도 확인된다.66) 특히 이상정의 제자로 조선후기 의성의 처사였던 회병晦屛 신체인申體仁(1731~1812년)도 조술도의 「운교문답雲橋問答」에 대해 정학正學을 떠받치고 사학을 억누르는 공扶正抑邪之功을 깊이 우러러 칭송했다.67) 신체인은 「천학종지도변天學宗旨圖辨」을 지어 당시 근기 지역에서 새롭게 일어난 이단인 '천주지학'이 중국으로부터 들어와서 총명한 사대부들에게 해독을 끼치고 있다는 점을 적시하고 천주교의 유행이 "민심民心의 숙특淑慝과 국가의 흥망과 관계되는 것"이라고 역설했다.68) 류건휴의 『이학집변』도 이처럼 강경한 근본주의적 배타주의를 강화했다.

5) 19세기 전반 이주정과 정상관의 포용주의적 위정론의 계승

영남 지역은 급진적 변혁보다는 점진적 변화를 추구하는 보수적인 풍토가 강했다. 그것은 조선시대 유교화 과정에서도 마찬가지였다. 조선중기까지 이황과 정구鄭逑(1543~1620년) 등 영남을 대표하는 유학자들은 대체로 불교나 무속의 문제점을 비판하면서도 근본주의적 배타주의로 급진적이고 폭력적으로 존재를 말살하는 방식이 아니라 포용주의적 태도로 온건한 자율적 예속화禮俗化를 통해 유교적 규범을 유지하는 일정한 한계 내에서 이단의 사회적 존재를 규제하는 포용주의적 교화를 추진했다.69)

---

66) 金岱鎭, 『訂窩集』 卷8, 「書雲橋問答後」.
67) 申體仁, 『晦屛集』 卷4, 「與趙聖紹 [辛亥]」.
68) 申體仁, 『晦屛集』 卷6, 「天學宗旨圖辨」.

이주의 이단 비판론은 이러한 전통의 가능성을 한층 더 확장시킨 것이었다. 포용주의와 근본 회복적 모델은 현상 문제에 집중한다는 면에서 현실적 적합성이 있을 뿐만 아니라 발본색원을 시도하다가 적절한 대처 시기와 방법을 놓치는 문제를 피할 수 있는 장점이 있었다. 아울러 타율적 형벌의 채찍 이전에 자발적 교화의 당근이 작동됨에 따라 폭력적 방식이 아니라 문화적 방식으로 이단 문제를 해결할 가능성을 지니고 있었다. 이런 점에서 이주의 근본 회복적 이단 비판론은 정조나 채제공의 포용주의와 상통했다.

물론 이주의 포용주의적 이단 비판론에 대해 천주교의 본격적 유입이 이루어지기 전이었기 때문에 가능한 것이었다고 평가할 수도 있다. 19세기부터 전개된 천주교 교옥이 영남 지역에서 이러한 포용주의의 전개보다는 배타주의를 강화시킴에 따라 이러한 포용주의적 양상은 주류로 득세하지는 못했지만 교옥의 시대였던 19세기 전반에도 다양한 모습으로 지속적으로 전개되었다. 예컨대 이주정은 유교적 전통이 활발한 영남 지역과는 달리 기호 지역이 '사학'에 물든 현실을 걱정하는 한편 정조의 균형 있고 탄력적인 교화를 이렇게 칭송했다.

> 정조께서 즉위한 뒤 교화가 잘 시행되었으나 일종의 사학이 서울에 잠입해 기호 지방에서 거세게 퍼져 백성을 꾀어서 어지럽히고 이륜彝倫을 무너뜨리니, 사람은 사람답지 못하고 나라는 나라답지 못한 지경에 이르게 되었다. 성인께서는 그것을 걱정해 그들을 예로써 이끌었으나 따르지 않는 자들은 형으로 다스릴 수 있었다.70)

---

69) 박종천, 「寒岡 鄭逑의 禮論과 禮說」(『태동고전연구』 29, 한림대 태동고전연구소, 2012)을 참조하라.

정조의 교화는 바로 예교禮敎와 형정, 교화와 형벌이 당근과 채찍으로 적절하게 결합한 것이었다. 그것은 먼저 포용적 온건주의로 권유하되, 통하지 않을 경우에 한해 형벌의 물리력을 사용하는 방식이었다. 이러한 측면에서 이주와 이주정 등 영남남인의 포용주의는 정조와 채제공을 중심으로 한 근기남인의 입장과 기본적으로 상통했다고 평가할 수 있다.

『이학집변』이 잘 보여주듯이 19세기 이후 영남에서는 정치적 타격의 위험이 있는 천주교 관련 혐의를 벗기 위해 방어적이고 배타적인 이단 비판론이 주류가 되었다. 그러나 천주교 교옥이 한창일 때 영남에서는 그러한 경향이 주도적이던 중 이단을 막는 방법으로 '공정公正'이라는 가치 기준을 제시하는 학자도 있었다. 예컨대 대산학파에 속한 입재立齋 정종로鄭宗魯(1738~1816년)의 아들이자 남한조의 사위인 정상관은 영남 유생을 대표해 채제공의 신원과 복권을 요청한 상소를 올린 사람인데71), 이단의 사설을 막는 방법으로 공정을 주장했다.

그는 『춘추』와 『맹자』의 사적을 통해 정통과 이단을 구분할 기준을 제시했다. 특히 도적들을 두려워하게 하는 방법으로 공공성公을 견지하고, 이단의 사설을 막을 방법으로 정당성正을 확립할 것을 제안했다. 정상관에 의하면 노자가 나타났지만 주나라 말에 막을 수가 없었고, 양주와 묵적이 나타났지만 전국시대에 막을 수가 없었으며, 육상산이 나타났지만 남송 대에 막을 수가 없었다. 그것은 당시 어리석은 군주가

---

70) 李周禎, 『大溪集』 卷3, 「禮州鄕飮酒禮詩序」. "惟一種邪學潛伏於藿蕀之下, 熾蔓於畿湖之間, 惑亂黎庶, 斁敗彝倫, 將至於人不人國不國. 聖人有憂之, 導之以禮, 而不率者可齊之以刑."
71) 鄭象觀, 『谷口園記』 卷2, 「嶺南儒生請焚巖蔡文康公復官擬疏」.

성인의 도를 높일 줄 몰랐기 때문이다. 그러나 정상관은 공자와 맹자 및 주자 등의 성인이 노자, 양주와 묵적, 육상산 등의 이단이 발호했을 때 중법重法과 엄형嚴刑으로 다스릴 것을 주장하지 않은 것을 칭송한 반면 한유에 대해서는 「원도」를 지어 불교와 노장을 입하게 배척했지만 공정의 기준에는 미치지 못했다고 평가절하했다.72)

이러한 논법은 그의 스승이자 장인인 남한조와는 사뭇 다른 결을 지니고 있다. 그는 강력한 비판이 아니라 온건한 회유를 주장했다. 조선후기 성호학파 학자들 중 일부가 상앙이나 한비자 등 법가에 대해서조차 일정 부분 긍정적 가능성을 재발견한 것과는 달리, 19세기 전반 영남학파 일부에서는 이단 비판론에서조차 온건한 교화주의를 지속하고 있던 것이다.73)

6) 19세기 후반 정오석과 금서술의 현실주의적 척양론

19세기 후반에 오면 조선에서 천주교는 단순한 종교 문제가 아니었으며, 서양 제국과 연결되는 국제 문제로 확대될 가능성이 있음이 뚜렷하게 부각되었다. 1866년의 병인양요는 그것의 상징적 계기가 된 충격적인 사건이었다. 그에 따라 종교적·사상적 측면 외에도 국제적·현실적 측면의 비판적 관점도 아울러 커지게 되었다. 그리하여 19세기 후반에 이단 비판론은 '척양'이라는 새로운 시대적 과제로 변하게 되었다.

그와 관련된 대표적인 사례를 정오석의 이단 비판론에서 찾아볼 수 있다. 정오석은 최치원이 신선이 되었다는 전설에 대한 비판적 인식74)

---

72) 鄭象觀, 『谷口園記』 卷5, 「雜著·危言下」.
73) 박종천, 「寒岡 鄭逑의 禮論과 禮說」을 참조하라.
74) 鄭五錫, 『逸軒集』 卷5, 「崔文昌升仙辨」.

과 더불어 사서邪書에 대한 논의75)를 전개한 바 있다. 양자는 모두 도교적 전설과 관련된 신이神異한 영험에 대한 비판을 잘 보여준다. 정오석에 의하면, 천서天書는 중국의 모처에 천둥 벼락이 쳐서 바위가 열리면서 나온 책으로 하늘이 내리는 대위기 상황을 드러내는 징조지만 사서는 도사들이 그러한 전설을 꾸며대 권선문勸善文을 권하면서 사람들을 미혹한 것에 불과하다. 그는 각종 상수象數와 도참 등이 그러한 미혹에 빠져 주술적으로 활용되는 점을 비판적으로 보았다. 예컨대 하도河圖가 나와서 길흉이 드러나고 낙서洛書가 나와서 정회貞悔가 나타남으로써 선의 당위성과 악의 부당성을 보여주었기 때문에 좋은 사람이 그러한 이치를 따르면 창성하고 간사한 사람이 그러한 이치를 어기면 멸망하며, 요순의 백성은 인수仁壽의 복을 받고 걸주桀紂의 백성은 표저漂杵의 액厄에 걸린다고 설명했다.

그러한 현상은 모두 선을 행하는 것 자체가 복이고 악을 행하는 것 자체가 화라는 전통적인 유가적 인식일 뿐 사람들을 미혹하는 주술적 효과를 노리는 것이 아니었다. 정오석에 의하면, 양주와 묵적과 달마가 선을 추구하긴 하지만 불선不善의 우두머리격인 까닭은 그것에서 대본大本이 그릇되고 사기詐欺가 일어나기 때문이다. 유자들이 이야기하는 선은 하늘에서 근본하고 마음에 갖추어진 본성으로서 '학문사변學問思辨'으로 밝히고 '수제치평修齊治平'으로 실천하는 것이다. 따라서 비록 선한 자가 화를 당하고 악한 자가 복을 받더라도 분명히 악을 행하지 않고 선을 행해야 하며, 선을 행하는 것 자체가 복이고 악을 저지르는 것 자체가 화로 인식되었다.

---

75) 鄭五錫, 『逸軒集』 卷5, 「邪書辨」. 이하의 논의는 모두 이 글에 따른다.

이 경우 어디까지나 판단과 행동의 기준은 하늘의 이치였다. "천은 저 위에 있는 푸른 하늘로, 이치理로 보여주는 것이다."76) 공적 이치 외에 사익을 추구하려는 것은 결국 잘못된 이단의 길에 빠지는 것이다. 그리하여 옛 성인이 선을 권면하고 악을 응징한 대공무사大公無私의 도가 아닌 계공모리計功謀利의 의意는 철저하게 배격된다.77) 이러한 논의는 공로를 헤아리고 이익을 도모하는 공리功利주의에 대한 거부와 연결된다. 이렇듯 자본주의를 배경으로 인간의 사적 욕망을 자극하며 상업적 국제 질서를 강요하는 서양 제국주의의 문제점은 공리주의에 있으며, 그것을 극복하는 방안이 이익을 넘어선 의리에 있음을 역설하는 것은 화서학파의 류인석柳麟錫(1842~1915년)이 『우주문답宇宙問答』에서 논한 바와 상통한다.

이러한 경향은 금서술의 「무사기우無事杞憂」에서도 확인된다.78) 이 저작은 19세기의 예안 지역의 퇴계 학맥의 이단 비판론을 잘 보여준다. 금서술은 서양 열국의 제국주의적 진출이 점차 현실화되는 시대를 맞아 역대 왕조의 흥망성쇠의 원인과 조짐을 분석하고 대비할 것을 역설했다. 그는 재화財貨를 일으키는 양학洋學이 백성을 미혹하는 이단이라고 주장했다. 조금 파종하고 많이 수확하는 서양의 농리農利와 병의 증세와 무관하게 미리 조제한 약의 치료 효과를 자랑하는 서양의 의약

---

76) 鄭五錫, 『逸軒集』 卷5, 「邪書辨」. "夫天, 蒼然在上, 以理示之者也."
77) 鄭五錫, 『逸軒集』 卷5, 「邪書辨」.
78) 아래 설명은 금서술, 『소무헌집素無軒集』 卷3, 「無事杞憂」에 의거한다. 금서술은 이황의 제자인 금난수琴蘭秀(1530~1604년)의 후예로, 이상정의 제자인 광뢰廣瀨 이야순李野淳(1755~1831년) 문하에서 공부했으며, 1855년(철종 6년)에 영남 유생을 대표해 이휘병이 서울로 올라가 '사도세자' 추존을 건의하는 「영유의리소嶺儒義理疏」와 사액서원 훼철을 반대하는 상소를 올릴 때 참여한 인물이다.

醫藥은 사람을 미혹하는 것에 불과하다는 것이다. 대신 그는 새로운 농사 기술의 개발이 아니라 농지를 잘 개량하고 세금을 덜어주는 방식으로 민생을 풍요롭게 할 것을 주장했다.

요컨대 금서술의 논리는 의약과 농사라는 현실적 효용성에 기초한 서양의 학문은 재화를 통해 사적 욕망을 일으키는 이단이라는 것이다. 19세기 영남 퇴계학파의 이단 비판론은 대체로 종교적 문제점보다는 이익과 욕망을 자극하고 재화로 사람을 현혹하는 현실적 문제점을 더 심각하게 인식하고 있었으며, 척양론 단계에 와서 이단 비판론은 현실주의적 통찰을 더하게 되었다.

5 『이학집변』, 영남 퇴계학파의 이단 비판론을 집대성하다

1) '추로지향' 영남의 보수적 풍토와 『이학집변』의 성격

영남의 양반 재지사족은 이황부터 비롯된 '추로지향'이라는 문화적 자부심을 기반으로 삼아 보수적 정통론과 이단 비판론을 지속했다. 영남은 양반 중심의 사회적 위계질서가 튼튼했던 지역적 특성을 갖고 있을 뿐만 아니라 근기 지역처럼 천주교 서적을 순수 읽고 자발적으로 신앙을 수용할 기회도 없었고, 제사 거부와 신주 소각 등의 의례적 실천이 사회 문제로 크게 부각되거나 서양 함대의 군사적 충돌을 직접 경험하지 못했다. 따라서 사회문화적 갈등이 직접적으로 불거지거나 물리적 충돌이 크게 벌어지는 현장 또는 그러한 갈등과 충돌에 대한 정책 결정이 이루어지는 중앙 정부에 비해 상대적으로 관념적인 이단 비판론을 유지했다.

실제로 이익을 비롯한 근기 실학자들과 달리 영남 유학자들은 대부분 서학서를 직접 접하지 못했기 때문에 대개 근기 실학자들이 인용한 서학과 천주교를 이단 비판론의 이론적 프레임에 따라 원론적 차원에서 비판하곤 했다. 서학서를 직접 접하는 예외적인 경우도 일부 있었으나 그마저도 직접 보기를 거부했다. 예건대 1793년에 황사영이 경북 상주의 향리鄕吏인 이복운에게 가서 천주교 서적 17권을 건넸으나 이복운은 그것을 사양한 적이 있다.[79]

『이학집변』[80]은 이러한 영남남인 퇴계학파의 보수적인 문화적 에토스를 대표하는 이단 비판론의 결정체라고 할 수 있다. 그러나 류건휴는 서학서를 직접 본 적이 없었다. 『이학집변』은 이익이나 순암順菴 안정복安鼎福(1712~1791년) 등 근기남인 유학자들의 서학 비판서를 토대로 서학을 비판적으로 재검토한 남한조의 서학 비판을 더욱 예리하게 다듬은 작품이다.

물론 『이학집변』이 영남 퇴계학파의 이단 비판의 다양한 가능성을 모두 포괄하는 것은 아니다. 오히려 천주교 문제로 인해 노론 벽파의 공격 대상이 된 근기남인 성호학파에 대한 사상적·정치적 공격이 영남인으로 확산되는 것을 예방하는 한편『계호학적溪湖學的』에서 드러나는 호파虎派의 도통, 곧 이황, 학봉鶴峯 김성일金誠一(1538~1593년), 갈암葛庵 이현일李玄逸(1627~1704년), 이상정, 동암東巖 류장원柳長源(1724~1796년), 류건휴, 정재定齋 류치명柳致明(1777~1861년) 등으로 이어지는 대산학파-정재학파 계보의 차별화된 정통성을 공인받

---

[79] 차기진, 앞의 논문, 204쪽을 참조하라.
[80] 총 6권 5책의 유일본 『이학집변』은 종택에서 소장하던 필사본을 기탁받은 한국국학진흥원에서 2004년에 영인하고 2013년에 전3권으로 국역해 출간했다. 류건휴 지음, 권진호·이상호·김명균·정의우·김우동·남재주 옮김, 『이학집변』 전3권(안동: 한국국학진흥원, 2013)을 참조하라.

고자 하는 목적이 컸다. 요컨대 『이학집변』은 대외적으로는 근기남인 신서파信西派의 영향을 차단해 노론의 이단 비판론적 공격을 방어하고 영남 퇴계학파 내부에서는 호파의 도통론적 위상을 확보하려는 고심의 결정체였던 것이다.

2) 『이학집변』의 이단 비판론

류건휴는 정통론적 관점에서 퇴계학파, 대산학파, 정재학파로 이어지는 차별화된 도통의 계보를 세우기 위해 경학과 성리학에 대한 조선 유학자들의 주석과 설명을 집대성하고 그에 대한 정통적 학설을 차별화시키고자 노력했다. 그리하여 자신의 문집인 『대야집大埜集』 외에도 『동유사서해집평東儒四書解集評』, 『동유삼경집해東儒三經集解』, 『동유근사록해東儒近思錄解』 등 사서삼경과 성리학서에 대한 조선 유학자들의 학설을 모으고 그에 대한 자신의 평론을 제시하는 한편 『이학집변』과 『계호학적』을 통해 이단 비판론의 논리를 집대성하고 도통론의 계보를 정리했다.

특히 『이학집변』은 이단 비판론의 관점에서 총론 아래 1권 노자, 장자, 열자列子, 양주, 묵적, 관자, 순자, 양웅揚雄, 공총자孔叢子, 문중자文中子, 도가, 2~3권 선불禪佛, 4권 육학陸學, 5권 왕학王學, 소학蘇學, 사학史學, 6권 천주학, 기송학記誦學, 사장학詞章學 등으로 구성되었다. 이러한 구성은 노장과 도가, 양주와 묵적 등 선진 시대 이단부터 시작해 시대 순으로 중요한 이단을 배치한 것이다. 집대성한 작품답게 역사적으로 중요한 이단의 다양한 양상과 이슈를 모두 망라하고 있는 점도 중요하지만 전체적으로 볼 때 송 대의 성리학의 사상적 대결 상대였던 선종과 불교 그리고 주자학과 대립했던 유교 내부의 경쟁자들이 각각

1/3 이상씩 분량을 차지하고 있는 점도 유의할 필요가 있다. 특히 마지막 6권에 배치된 천주학과 기송학 및 사장학은 조선후기 사상과 문화에서 제일 중요한 이단적 주제로 집중해서 다루고 있다.

이러한 구성을 갖춘『이학집변』은 영남 퇴계학파의 문화적 자부심을 담은 작품답게 정통론 혹은 이단 비판론의 관점에서 크게 3가지 대목을 중요하게 의식했다.

첫째,『이학집변』은『심경부주心經附註』에 대한 퇴계학의 관심과 애정에서 파생된 주륙화해론의 혐의를 떨치기 위해 신유학 내부의 이단으로 지목받았던 육학과 왕학 혹은 상산학象山學과 양명학 비판에 상당히 많은 분량을 할애하고 있다.81) 이 부분은 유학 내부 도통 논쟁에서 성리학의 순정성 혹은 차별성이 강조될 때 유의할 수밖에 없는 대목이기 때문이다.

둘째, 류건휴는 근기남인 성호학파 중 공서파功西派인 안정복의 서학비판론이 영남남인인 남한조를 거쳐 일방적으로 수용되는 것이 아니라는 점에 주목하고 근기남인의 서학 비판론을 넘어 보다 비판적인 관점을 발전시킨 영남 유학의 철저한 이단 비판론을 집중적으로 부각시켰다.82) 실제로『이학집변』은 천주학과 연루되어 몰락한 채제공에 대한 신원 문제에서 천주학 관련 의혹을 철저하게 일소하기 위해 남한조

---

81) 김백희,「조선후기 유학자 류건휴의 노장 비판 –『이학집변』을 중심으로」(『동서철학연구』67, 한국동서철학회, 2013); 이상호,「류건휴의『계호학적』과『이학집변』에 나타난 후기 영남학파의 '도통'과 '이단 비판' 의식」(『동양철학』32, 동양철학연구회, 2009); 이상호,「류건휴의『이학집변』에 나타난 영남학파의 양명학 비판」(『양명학』24, 한국양명학회, 2009); 박원재,「『이학집변』의 도가 비판의 특징: '이단' 비판에 내재된 영남 퇴계학파의 문제의식을 중심으로」(『국학연구』28, 한국국학진흥원, 2015)를 참조하라.
82) 김순미,「大埜 柳健休의『이학집변』에 나타난 천주학 비판에 관한 연구」(『교회사연구』45, 한국교회사연구소, 2014).

가 근기남인의 서학 비판론을 비판적으로 발전시킨 점을 강조했나. 이는 영남 퇴계학파 내부에서 상대적으로 채제공 신원에 적극적이던 병파屛派에 대해 상대적으로 소극적이었던 호파의 도통론적 우위를 확보하려는 의식을 드러낸 것이기도 했다.83) 『이학집변』은 근기남인으로부터 영남남인으로 확대될지도 모르는 외부의 사상적 공격과 정치적 타격에 대한 사전 방어이자 영남 퇴계학파 내부의 도통론적 우위를 획득하려는 노력의 산물이었던 것이다.84)

셋째, 『이학집변』은 정치적 공격을 위한 사상 검증을 준비하는 차원을 넘어 중앙의 정치권력으로부터 배제된 재지사족의 관점에서 조선 후기 사회 현실을 적극적으로 비판했다. 영남남인은 숙종 대 이후부터 중앙 정계에서 주도권을 상실하면서 소수 야당과 재야 활동으로 정치적 행동 반경이 극히 위축되었다. 특히 1728년(영조 4)에 일어난 이인좌의 난은 회복하기 힘들 만큼 결정적인 정치적 타격이 되었다. 이러한 현실을 타개하기 위해 류건휴를 비롯한 영남의 재야 지식인들은 중앙의 정치권력으로부터 배제된 재지사족으로서 정통론 혹은 이단 비판론의 관점에서 현실 사회를 철저하게 비판함으로써 권력 대신 사회문화적 권위를 확보하려고 했다.

---

83) 중요 문중의 고문서와 일기 자료를 보면 채제공 신원과 관련된 병파와 호파의 차이를 알 수 있다. 한국국학진흥원에서 기탁된 풍산류씨 화경당 통문들과 신상목·장재석·조천래 옮김, 『문집 판각의 기록, 간역시일기』(안동: 한국국학진흥원, 2015) 등을 참조하라.
84) 호파의 도통론적 우위를 통해 지적 권력을 확보하려고 했다는 시각에 대해서는 김선희, 「19세기 영남남인의 서학 비판과 지식 권력: 류건휴의 『이학집변』을 중심으로」(『한국사상사학』 51, 한국사상사학회, 2015)를 참조하라.

3) 이단의 위험과 소도의 현실에 대한 이념적 비판

『이학집변』은 천주교에 대한 근본주의적 비판 자세를 견지했다. 이 책에 따르면 이단은 성인의 학문과 구분되는 별도의 부류로서 "노씨老氏의 허무, 장생莊生의 황탄荒誕, 선불禪佛의 적멸寂滅이 그중 가장 심한 것들이며, 형刑, 명名, 권모權謀, 공리功利, 술수 등이 모두 여기에 포함된다. 양자와 순자가 성性을 논한 잘못, 기송과 사장의 언어적 폐단을 함께 논할 수는 없지만 오도吾道를 해쳤다는 점에서는 동일하다."[85] 이단은 노장의 허무, 장자의 황탄, 선/불교의 적멸, 형명刑名, 권모, 술수처럼 성인의 무리가 아닌 별도의 한 부류이며, 노자와 장자 및 불교는 가장 심각한 이단이고, 다음으로 양주와 묵적, 순자, 기송과 사장, 형, 명, 권모, 공리, 술수 등이 위치한다.

나아가 『이학집변』은 현실적 효용성이라는 측면에서 일정하게 허용되었던 소도에 대한 비판도 강화시켰다. 『이학집변』의 서문에 의하면 천주교는 이단에서 파생한 것일 뿐만 아니라 서양의 점성술astrology과 과학 등에서 비롯된 교묘한 소도의 술책이 결합되어 순진한 사람을 현실적 효용성으로 유혹한다. 이는 과학과 종교가 구분되지 않은 서학 인식의 단면이기도 하다.

> 원나라와 명나라 때는 또 이른바 '천학'이라는 것이 출현했는데, 이 이론은 불교와 도교의 찌꺼기를 주워 모은 것으로, 지극히 비루해 사람을 속일 정

---

85) 柳健休, 『異學集辨』 卷6, 「記誦詞章·論文字言語之害」. "異端者, 非聖人之徒, 而別爲一端. 如老氏之虛無, 莊生之荒誕, 禪佛之寂滅, 最其甚者, 而凡刑名·權謀功利術數, 皆是也. 至於楊荀諸子論性之失, 記誦詞章言語之差, 無足並按者, 而其爲吾道之賊則一也. 故朱子之於此等, 無不嚴辨痛斥, 而不少假借. 今悉摭出而條列之, 俾後人有所按據, 而不至於迷溺焉."

도도 못된다. 그러나 오늘날 서양 오랑캐들이 여기에 의거해 천지를 막고 가리며, 또한 점성술과 역학의 교묘한 술책이 인재와 지식계를 현혹하고 남녀의 욕망을 부추겨 순진한 풍속을 억압하고 견제하니, 어떻게 우리 도학이 모두 침체해서 없어지지 않는다고 보장하겠는가? 나도 선배와 어른들의 말씀을 듣고 이 점에 대해 분개한 적이 있다.86)

류건휴를 비롯한 영남 유학자들은 조선후기 소수 벌열 경화세족京華世族이 장악한 중앙의 과거제도 운영의 문제점을 기송학의 문제로 신랄하게 비판했다. 당시 정조의 문체반정에서 극명하게 나타났듯이, 근기노론과 경화세족은 북학을 비롯한 새로운 사조와 문체를 적극적으로 수용했는데, 사장학에 대한 비판은 이러한 세태를 겨냥하고 있었다. 또한 소학이나 사학 등으로 나타나는 공리功利주의, 일부 경화세족 사이에서 엿보이는 노장이나 도가에 대한 포용적 접근 등에 대한 경계 속에도 중앙의 정치권력으로부터 소외된 영남 지역 재지사족의 관점이 분명하게 담겨 있다. 이렇듯 이단 비판론의 이상으로 현실의 세태를 비판하는 논의들은 상당히 탄력적인 사상적 자세와 현실적 정책 구현을 통해 중앙의 도시 문화라는 새로운 흐름을 만든 중앙의 경화세족에 대한 사회적 비판 기능을 수행했다.

뒷날 학문에 뜻을 두면서도 지향할 곳을 정하지 못한 이들로 하여금 상고할 곳이 생겨, 상像을 놓고 기도한다거나 [도가의 천존天尊인] 주主를 떠받들어

---

86) 柳健休, 『異學集辨』 「異學集辨序」. "於元明之際, 又有所謂天學者出焉, 其術, 掇拾釋老之糟粕, 至卑極陋, 不足以欺人. 然方今胡羯竊據, 天地閉塞, 彼又以星曆之巧, 眩惑才智, 男女之慾, 拘牽愚俗, 安保其不至於胥溺乎? 健休亦嘗與聞先生長者之餘論, 而有慨於斯焉."

주문을 외우는 무리들[서학의 천주]이 일컫는 하늘은 하늘이 아니라는 것과, 공空을 성性이라 하면서 인 및 의와 분리시킨다거나 [불가의 공과 무] 생생生을 성이라 하면서 기질氣質과 뒤섞는 학설[고자告子의 '생을 성이라 한다'는 설, 순자의 성악설, 양자揚子의 선악이 혼재되었다는 학설, 불가의 '작용作用이 곧 성'이라는 설 따위가 모두 여기에 해당한다]이 일컫는 성은 성이 아니라는 것 그리고 요명窈冥과 혼묵昏默이라는 말[노장, 열자는 모두 현허玄虛를 도라고 한다]이나 보고 듣는 것과 움직이고 숨 쉬는 것이라는 [불가] 설이 도에서 멀리 떨어져 있다는 사실, 또한 스스로 자신의 이익을 도모한다거나 정도를 역행해 거꾸로 행동하기[양씨楊氏의 위아설은 스스로 자신의 이익을 도모하고 묵씨의 겸애설은 정도를 역행하며, 불가에서는 이 두 가지를 아우른다]를 주장하는 학설이 교敎에 현격히 어긋난 것이라는 사실[육상산陸象山과 왕양명의 학설이 겉으로는 유학을 표방하지만 속으로는 불가로, 곧 사이비라는 것은 이 네 조목에서 간파된다]을 알 수 있게 했고, 이 외 저급하고 비루하거나[관管, 상商, 신申, 한韓과 왕王, 소蘇, 진陳, 섭葉의 권모술수와 공리설 등], 편파적이고 왜곡되며[백가와 중기衆技 따위] 지리한 [과거 문자와 사장학 따위] 학술 등을 모두 분변할 수 있게 했으니, 여기서 비로소 자사子思의 『중용』이 과연 도에 나가기 위한 지남指南이라는 사실을 믿을 수 있을 것이다.87)

---

87) 柳健休, 『異學集辨』 「異學集辨序」, "使後之有志於學, 而趨向未定者, 有考焉, 則可以知設象而祈醮 [道家天尊], 揭主而念呪 [西學天主]者之非所謂天也, 以空爲性, 而離乎仁義 [佛氏空無], 以生爲性, 而雜乎氣質 [告子生之謂性, 荀子性惡, 揚子善惡混, 佛氏作用是性之類, 皆是也]者之非所謂性也, 窈冥昏默 [老莊列, 皆以玄虛爲道], 視聽作息, [佛氏]者之分於道也, 遠矣, 自私自利, 倒行逆施 [楊氏爲我, 自私自利, 墨氏兼愛, 倒行逆施, 佛氏兼之]者之悖於敎也, 懸矣, [象山陽明之陽儒陰釋, 似是而非者, 皆於此四條看破] 其餘若卑陋 [管商申韓王蘇陳葉權謀術數功利之類]偏曲 [百家衆技之類]支離 [科擧文字言語之類]之學, 皆有以辨之, 於此始信子思之 『中庸』, 果爲適道之指南矣."

류건휴는 '오도'의 적으로 양주, 묵적, 순자, 기송사장을 꼽았다. 그것은 조선후기 과거제도의 폐해가 다른 이단보다 현실적으로 심각했기 때문이다. 이상정도 과거의 폐해가 양주와 묵적, 노자와 불교보다 심하다고 평가했다. 양주와 묵적은 맹자가 물리쳤고 노자와 불교는 성리학이 변별했기 때문에 이론적으로 이단이라는 사실과 사회적 문제점이 잘 알려져 있었기 때문에 더 이상 현실적으로 문제가 되지 않았다. 그러나 과거는 유교적 전통 사회를 구성하는 현실적 사회 제도였기 때문에 심각한 사회 문제를 야기했다. 과거 급제와 낙방에 따라 사회적 영화와 쇠락이 갈리기 때문에 실질적으로 인재를 상실하고 원기를 소모하는 문제점이 심각하게 제기되었던 것이다. 이에 대해 이상정은 기송사장의 폐해가 허무적멸보다 작지 않다고 말했다.

대산[이상정]이 말했다. "과거의 폐해는 양, 묵과 노, 불보다 심하다. 양과 묵은 맹자가 물리쳤고, 노와 불은 정程과 주朱가 변별했다. 요즘 유사들은 모두 양과 묵 그리고 노와 불의 그릇됨을 알아 거기에 빠지지 않는다. 다만 과거에 급제하느냐 낙방하느냐에 따라 영화와 쇠락이 크게 달라지고, 등용되고 버려지는 데에 따라 차가움과 따뜻함이 같지 않아서 이목을 뒤흔들어 사람의 마음에 해를 끼치는 것이 이보다 심한 것이 없다. 따라서 인재를 잃어버리고 원기를 소모시키는 것이 다 여기서 연유한다. 진실로 세상의 도리를 되돌리려면 과거제도부터 바꿔야 한다.[88]

---

88) 柳建休, 『異學集辨』 卷6, 「記誦詞章·論科擧之弊」. "大山曰: '科擧之害甚於楊墨老佛. 楊墨則孟子距而闢之, 老佛則程朱辨而別之. 近日儒士皆知其非而不爲其陷溺. 惟科擧得失之間, 榮枯自別, 取舍之際, 冷煖不同, 其掀動耳目, 蠱人心術, 莫此爲甚. 所以斲喪人材, 耗損元氣, 悉由於此. 苟欲挽

이러한 비판적 인식은 이단 비판론이 소수 노론 벌열 가문의 횡포에 대한 사회적 비판으로 전개될 가능성을 잘 보여준다. 이단 비판론은 자기 전통에 대한 방어뿐만 아니라 사회 현실에 대한 비판적 공격의 기능도 겸했던 것이다. 외부를 향한 이단 비판론의 근본주의적 열정은 기송사장학에 대한 비판적 인식과 이상주의적 차별화로 구현되었다. 류건휴를 비롯한 영남 지식인들은 중앙의 정치권력으로부터 배제된 재지사족의 사회문화적 차별화 전략으로 기송사장학의 폐해에 대한 사회문화적 비판을 통해 제도 권력으로부터 배제된 지방의 재지사족으로서 영남남인이 사회문화적 권위를 재정하고 강화함으로써 현실 권력을 비판했다.

『이학집변』은 현실의 정치권력으로부터 소외된 지방의 재지사족으로서 영남남인이 지닌 문제의식을 세 가지 차원에서 구체화했다. 첫째, 소수 벌열 경화세족이 장악한 중앙의 과거제도에서 차별적으로 배제되던 당대의 사회적 정황을 『이학집변』에서는 기송학의 문제점으로 새롭게 제기했다. 둘째, 정조의 문체반정에서 극명하게 나타났듯이, 북학을 비롯한 새로운 사조와 문체를 수용하던 근기노론을 비롯한 경화세족의 풍조를 비판하는 안목은 사장학의 문제점에 대한 검토를 부각시켰다. 셋째, 소학蘇學이나 사학史學 등으로 나타나는 공리주의, 근기 경화세족 중 노장이나 도가에 대한 포용적 접근 등에 대한 경계심을 분명하게 반영했다. 이러한 경계의 설정은 현실적 권력 대 근본적 이상을 대립시키는 이분법적 차별화의 실천 전략으로, 현실적 정치권력을 갖

回世道, 則從科擧法都轉了'[『續集』].″

지 못한 비판적 이상주의의 종교문화적 헤게모니 강화라고 볼 수 있다.

6 ___ 『이학집변』의 이단 비판의 사상사적 의의

조선후기 유교적 이단 비판론은 정통과 이단의 단순한 이분법을 넘어 정통/정도-권도/소도-이단-(사마)외도에 이르는 다양한 스펙트럼을 보여주었다. 종교 전통에서 사상과 실천은 정통과 이단 사이에서 다양한 스펙트럼으로 전개되었다. 그런데 조선후기 유교적 이단 비판론은 정통과 이단이라는 단순한 대립적 이분법이 아니라 정통으로부터 이단에 이르는 몇 가지 개념적 층위로 구성되는 스펙트럼을 보여주었다는 점에서 주목할 만하다. 실제로 유교적 이단 비판론에서는 크게는 포용적 온건론인 위정론으로부터 배타적 강경론인 척사론까지, 세부적으로는 종교이념적으로도 올바르고 사회제도적으로도 공인되는 사상적 교의와 의례적 실천으로서 '정통' 혹은 '정도'로부터 현실적으로 일정한 영역 혹은 한계 내에서 활용되거나 용인되는 '권도' 내지 '소도'를 거쳐 교화와 형정의 이중 대책이 요구되는 '이단'과 철저하게 박멸해야 하는 '사마외도'에 이르기까지 다양한 스펙트럼으로 나타났다.

조선후기 천주교의 등장은 이단 중에서도 교화의 영역을 넘어 철저한 형정 대상으로 전락한 사마외도의 개념적 위상이 대규모 정치적 박해와 연동된 사건이었다. 또한 조선후기에는 정통 혹은 정도와 이단 사이에서 현실적 상황이나 효용성을 통해 일정한 한계나 영역 내에서 인정되거나 용인되는 권도나 소도에 대한 관점이 명확하게 분화되었는데, 소도에 대한 인정과 비판은 각각 중앙과 지방의 인식 차이로 나타났다.

먼저 조선전기 성리학의 종교문화적 권위와 조선의 인륜질서에 일정하게 복속했던 불교와는 달리 조선후기에 등장한 천주교는 그러한 종교문화적 권위와 인륜질서와 전면적으로 충돌했다. 그 결과 천주교는 교화할 수 있는 '이단'이 아니라 형벌로 박멸해야 할 '(사마)외노'로 철저하게 비판되고 탄압받았다. 특히 천주교는 죽음마저 무릅쓰는 '사교'로 규정되었다. 그리하여 18세기 이후 외도 혹은 사마외도에 대한 배타적인 사회적 인식이 점증하면서 이단 비판론은 이론적 비판을 넘어 철저한 박해라는 물리적 폭력을 수반하게 되었다. 대체로 자성적 위정론 혹은 온건한 포용주의의 관점을 계승하고 있던 영남의 유학자들도 근기남인이 천주교 문제로 인해 정치적으로 실각하는 것을 보면서 영남 지역이 연루되지 않도록 사전 단속과 방어에 나섰는데, 『이학집변』은 그러한 흐름을 대표하는 이단 비판론을 보여주었다.

다음으로 조선후기에 와서 권도 혹은 소도의 현실적 효용성에 대한 인식은 인정과 비판의 양 갈래로 명확하게 분화되었다. 이러한 현상이 일어난 까닭은 경화세족을 중심으로 중앙의 정치권력이 집중되면서 그로부터 소외된 지방의 재지사족의 비판의식이 강화되었기 때문이다. 소도 중에서도 이미 제 기능을 하지 못하는 과거제도와 관련된 기송학에 대한 비판과 청나라 문물 및 서양 과학기술의 수입에 대한 날카로운 문제의식 등은 현실적 권력을 갖지 못한 지방의 재지사족이 이념적 차원에서 문화적 헤게모니를 획득하는 방식 중의 하나로 생각해볼 수도 있을 것이다.

조선후기 천주교는 분명히 이론적으로나 실천적으로나 사회적으로나 근절해야 할 '외도'로 규정되었으며, 이에 따라 전면적이고 철저한 방식으로 탄압 당했다. 이는 영남남인에 대한 노론 벽파의 정치적 탄압에 맞서 신서파와 공서파, 기호남인과 영남남인, 영남남인 내부에서도 병파와 호파 사이에서 이단 비판론적 차별화와 도통론적 우위를 드러내는 방식과 관련되어 나타나기도 했다. 그러나 소도의 현실적 효용성에 대한 『이학집변』류의 비판적 인식은 이상적인 종교문화적 권위에 근거해 현실적인 정치권력을 비판하는 전형을 잘 보여준다. 정치사회적 권력으로부터 소외된 재지사족은 종교문화적 권위를 내세워 현실주의적인 전회를 시도한 서울의 경화세족이나 북학론자들을 효과적으로 비판했던 것이다. 요컨대 유교적 이단 비판론은 현실적인 정치사회적 권력과 이상적인 종교문화적 권위 사이에서 각자 처한 종교문화적 관점과 정치사회적 위상에 따라 헤게모니를 확보하기 위한 전략적 차별화 담론으로 기능했던 것이다.

 『이학집변』은 천주교를 '사마외도'로 규정함으로써 영남 지역으로 천주교와 연계된 정치적 탄압이 번지지 않도록 방어하는 한편 정치권력을 장악한 서울의 노론과 경화세족의 사회문화적 현실을 비판하기 위해 '소도'에 대한 비판적 인식을 강력하게 전개했다. '사마외도'에 대한 비판이 방어의 방패였다면 '소도'에 대한 비판은 공격의 칼날이었던 것이다.

2부

『이학집변』과 영남학파의 이단 인식

1장

도가 비판 — 정학 수호를 위한 선택과 집중 전략

박원재

1____ 동아시아 사상사의 라이벌1)

제자백가가 주도권 선점을 위해 각축을 벌이던 중국의 전국시대 중엽, 스스로 공자를 계승한 유학의 전도사로 자부한 맹자는 논적들을 상대로 치열한 싸움을 벌여 나가고 있었다. 그러던 어느 날 한 제자가 맹자에게 왜 그렇게 논쟁하기를 좋아하느냐고 물었다. 그러자 맹자는 다음과 같은 요지로 대답한다.

지금은 성왕이 등장하지 않아 제후들이 방자하게 행동하고 아무런 지위도

---

1) 유가와 도가의 역사적 길항 관계를 스케치한 1~3장의 내용 중 1장과 3장은 각각 다음 글에 토대로 두었다. 박원재 외, 『군자의 나라』(명진출판사, 1999), 「도덕경: 제도화된 삶에 대한 반란」 1장; 박원재, 「자연에 대한 통찰과 삶의 기술: 도가의 자연주의」(한양대 과학철학교육위원회 편, 『과학기술의 철학적 이해』 1부 10강, 2004).

없는 무리들이 제멋대로 지껄이고 다닌다. 그러던 중 양주와 묵적의 학설이 천하를 주름잡고 있으니, 세상의 여론은 어쩔 수 없이 양주 아니면 묵적에게 쏠리는 형국이다. …… 그러니 양주와 묵적의 학설이 사라지지 않는 한 공자의 가르침은 빛을 발하지 못할 것이다. 그것이 거짓된 학설이 사람들을 속여 인의를 실천하는 길을 꽉 막히게 만들고 있는 까닭이다. …… 내 어찌 논쟁이 좋아서 이러겠는가? 이런 상황을 바로잡기 위해 어쩔 수 없이 그러는 것일 뿐이다.2)

양주는 자기 정강이에서 털 한 오라기를 뽑아 천하가 태평해진다고 하더라도 결코 뽑지 않겠다고 한 것으로 전해지는 사상가이다. 어떤 정치적 혹은 사회적 이념이나 목표 때문에 원초적인 의미를 지닌 생명의 가치를 희생하지 않겠다는 취지이다. 그리고 묵자로 더 널리 알려진 묵적은 개인 중심의 이기주의를 버리고 모든 사람을 차별 없이 사랑해야 한다는 '겸애'를 주장한 사상가이다. 제자백가 중의 하나인 묵가학파의 창시자인 그는 당시의 혼란이 모두 자기만 사랑하고 자기이익만 추구하는 풍토에서 비롯된다고 보았다. 특히 그중에서도 자기 가족에 대한 친애의 감정을 윤리 규범의 중심에 놓는 유학의 이른바 '차별애差別愛'를 그런 풍토의 상징이라고 여겨 격렬하게 비판했다.

그렇다면 '제자백가諸子百家' 즉 '수많은 지식인과 학파'의 시대라고 불릴 정도로 다양한 색깔의 사상가가 활약한 상황에서 유학의 부흥을 꿈꾸던 맹자는 왜 유독 이 두 사람의 학설만 논적으로 지목해 전의를 불태운 것일까? 맹자의 말을 통해 본다면 위 두 사람의 학설이 당시

---

2) 『孟子』「滕文公下」 9. "聖王不作, 諸侯放恣, 處士橫議, 楊朱·墨翟之言盈天下, 天下之言不歸楊則歸墨. …… 楊墨之道不息, 孔子之道不著. 是邪說誣民, 充塞仁義也. …… 豈好辯哉? 予不得已也."

가장 유행하던 사상이었기 때문이다.

맹자는 묵적과 양주의 학설을 가리켜 각각 '어버이를 생각하지 않는[無父] 학설'과 '군주를 생각하지 않는[無君] 학설'이라고 비판했다.3) 사서삼경의 하나인 『대학』의 '수신-제가-치국-평천하'의 구도에서 볼 수 있듯이, 유학은 가정 윤리를 출발점으로 삼아 이를 사회 윤리로 확장시켜나가는 특징을 지녔다.4) 따라서 이 관점에서 보면 자기 부모나 다른 사람의 부모나 윤리적으로 차별 없이 대우해야 한다는 묵적의 주장은 곧 인간이면 누구나 갖기 마련인 어버이에 대한 친애의 감정을 전혀 고려하지 않는 학설이고, 어떤 것보다 더 자기 생명이 중하다는 양주의 주장은 군주로 상징되는 공동체 질서를 도외시하는 학설이었다. 이 때문에 유학의 부흥을 꿈꾸던 맹자의 입장에선 무엇보다도 먼저 당시 유행하던 양주와 묵적의 사상을 잠재울 필요가 있었던 것이다.

그런데 역사는 되풀이된다고 했던가? 맹자가 죽은 지 천여 년 뒤, 그의 후학 중 하나가 맹자가 품었던 전의를 이어받아 논적들을 향한 공격의 칼날을 다시금 가다듬었다. 당나라의 유학자 한유韓愈(768~824년)가 그였다. 한유 역시 서로 다른 사상이 각축하던 상황에서 공자의 가르침을 부흥시키고자 노력한 유학의 전도사였다. 차이가 있다면 맹자의 논적이 양주와 묵적이었던 데 비해 한유의 경우는 다음에서 보듯이 노자와 석가모니의 후예들이었다는 점이 다를 뿐이었다.

---

3) 앞의 책, 같은 곳. "楊氏爲我, 是無君也, 墨氏兼愛, 是無父也, 無父無君, 是禽獸也. 公明儀曰, '庖有肥肉, 廐有肥馬, 民有飢色, 野有餓莩, 此率獸而食人也.'"
4) 이것이 앞서 말한 유가의 '차별애'의 의미이다. '인仁'의 실천은 가까운 웅덩이부터 채우고 넘치면 먼 데 있는 웅덩이를 채워나가는 물처럼 혈연적으로 보다 친밀한 관계에서 출발해 점차적으로 소원한 관계로, 마치 동심원이 퍼져나가듯 확장되어 가야 한다는 뜻이다.

주나라의 도가 쇠미해지고 공자께서 돌아가시니 진나라에서 서적이 불됐고 한나라에 들어서는 황로술黃老術이 성행했으며, 위진남북조와 수나라 시기에는 불교가 세를 떨쳤다. 이러다보니 도덕과 인의를 말하는 자는 양주가 아니면 묵적의 무리로 들어갔고, 노자가 아니면 불교를 따랐다. 저쪽으로 들어가면 이쪽에서 탈퇴하는 풍조가 만연해 들어간 곳은 주인으로 모시고 나온 곳은 종처럼 여겨, 들어간 자는 아부하고 나온 자는 하찮게 여겼다. 오호라! 상황이 이러하니 뒷사람들이 도덕과 인의의 학설을 듣고 싶어도 누구를 좇아 듣겠는가? 노자를 섬기는 자들은 "공자는 우리들 스승님의 제자다"라고 하고 불교도들도 "공자는 우리들 스승님의 제자다"라고 한다. 공자를 추종하는 자들 또한 이러한 주장에 물들어 그런 황당한 말을 즐겨 입에 담으면서 스스로를 왜소하게 여겨 "우리 스승님도 일찍이 그렇게 말씀하셨다"고 말한다. 그러면서 입으로만 떠드는 것이 아니라 이를 책에 글로 써놓기도 한다. 오호라! 후세 사람들이 비록 도덕과 인의에 대한 이야기를 듣고자 한들 누구를 따라 그것을 구할 수 있겠는가?5)

한유 당시의 사상사적 세력 판도는 노자에 맥을 대고 있는 도교가 얼마간의 우위를 점하며 경쟁자인 불교와 호각의 세 싸움을 벌이고 있는 형국이었다. 이에 비해 유학은 상대적으로 중심권에서 밀려나 있었고, 심지어는 일찌감치 세력의 불리를 인정하고 도교와 불교의 그늘 아래 안주하려는 패배주의적인 경향마저 내부에서 나타나고 있는 상황이

---

5) 韓愈,「原道」. "周道衰, 孔子沒, 火于秦, 黃老于漢, 佛于晋宋齊梁魏隋之間. 其言道德仁義者, 不入于楊則入于墨, 不入于老則入于佛. 入于彼則出于此, 入者主之, 出者奴之, 入者附之, 出者汙之. 噫! 後之人, 其欲聞仁義道德之說, 孰從而聽之? 老者曰孔子吾師之弟子也, 佛者曰孔子吾師之弟子也, 爲孔子者, 習聞其說, 樂其誕而自小也, 亦曰吾師亦嘗云爾. 不惟擧之於其口, 而又筆之於其書. 噫! 後之人, 雖欲聞仁義道德之說, 其孰從而求之?"

었다. 당시 도교도와 불교도는 자신들의 교조教祖가 상대방의 교조보다 먼저 세상에 등장했음을 강조하기 위해 경쟁적으로 탄생 연도를 날조하고 있었는데, 이에 패배주의적인 성향의 일부 유학자는 공자를 노자나 석가모니의 제자로 치부하는 주장을 공공연히 받아들이는 태도를 취하고 있었던 것이다.

물론 당시 일부 유학자들이 공자를 노자나 석가, 그중에서도 특히 노자의 손아래에 두는 것에 쉽게 동의한 데에는 나름의 이유가 있었다. 이는 공자가 노자를 찾아가 예에 대해 묻고 배웠다는 역사적인 기록이 엄연히 전해져 내려오고 있었기 때문이다. 특히 유학자들이 곤혹스러워 한 것은 이 기록의 출처 중의 하나가 유학의 기본 경전인 『예기』였다는 점이다.6) 사실 공자와 노자의 만남에 대한 일화는 한유가 살던 시기에 새롭게 등장한 것이 아니라 적어도 전국시대 후기부터는 이미 사람들 입에 오르내리고 있었다. 특히 사마천이 살던 한나라 초기에 오면 이 일화는 이미 상당히 광범위하게 유포되어 있었던 것처럼 보인다. 『사기』에도 공자가 노자를 만나 예에 대해 물었다는 내용이 두 군데나 실려 있는 사실이 이 점을 잘 보여준다.7)

공자와 노자가 만났다는 사건의 진위를 둘러싸고 역사적으로 수많은 논란이 있어 왔다. 특히 도가를 적대시하는 유학자들에게 이 문제는 매우 곤혹스러운 기사이기도 했는데, 그들은 이 사실 자체를 아예 부정해버리든가 아니면 누구에게라도 배움을 구했던 공자의 겸허한 학문 자세를 보여주는 일화라고 아전인수식으로 해석하기도 했다. 하지만 공자와 노자의 만남이 실제로 있던 사건인가 하는 문제는 여기서 그리

---

6) 『禮記』「曾子問」을 참조하라.
7) 『史記』「孔子世家」 및 「老莊申韓列傳」을 참조하라.

중요하지 않다. 아울러 누가 더 탁월한 스승인가 하는 점 역시 논외이다. 그보다 정작 중요한 것은 맹자에서 한유로 이어지는 유학자들의 그런 호교적 태도를 통해 동아시아 사상사를 관통하고 있는 하나의 긴장 구도를 읽어 낼 수 있다는 점이다. 각각 공자와 노자로 대표되는 유가와 도가 사이에 형성된 긴장 구도가 그것이었다.

천여 년이라는 시간적 간극에도 불구하고 또 묵적이 석가로 바뀌는 한쪽 전선의 변동에도 불굴하고 맹자와 한유가 유학의 정통성을 지키기 위해 설정한 공통의 논적이 바로 도가였다는 데서 이 점을 확인할 수 있다. 중국철학사 속에서 양주는 도가사상이 본격적으로 자리 잡는 데 공헌한 선구자 중의 하나로 간주되거나 정통 도가사상의 한 분파를 대표한다고 평가되는 인물이다. 이런 점에서 본다면 맹자와 한유를 관통하는 천여 년이라는 시간의 흐름 속에서 유학이 시종일관 적대시했던 유일한 상대는 결국 도가였던 셈이다.

그렇다면 무엇 때문이었을까? 거창한 우주론에서부터 일상의 세세한 부분에 이르기까지 동아시아인의 삶에 절대적 권위를 행사해온 유학은 왜 도가에 대해 끊임없이 적대감을 표시해왔을까? 동아시아 문명을 지배해온 유학적 세계관 속에서 도가는 왜 항상 위협적인 요소였을까? 그런데 원인이야 어디 있건 이 의문은 우리가 유학의 이단관을 이해하는 데 의미 있는 지표 역할을 한다. 그것은 유학의 이단관에 함축되어 있는 문제의식을 읽어내는 작업의 방향성을 제시하는 이정표 중의 하나이기 때문이다.

2 ___ 유가와 도가, 그 길항 관계의 역사

동아시아 사상사를 이끌어온 양대 학파답게 유가와 도가의 길항 관계는 이처럼 역사가 깊다. 이른바 '천하무도天下無道'의 상황을 바로잡겠다고 동분서주한 공자의 신념을 조롱하는, 『논어』에 등장하는 일단의 은자들과의 갈등을 필두로[8] 이러한 힘겨루기는 줄곧 유학사를 관통하는 중심적 문제의식 중의 하나였다. 이 점에서 유학의 역사는 적어도 성리학의 태동기까지는 도가사상과 벌여온 도전과 응전의 역사였다고 해도 무방하다.

공자를 계승해 유학의 초기 기틀을 다진 맹자와 순자의 사상 역시 비록 사유의 결은 다르지만 이 부분에서는 일치한다. 둘 모두 도가적 사유와의 대결의식을 통해 자신의 사유를 숙성시켰기 때문이다. 공자를 사숙하며 그 도를 잇는 것을 평생의 과업으로 삼았던 맹자는 이를 위해 당시의 지배적 학설이던 양주와 묵적의 학술, 곧 '양묵지도楊墨之道'의 배척을 제일의 소임으로 삼았다. 앞서도 이야기했듯이, 맹자의 눈에 양주는 개인주의의 연장선에서 군주의 위상을 부정하는 '무군' 사상을 펼침으로써 유학적 규범 체계의 중심축인 공동체 신분질서의 근간을 부정한 인물이었다. 따라서 양주의 학설은 자신이 계승하려는 공자의 사상과 한쪽을 물리치지 않으면 다른 한쪽이 선양되지 못하는 양립 불가능의 관계에 놓여 있다고 생각했다. 이것이 맹자가 겸애를 역설함으로써 유가의 차별애와 대척점에 섰던 묵적과 양주를 한데 묶어 '양

---

[8] 「헌문憲問」편에 나오는 석문石門의 문지기, 망태기[荷蕢]를 맨 사람, 지팡이에 삼태기를 매달고 가던 사람[荷蓧丈人] 그리고 「미자微子」편에 등장하는 초나라 미치광이 접여接輿와 농사짓는 장저長沮와 걸닉桀溺 등이 대표적이다.

묵지도'라 칭하며 전의를 불태운 이유이다.

순자 또한 도가에 대한 대결의식을 자신의 중요한 철학적 입장으로 자리매김하고 있다는 점에서는 맹자와 크게 다르지 않았다. 다만 한 가지 차이가 나는 것은 「비십이자非十二子」를 비롯해 「해폐解蔽」, 「천론天論」 등에서 확인할 수 있듯이, 대결의 전선이 맹자 때보다 확대되어 도가 외에 다른 제자諸子들에게까지 넓혀졌다는 점이다. 이는 기본적으로 순자 시대가 맹자 시대보다 '백가쟁명'의 볼륨이 더 커진 시기라는 점과 관련된다. 하지만 이면을 들여다보면 순자 사상의 기본 얼개는 당시 도가가 제시한 가치중립적 세계관 즉 '자연천自然天' 관념에 대한 유가적 대응의 결과라는 점에서 유가와 도가의 길항 관계는 순자 시대에도 여전히 변함없었다고 할 수 있다.9)

도가를 비롯한 제자백가와 벌인 유가의 사상투쟁은 이후 한漢나라 무제武帝에 의해 채택된, '유학만을 존숭하라'는 '독존유술獨尊儒術' 정책에 힘입어 일차적으로 유가의 승리로 정리된다. 그러나 이 승리의 행가래는 한나라의 멸망과 함께 가라앉아버리고 이어진 위진남북조에서 수당으로 이어지는 700여 년 동안 유가는 도가와 불교에 시대적 현학의 지위를 내줌으로써 아웃사이더로서 기나긴 시간을 보냈다. 이 시련의 시기 말미에 맹자와 순자를 이어 유학의 대對 도가 전선의 전사로 등장한 인물이 앞서 살핀 한유이다.

논적과의 대립과 극복의 역사로 유학사를 읽고자 할 때 한유의 위치는 특히 중요하다. 왜냐하면 그에게 오면 유가의 논적들은 '이단'으로 좀 더 예각화되어 자리매김 되기 때문이다. 이 점은 한유가 「원도」

---

9) 이와 관련된 사상사적 맥락에 대해서는 박원재, 『유학은 어떻게 현실과 만났는가 – 선진 유학과 한대 경학』, 53~74쪽, 「4. 사상사의 도전과 응전」을 참조하라.

라는 글을 통해 일찍이 맹자에서 단초가 보였던 유학의 도통론道統論 계보를 처음으로 공식적으로 정식화시킨 사실과 관계가 있다. 한유가 이런 작업을 수행한 이유는 자신의 시대는 도가와 불가의 학설이 중국에서 유행한 지 이미 육백여년이나 지나 그의 말처럼 "아침에 영을 내려 지녁에 금지시킬 수 있는" 상황이 아니었기 때문이다.10) 한유는 이처럼 연원이 깊은 이단을 물리치려면 먼저 유가 내부의 전의를 가다듬어야 하고 또 그러기 위해서는 이 전의를 고취시킬 이념적 명분을 확고히 제시해야 한다고 여겼다. 이 문제의식의 결과로 조형된 것이 도통론이었다.

도교와 불교로 대표되는 당시의 이단에 대한 한유의 이러한 문제의식은 이후 정이程頤(1033~1107년)와 주희朱熹(1130~1200년)에 의해 수용됨으로써 정주학 태동의 이념적 토대를 제공했다. 한유의 작업이 비록 이들 후배들로부터 총론에서는 제대로 보았지만 각론에서는 미진했다는 역비판을 받기도 했지만11) 그가 확립한 도통론은 이후 성리학적 헤게모니의 핵심을 이룸으로써 유학의 대 이단 비판의 최종 보루가 되었다.

자신의 입지 확보를 위해 역사의 고비마다 '이단 비판'이라는 전술을 취한 유가의 전략은 유교의 나라 조선에서도 당연히 반복되었다. 「심문천답心問天答」과 「불씨잡변」, 「심기리편心氣理篇」 3부작을 통해 불교와 도교를 비판하고 유학의 장점을 옹호한 정도전의 호교론적 작업

---

10) 韓愈, 「重答張籍書」. "今夫二氏之行乎中土也, 蓋六百餘年矣, 其植根固, 其流波漫, 非可以朝令而夕禁也."
11) 한유의 작업에 대한 정이와 주희의 평가는 조민환, 『유학자들이 보는 노장철학』(예문서원, 1996), 219~226쪽을 참조하라.

이 대표적이다. 이후 조선 유학은 잘 알려진 대로 정주학 일변도의 학풍을 구축하며 적어도 서세동점의 추세에 편승해 천주교가 유입되기 전까지는 '이단'에게 결코 곁을 내어주지 않았다.12) 그렇다면 이러한 길항 관계의 근원적인 계기는 과연 어디서 시작된 것일까?

3 ___ 유가와 도가의 갈림길

흔히 동아시아 사상사는 유가와 도가 그리고 불교가 삼두마차가 되어 이끌어온 역사라고들 말한다. 그런데 그중 불교는 인도에서 유입되어 동아시아적 정서에 맞게 가공된 것이므로 이 삼두마차 중 동아시아의 자생적 사유 체계는 유가와 도가뿐이다. 그런데 유가와 도가는 여러 가지 면에서 대비적이다. 유가가 동아시아 문명을 정면에서 주로 이끌어온 사유 체계라면 도가는 반대로 이면에서 이 정면의 흐름을 비판하고 견제하는 안티테제 역할을 수행해왔다. 그러므로 유가가 세속적 삶의 나침반이었다면 도가는 언제나 탈속적 삶의 안식처였다. 동아시아 문화사에서 유가가 관습과 제도 면에 주로 영향력을 발휘했음에 비해 상대적으로 예술과 종교 부분에 도가가 많은 흔적을 남기고 있는 것은 이런 까닭이다.

---

12) 본 연구의 주제인 『이학집변』의 사상사적 배경을 이루는 영남 유학 역시 퇴계 이황의 영향으로 양명학조차 이단으로 취급했을 정도로 배척의 강도가 강했다. 양명학에 대한 퇴계의 비판은 그의 「전습록논변傳習錄論辯」에 잘 담겨 있다. 「전습록논변」은 양명학의 핵심 이론인 '친민親民'과 '심즉리心卽理'에 대한 비판을 비롯해 예의 외형적 절차를 습득하는 것이 이치를 실천하는 본질이 아님을 지적한 이른바 '배우[分戲子]의 비유'에 대한 비판과 '지행합일설'에 대한 비판 등으로 구성되어 있다.

유가와 도가 사이에 존재하는 이와 같은 주류/비주류 관계는 두 사유의 출발점인 자연관 방면에서부터 두드러진다. 유가와 도가의 본질적 차이점을 함축적으로 표현할 때 유가는 '자연의 인간화'를 추구하고 도가는 반대로 '인간의 자연화'를 지향한다고들 말한다. 이것은 유가적 사유의 비중은 항상 '인간'에 놓여 있지만 도가적 사유의 무게중심은 언제나 '자연'을 향하고 있음을 의미한다.

물론 여기서 말하는 '인간에 놓여 있다'는 표현에 대해서는 주의할 필요가 있다. 이 말이 서구의 근대적인 사유에서 발견되는, 주관과 객관의 대립 구도 속에서 자연과 마주 서 있는 인간중심주의를 뜻하는 것은 아니다. 자연에 대한 동아시아적인 사유의 기본 정서는 본질적으로 자연친화적이다. 그것은 인간과 자연을 이분법적으로 바라보려고 하지 않는다. 인간은 변화라는 형식을 통해 생명이 끊임없이 순환하는 우주적 질서의 한 부분일 뿐이며 또 그런 점에서 언제나 자연의 일부이다. 유가도 이 점에서 예외는 아니다. 그러므로 자연을 인간화한다는 유가의 특징을 서구적인 인간중심주의로 이해하는 것은 곤란하다.

유가적인 인간중심주의는 만물 중 인간만이 '생명'을 본질로 하는 이 유기적 자연의 도덕적 의미를 자각하고 또 그것을 문화를 통해 온전히 구현해낼 수 있는 능력을 갖춘 존재로 본다는 점에서 인간중심적이다. 따라서 유가적인 인간은 자연과 대립하지 않는다. 대립은커녕 오히려 인간은 자연의 일부로서 전체 자연과 호혜적인 관계를 유지하면서 문화를 통해 이 전체 자연의 의미를 완성시키는 대행자 역할을 수행한다. 유가의 또 다른 특징으로 많이 거론되는 합리주의적 성격 역시 이와 같은 맥락에서 이해되어야 한다.

이른바 '유가적 합리성'이란 전체 자연을 생명이 파동 치는 도덕적 질서로 파악하고 이 관점에서 인간의 삶을 바라보는, 철저하게 도덕적 지평에서 조형되는 합리성이다. 따라서 그것이 작동하는 무대는 추상적 세계가 아니라 구체적인 삶의 세계이다. 그것은 삶이 전개되는 일상의 가치를 긍정하고 이 일상을 도덕성이 충만한 생활세계로 고양시키고자 하는 관심에서 발현되는 합리성이다. 이런 점에서 유가적 합리성은 일상적 인식의 오류 가능성을 문제 삼으며 이론 이성의 명증성을 옹호하는 서구의 근대적 합리성과는 성격이 다르다.

이와 같은 도덕주의적 성향으로 말미암아 유가는 자연에 대한 관찰 내용을 언제나 윤리적인 관점에서 각색하는 데 탁월한 솜씨를 발휘했다. 예를 하나 들어보자. 중국의 한나라 시대는 과학의 시대라고 해도 좋을 만큼 이론이나 기술 양면에서 중국 과학사의 황금기를 구가한 시대이다. 이 과학의 시대를 떠받치고 있던 세계관은 동아시아 특유의 기론氣論에 입각한 세계관이다. 기는 세계를 구성하는 근본 질료이자 운동력으로 상정되는, 동아시아 특유의 생성론적 사유의 산물이다. 이 세계관에 따르면 세계는 기로 구성되어 있으며 이 기의 응집과 분산에 따라 세계가 생멸변화한다. 그런데 이 기론에 의하면 유사한 기로 구성된 사태들 사이에는 일종의 간섭 현상이 발생해 상호 영향을 미친다. 이 간섭 현상은 자연물 사이는 물론 자연과 인간 사회 사이에서도 발생하는데, 이로부터 등장하는 것이 이른바 천인상감론天人相感論이다. 자연과 인간 사회도 상호 영향을 주고받는 관계에 있으므로, 지상에서 정치가 제대로 수행되지 못하면 이 기운이 자연에 영향을 미쳐 반드시 이상異常 현상이 따르게 된다는 논리이다. 이것은 가령 주파수가 같은 음향 간에는 공명 현상이 일어난다고 생각하는 것과 같은 이치이다.

그런데 한대의 유가들에 오면 이 기계론적인 상감론은 목적론적 담론으로 바뀌어 정치가 잘못되면 '하늘'이 자연재해를 내려 통치자에게 경고한다는 이른바 '재이설災異說'로 둔갑해버리고 만다. 천인상감 현상이 자연과 인간 사회를 구성하는 기의 상호 간섭 작용으로 발생하는 자연 현상이 아니라 하늘의 의지에 의해 발생하는 신학적 목적론으로 탈바꿈해버리는 것이다. 기의 다양한 양태를 설명하기 위해 고안된 이론적 장치인 음양론陰陽論에서 원래 존재론적으로 대등한 관계였던 '양-하늘-남성'/'음-땅-여성'의 구도를 가치론적으로 독해해 '남존여비'의 신분질서를 옹호하는 장치로 활용한 것도 이들 한대의 유가들의 솜씨였다.13) 시종일관 인간의 관점에서 자연 질서에 가치론적 색채를 덧씌워 독해하려는 유가의 이런 시도가 객관적인 자연 읽기를 방해하는 것은 당연하다.

동아시아 사상의 또 하나의 중심축인 도가는 유가의 이러한 인간중심주의에 반대한다. 아니 반대하는 것을 넘어 거꾸로 인간을 철저하게 자연 속에 용해시켜 바라보려는 것이 도가의 일관된 태도이다. 도가가 볼 때 인간은 이 세계에 존재하는 모든 존재자, 즉 '만물萬物' 중의 하나일 뿐이다. 그것은 다른 존재에 비해 어떠한 특수한 지위도 지니고 있지 않다. 따라서 인간은 음양의 기 중 가장 뛰어난 정수를 받아 태어나는 존재라는 동아시아적인 만물영장론은 도가의 경우에는 받아들여지지 않는다. 인간을 자연화한다는 말은 이처럼 인간을 철저하게 자연의 일부로 파악하려고 하는 도가적 사유의 특징으로부터 비롯되는 평가이다.

인간에게 특수한 존재론적 지위를 부여하지 않는 도가의 태도는 무엇보다도 그들이 인식론적 상대주의로부터도 확연히 드러난다. 『노자』

---

13) 한대 유가의 이와 같은 '자연의 인간화' 작업의 중심에는 무제에게 '독존유술' 정책을 건의해 동아시아 최초의 유교국가 등장에 주춧돌을 놓은 동중서董仲舒가 있다.

와 더불어 도가사상의 양대 바이블로 통하는 『장자』「제물론齊物論」을 보면 근거 없는 인간중심주의를 염두에 두었음직한 다음과 같은 독백형 질문들이 나온다. 사람은 습기가 많은 곳에서 자면 요통에 걸리지만 미꾸라지도 그런가? 높은 나무 위에 있으면 사람은 무서워 벌벌 떨지만 원숭이도 그런가? 그렇다면 사람과 미꾸라지와 원숭이 중 어느 것이 거처의 표준을 알고 있는 것일까? 사람은 짐승의 고기를 먹지만 사슴은 풀을 뜯으며, 지네는 뱀을 맛있게 먹고 올빼미는 쥐를 잡아먹는다. 그렇다면 이 넷 중 어느 것이 맛의 표준을 알고 있는 것일까? 원숭이와 사슴은 같은 무리끼리 짝을 짓고 미꾸라지는 같은 부류의 물고기와 논다. 모장毛嬙이나 여희麗姬 같은 전설적인 미인들을 사람들은 아름답다고 칭송하지만 물고기는 그녀들을 보면 물 속 깊이 달아나고 새는 하늘 높이 날아오르며 사슴은 죽어라고 도망친다. 그렇다면 사람과 물고기와 새와 사슴 중 어느 것이 아름다움의 표준을 알고 있는 것일까?

모든 종種은 자신의 생물학적 한계 속에서 산다. 따라서 모든 종은 자신의 그런 생물학적 경계를 벗어나 세계를 바라보는 것이 원천적으로 불가능하다. 이 점은 인간도 마찬가지이다. 도가는 이런 인식론적 반성에 충실하다. 칸트의 경우에서 볼 수 있듯이, 모든 종은 각자의 관점에 따라 자기만의 세계를 구성한다는 것은 인식론에서는 이미 상식에 속하는 철학적 추론이다. 도가는 바로 그런 상식에 일찍부터 눈을 떴던 셈이다.

그러므로 도가의 관점에서 본다면 의미론적 시각에서 자연을 읽어 들어가는 유가의 태도는 인간의 시선을 자연 전체에 무반성적으로 확대 적용시키는 오류를 범하는 것이다. 그것은 어디까지나 인간의 희망을 자연에 투사한, 일종의 신인동형론anthropomorphism에 입각한 자연관에 지나지 않는다.

도가가 볼 때 자연은 어떠한 인간학적 의미와도 무관하다. 인간뿐만이 아니다. 자연은 자신 속에 존재하는 어떤 특정한 존재자의 소리와도 개별적인 공명 관계를 맺지 않는다. 그것은 '만물'이라 불리는 보는 존재자의 소리가 중층적으로 어우러지면서 하모니를 연출하는 유기적인 질서 체계이다.

이러한 도가의 탈인간중심주의적인 자연관에 대한 표현의 압권은 역시 "천지는 어질지 않다. 만물을 짚강아지처럼 여길 뿐이다"라고 한 『노자』의 발언이다.14) '짚강아지'란 고대에 제사 지낼 때 제물로 바치던 개의 대용품으로 쓰이던 짚으로 엮은 개 모형을 말한다. 대용품에 지나지 않았으므로 제사가 끝나면 그것은 당연히 다른 쓰레기들과 함께 버려졌다. 요컨대 일회용품인 셈이다. 따라서 『노자』의 앞의 발언은 요즘의 맥락으로 풀이하면 이런 말이 된다. ─ "천지는 어질지 않다. 만물을 일회용품으로 여길 뿐이다."

만약 『노자』의 이 말을 자연의 무자비성을 지적한 발언으로 이해한다면, 다시 말해 이 말을 듣고 어떤 비정함 같은 것을 느낀다면 이는 여전히 인간중심주의에 빠져 있음을 의미한다. 『노자』가 말하고자 하는 것은 자연은 인간을 포함한 모든 만물에 대해 어떠한 호오好惡의 감정도 갖고 있지 않다는 것이다. 그렇게 생각하는 것은 인간의 착각일 뿐이다. 자연은 인간에 대해 우호적이지도 또 적대적이지도 않다. 자비스럽지도 또 그렇다고 비정하지도 않은 것이다. 이 모든 것에 대해 자연은 다만 무관심할 뿐이다. 그것은 모든 인간학적 범주를 넘어선다.

---

14) 『노자』 5장. "天地不仁, 以萬物爲芻狗."

유가와 도가 사이의 이처럼 오래 된 길항 관계의 진원은 여기이다. 자연과 인간이 공조하는 인문 질서의 건설을 목표로 하는 유가 입장에서 도가의 이상과 같은 시선은 '인문'의 당위성 자체에 대한 중대한 도전이기 때문이다. '도덕적 자연, 도덕적 인간'을 모토로 하는 사유와 자연은 도덕적이지 않을뿐더러 인간 사회의 도덕 또한 절대적인 것이 아니라 어디까지나 특정한 '의도'가 투영된 맥락적 가치에 지나지 않는다고 보는 사유가 화해할 수 없음은 자명하다. 이것이 유가의 도가 비판 전반을 관통하는 문제의식이며, 『이학집변』의 도가 비판 또한 이 연장선 위에 서 있다.

4 ____ 『이학집변』의 도가 비판의 내용과 논점

『이학집변』의 저자 류건휴는 영남 퇴계학파 중 김성일 학맥으로 분류되는 전주류씨 수곡파水谷派에 속한 유학자이다. 저술 목록을 살펴볼 때[15] 류건휴는 평생을 선배 유학자들의 저술을 주해하고 학통을 세우는 일에 몰두하는 '술이부작述而不作'의 태도로 일관한 것으로 보인다. 『이학집변』은 그런 관심의 연장선에서 유학의 입장에서 '이단'에 속하는 사상들의 요지를 한데 모으고 이에 대한 선배 유학자들의 비판을 자기 시각에서 집대성한 저술이다. 형식은 '이학異學'을 유형별로 정

---

[15] 『이학집변』 외에 각각 사서와 삼경 그리고 『근사록』에 대한 조선 유학자들의 논평과 주석을 엮은 『동유사서해집평』과 『동유삼경집해』, 『동유근사록해』가 있고, 이황과 이상정의 저술의 핵심을 요약한 『계호학적』, 문집인 『대야집』 등이 있다. 이밖에 태조 때부터 정조 연간까지의 역사를 주요 사건과 인물을 중심으로 편년체로 엮은 『국조고사國朝故事』도 류건휴의 저술이라는 설이 있으나 분명치는 않다. 안동시사편찬위원회, 『안동시사 5: 안동의 인물』(영남사, 1999), 195쪽을 참조하라.

리하고 그에 대한 선배 유학자들의 비판을 정리 소개한 후, 필요한 경우 자기 견해를 덧붙이는 방식으로 이루어져 있다.16)

이 책에서 '이학'으로 지목된 유파 중 현재의 기준에서 도가로 분류될 수 있는 것은 노자를 위시해 장자, 열자, 양주, 노교 등 다섯이다.17) 이를 항목별로 다시 세분하면 노자에 대한 비판이 11개 항목이고, 장자 5개, 노장 통합 5개, 열자 1개, 양주 5개, 도교 6개 등 모두 33개 항목에 달한다. 그중 양주의 경우는 표제만 기준으로 하면 2개지만 묵적에 관한 항목에도 양주에 대한 내용이 섞여 있어 '양주와 묵적' 부분의 전체 5개 항목을 양주와 관련된 항목으로 보아도 무방하다. 이들 33개 항목이 『이학집변』에서 차지하는 분량은 약 10% 정도로 선불교(38%)나 육왕학(29%)에는 크게 못 미친다.18) 이러한 사실은 이 책이 저술될 당시 유가의 이단관에서 도가는 더 이상 그리 비중 있는 논적이 아니었음을 의미하는 징표일 수 있다. 하지만 앞서 개괄했듯이 유가의 이단 비판 역사에서 도가는 처음부터 끝까지, 부연하면 맹자 당시부터 『이학집변』의 저술 시기까지 근 이천여 년 동안 대립각을 형성한 유일한 사

---

16) 『이학집변』에 대한 지금까지의 선행 연구 중 도가 부분을 다룬 것은 김백희의 다음 두 편인데, 주로 전체적인 내용 소개와 주변 상황을 중심으로 논지를 전개하고 있다. 「조선후기 유학자 류건휴의 노장비판 ― 『이학집변』을 중심으로」(한국동서철학회, 『동서철학연구』 제67호, 2013년 3월); 「조선후기 영남 유학자의 玄學淸談 이해」(한국학중앙연구권, 『정신문화연구』38(2), 2015년 6월).
17) 권1 마지막에 들어있는 '도가'는 오늘날의 분류 기준으로는 '종교적 도가religious Taoism' 즉 '도교'를 가리킨다. 이에 따라 명칭의 혼란을 피하기 위해 여기서는 이를 '도교'로 칭한다.
18) 서정형, 「해제」(『이학집변』 국역본), 25쪽. 서정형은 노자, 장자, 열자를 7%, 도가(도교)를 1.5%, 양주를 묵적과 묶어 2%로 계산하는데, 양주를 1%로 추산할 경우 도가는 전체적으로 9.5% 가량을 점하게 된다. 『이학집변』 국역본의 서지사항은 다음의 19번 각주 내용을 참조하라.

상 유파라는 점에서 도가의 존재는 단순한 수치상의 점유율을 넘어서는 위상을 지닌다. 이 점을 염두에 두면서『이학집변』에서 다루어지고 있는 도가 비판 관련 부분의 구체적인 내용을 살펴보면 다음과 같다.

노자에 대한 비판은 내용상 크게 학설에 대한 비판(6개)과 노자의 위상이나 사유의 깊이에 대한 잘못된 인식 비판(2개) 그리고 노자의 학설이 후세에 끼친 그릇된 영향에 대한 비판(3개) 등으로 나뉜다. 학설에 대한 비판은 먼저 '도, 덕, 인, 의, 예'의 개별적 위상을 구분해 위계화시킨『노자』38장의 내용이 초점이 된다. 비판은 두 가지 방향에서 진행된다. 하나는 도와 나머지 덕목의 관계에 대한 것이고, 다른 하나는 도와 리와 기의 관계에 대한 것이다. 이를테면 형이하와 형이상 두 측면에서 비판을 개진하고 있는 셈이다.

도와 인, 의, 예의 관계와 관련해서는 "노자가 말하는 도는 우리 유학이 말하는 도가 아니다"고 한 한유의 문제의식을 씨줄로 하고 "도는 인의와 예악을 총괄하는 명칭"이므로 "인의예악을 버리고 도를 밝히려고 한다면 이는 2와 5를 버리고 10을 구하는 것과 같다"는 주희의 주장을 날줄로 삼아 진행된다.19) 이는『중용』1장에 대한 성리학적 이해에 기반을 둔 시각이다. 즉 성性은 하늘의 이치[天理]가 마음에 구비된 것이고 도는 이 성이 일상 속에서 표현된 것으로 곧 인의예지이며, 사람마다 품부 받은 수준이 달라 이를 고르게 성취시키기 위해 성인이 베푼

---

19)「老子列子莊子」의 '辨老氏言道德仁義禮智' 항목을 참조하라. 참고로 이 글에서 저본으로 삼은『이학집변』판본은 2004년 한국국학진흥원에서 발간한 영인본이다(한국국학진흥원 소장자료영인총서 4). 한국국학진흥원에서는 이후 '영남 유학자의 이단 비판'이란 부제를 달아 2013년에 국역본(3책)도 펴냈다(한국유학자료 국역총서 1, 권진호 외 옮김). 이하『이학집변』의 원문 번역은 기본적으로 이 국역본을 토대로 하되 필요한 경우 적절히 수정·인용하며, 출처는 편명만 표기한다.

가르침이 바로 예악형정이라는 설명 도식이다. 이 입장은 류건휴가 쓴 『이학집변』「서문」에서도 그대로 견지되는데, 이 입장에 설 경우 도와 인의예지는 성을 매개로 하나인 관계에 있음에도 노자는 이를 나누어 본 잘못을 범하고 있는 것이다.

다음으로 도와 리와 기의 관계 문제는 『노자』 42장에 나오는 '도생일道生一' 구문이 쟁점이다. 주희와 그의 사위인 제자 황간黃榦(1152~1221년)의 말에 의거해 류건휴는 리와 기의 존재론적 동시성['有是理卽有是氣']과 '리일기이理一氣二'의 관점에 입각할 때 '도→일→이→삼→만물'의 우주론 도식을 주장하는 『노자』의 학설은 명백히 오류가 있음을 지적한다. 그러면서 한편으로 류건휴는 유가적인 도일원道一元의 이치를 재차 강조한다. 이 부분은 황간의 노자 비판에 대해 류건휴가 붙인 의견에서 잘 드러나고 있다. 황간은 모든 것은 대대對待의 이치에 있으므로 도의 절대성을 말한 노자의 주장은 잘못이라고 비판했는데, 이에 대해 류건휴는 황간이 비록 노자의 '도생일道生一, 일생이一生二'의 오류를 통절하게 지적한 면은 있지만 굽은 것을 펴려다보니 너무 곧아진 측면이 있다고 이렇게 에둘러 지적한다.

'도가 일을 낳고 일이 이를 낳는다'는 주장에 대한 면재[황간]의 분변은 극도에 다다랐다고 할 만큼 통쾌하다. 그러나 굽은 것을 펴려다 보니, 너무 곧아진 격이 아닌가 한다. 예컨대 '도의 본체가 역시 이二에서 벗어나지 않는다'고 한다면 공자의 '일관一貫'이라는 말씀과 맹자의 '일본一本'이라는 말씀과 정자의 '리일理一'과 장자張子[張載]의 '일원一原'이 모두 논의의 여지가 있다는 것인가? 또 주자가 '독존은 있을 수 없고 반드시 상대가 있다'고 논해 놓고, 또한 '오직 도만이 상대가 없지만 형이상과 형이하 개념으로 말한다면 상대가 없는 것은 없다'고 했다. 어떻게 도의 본체가 원래 두 물질이 상대하고 있는 것이라고 말할 수 있겠는가? 면재가 이 점에서 추론해 말한 것은 너무 지나치다.20)

황간처럼 대대의 이치를 너무 강조하면 공자의 '일관지도一貫之道'로 대표되는 유가의 도일원론도 설 자리를 잃게 될 우려가 있다는 재비판이다. "굽은 것을 펴려다 보니, 너무 곧아진 격"이라는 말은 이를 겨냥한 것이다.

노자에 대한 두 번째 비판의 과녁은 '무위無爲'에 관한 것이다. 비판의 요지는 무위 정치를 행한 순 임금의 경우에서 보듯이(『논어』「위정」 1), 유가의 성인이 말한 '무위'는 마땅히 해야 할 일을 행한 결과로서 주어지는 상태를 의미하지만 노자의 그것은 말 그대로 아무것도 하지 않는 것을 의미한다는 것이다. 유가의 이러한 무위는 "고요히 아무 움직임이 없다가 감응해 마침내 천하의 모든 일과 회통됨"을 말하는『주역』의 이치나 "하늘은 아무 말이 없지만 바로 이 질서 속에서 사시가 운행되고 만물이 자란다"고 한『논어』속 공자의 가르침과 맥을 같이 한다.21) 이에 비추어 볼 때 노자의 무위는 지나치게 '단순해 소략하다

---

20)「老子列子莊子·辨老氏言道德仁義禮智」. "(健休按) 勉齋 '道生一, 一生二' 之辨, 可謂究極痛快. 然抑恐矯枉而有過直者, 若謂 '道之本體, 亦不出於二', 則夫子之言一貫, 孟子之言一本, 程子之理一, 張子之一原, 皆有可議者歟? 且朱子之論 '無獨必有對', 亦曰, '惟道爲無對, 然以形而上下言之, 則未嘗不有對也.' 何嘗謂道之本體, 原有兩物相對也? 勉齋於此, 恐推言之, 太快也." '一貫'은 『논어』「里仁」 15에 나오는 말로, 공자의 실천철학의 궁극적 지향점을 '충서忠恕'로 요약할 때 종종 인용되는 구절이고 '일본'은 『맹자』「滕文公上」 5에서 "하늘이 사물을 낳을 때 근본이 하나이게 한다[天之生物也, 使之一本]"고 한 것을 가리킨다.
21)『周易』「繫辭上」 10. "易无思也, 无爲也, 寂然不動, 感而遂通天下之故";『論語』「陽貨」 17. "天何言哉! 四時行焉, 百物生焉."

[簡忽]'는 것이다.

'무위' 부분에서는 노자의 '유有와 무無' 문제에 대한 비판도 함께 진행된다. "역易은 유와 무를 말하지 않았다. 유와 무를 말한 것은 제자의 비루한 소견"이라고 한 북송시대 유학자 장재(1020~1077년)의 말을 인용하면서 류건휴는 이 문제에 대해서도 특별히 의견을 붙인다. 장재가 말하는 '유와 무'는 곧 형이상의 성명性命의 차원과 형이하의 사물의 차원을 통틀어 말한 것인데, 노장이 말하는 도는 이와 달리 구체적인 사물 세계를 벗어나 있어 일상 간의 인의예악은 모두 무시되고 있으므로 결국은 허무의 나락에 빠지고 만다는 것이다.

> 장자張子는 "유무와 허실은 통틀어 동일한 것이니, 동일한 것이 되지 못하면 성性이 아니다. 마시는 물과 먹는 음식, 남녀의 일이 모두 성인데, 어떻게 없어질 수 있겠는가. 그렇다면 유무도 다 성이니, 이것이 어떻게 상대가 없겠는가. 노장老莊과 불가에서 이런 말을 한 것이 오래 되었지만 과연 진리를 현창한 것인가?"라고 했다. 이 글에서 장자가 말한 요지는 바로 이 뜻이다. 그렇다면 유무는 성명과 사물을 통틀어 말한 것이다. …… 노장에서 말하는 도는 형기形器의 밖에 벗어나 있고, 인의와 예악은 모두 찌꺼기라 해 무시되고 있으니, 상대가 없다는 건 그렇다 치더라도 오로지 허무의 권역일 따름이다. ……22)

---

22) 「老子列子莊子-辨老氏無爲」. "(健休按) 張子曰: '有無虛實, 通爲一物, 不能爲一, 非性也, 飮食男女, 皆性也, 是烏可滅. 然則有無, 皆性也, 是豈無對. 莊老浮屠, 爲此說久矣, 果暢眞理乎?' 張子此章之旨, 卽此意也. 然則有無者, 通性命事物而言者也. …… 彼老莊之言道也, 超乎形器之外, 而仁義禮樂, 皆爲土苴, 則其爲無也, 無對則無對, 而只是虛無圈子而已. ……"

노자가 말하는 '무'는 곧 허무일 뿐이며, 이에 따라 '무위'도 아무 것도 하지 않는 것일 뿐이라는 결론이다.23) 요컨대 절대무로서 허무와 진배없는 것이므로 이는 유가에서 말하는 무와 다르다는 논리이다.

도와 무위에 대한 이상의 비판이 근본적인 면에 대한 비판이라면 나머지 비판들은 노자의 실천론과 연관되어 있다. 여기서 비판 대상으로 호출되는 노자의 학설은 '아낌[儉嗇]'을 위주로 하는 양신론養神論, '유약과 낮춤[柔伏]'을 통해 목표한 바를 얻고 '비움으로써 만사에 응할 수 있음[虛而能應]'을 강조하는 처세론, '우민愚民' 즉 백성을 어리석게 만들어 다스린다는 정치론 등이다. 이들에 대한 비판은 한 마디로 부분적으로 취할 측면이 없지는 않으나 전체적으로 볼 때 곡진하지 못하며, 나아가 결국은 권모술수로 귀결된다는 내용으로 간추려진다.24)

이어 노자의 위상과 사유의 깊이에 대한 잘못된 인식을 비판하는 칼날은 유가와 도가 사이의 해묵은 논란인 공자가 노자에게 예를 물었다는 고사와 노자가 역易의 체體를 통찰했다는 일부의 평가로 향한다.25) 공자가 노자에게 예를 물었다는 주장에 대해 류건휴는 주희의 입을 빌어 그러한 주장은 장자莊子에서 처음 나왔는데, 장자가 스승인 노자를 높이기 위해 가탁한 결과라고 비판한다. 만약 이것이 사실이라면 공자에게 예를 가르친 노자가 어떻게 제자들로 하여금 예와 다르게 행동하라고 가르쳤겠으며 또 포폄을 분명히 했던 공자가 노자를 정말로 스승으로 모셨다면 어떻게 이 사실을 은폐했겠느냐는 것이 근거이

---

23) 「老子列子莊子-辨老氏無爲」 항목을 참조하라.
24) 「老子列子莊子」의 '辨老氏儉嗇養精神', '論老氏柔伏無狀', '論老氏虛而能應', '論老氏愚民' 항목을 참조하라.
25) 「老子列子莊子」의 '辨孔子問禮老子', '辨老氏得易之體' 항목을 참조하라.

다. 따라서 이 설은 장자의 우언에 지나지 않는다는 것이다.

한편 노자가 역의 체를 얻었다는 주장은 구체적으로 북송의 소옹邵雍(1011~1077년)을 겨냥한 것이다. 일찍이 주희는 "노자는 역의 체를 얻었고, 맹자는 역의 용을 얻었다"고 한 소옹의 말을 비판해 노자에게는 노자의 체용이 있고 맹자에게는 맹자의 체용이 있다고 했는데26), 이를 받아 류건휴는 소옹은 노자가 말하는 '사이비 자연[似自然]'을 보고 이를 역의 체를 얻은 것으로 여겼으니 잘못된 것이라 지적한다. 노자의 '자연'을 '사이비 자연'이라고 말하는 이유는 그의 학설이 자연 그 자체를 귀하게 여긴 것이 아니라 결국은 권모술수로 빠져들었기 때문이라는 것이다.

> 노자의 학문은 자연을 귀하게 여긴다. 이 도는 형이상학적인 존재여서 사물에 응해서는 손을 대지 않는다. 그가 지은 책은 공중에 달아놓은 것처럼 허황하고 말은 사리에 닿지 않는다. 그러나 '되돌아가는 것은 도의 움직임이며, 약한 것은 도의 작용이다'라거나 '가지려면 반드시 우선 주어야 한다'는 따위는 모두 반대쪽에서 일을 만들어서 절로 권모술수가 있으니, 자연이 아니다. 소자邵子[邵雍]는 노자가 자연과 비슷한 것을 보고 역의 체를 얻었다고 했으니, 주자가 변파한 것은 당연하다.27)

노자가 후세에 미친 부정적 영향에 대한 비판 역시 노자의 그러한

---

26) 각주 38번을 참조하라.
27) 「老子列子莊子-辨老氏得易之體」. "(健休按) 老子之學, 貴自然. 其爲道玄虛, 其應事不犯手. 其著書, 只是懸空, 說不着事. 然其曰, '反者道之動, 弱者道之用', '取之必姑與之'之類, 都從反處做起, 自有權數, 而非自然也. 邵子見其似自然, 而謂得易之體, 朱子辨之當矣."

권모술수적인 요소가 뒤에 신불해申不害와 상앙商鞅, 한비韓非 등의 법가로 흘러들었고, 나아가 종횡가縱橫家나 형명가刑名家 같은 잡학의 터전이 되었다는 것이 주된 논거이다. 이어 뜻만 크고 일은 소략한 이른바 '광간狂簡'들이 빠져드는 데가 노자임을 지적하고, 『논어』의 향원鄕原을 노자와 비교해 향원은 그래도 윤리 안에서 행동한 부류지만 노자는 윤리 밖으로 나갔다는 주희의 평가를 그대로 수용한다.28)

장자에 대한 항목은 5개로 구성되어 있다. 장자의 장단점을 논한 것이 2개이고 장자 사상의 원류를 밝혀 비판한 것이 2개이며, 장자와 맹자의 관계를 고찰한 것이 1개이다. 장자의 장단점을 논한 내용 또한 대부분 주희의 발언을 인용하고 있다. 도리道理에 대해 통찰하고 있다는 것이 장자의 뛰어난 점이라면 그것을 알았지만 행하려 하지 않고 또 이해利害만 중시했다는 점이 한계임을 지적한다.29)

장자 사상의 원류에 대해서는 양주와 노자가 원류라는 주희의 주장과 장자는 공자 사후 제자들의 분화 과정에서 자하子夏에서 『장자』에 등장하는 전자방田子方으로 이어지는 계열을 잇고 있어 근본으로부터 점차 멀어지게 되었다는 양시楊時의 주장을 소개하고 있다.30) 마지막으로 맹자와 장자의 관계에 대해 두 사람은 서로 활동한 곳이 달랐고 또 장자는 따르는 사람 없이 궁벽한 곳에서 학설을 세웠기 때문에 서로에 대한 언급이 없으나 장자의 스승인 노자의 학설이 양주에서 나온 이상 맹자 또한 노자와 장자를 배척한 것이 진배없다는 주희의 말에 동조

---

28) 「老子列子莊子」의 '論老氏之學流爲申韓', '論老氏之學流爲雜學', '論狂簡之士流入老氏' 항목을 참조하라.
29) 「老子列子莊子」의 '論莊子識道理不肯做', '論莊子專計利害' 항목을 참조하라.
30) 「老子列子莊子」의 '論莊周之學出於楊朱老子', '論莊周之學出自子夏' 항목을 참조하라.

하고 있다.31)

　노자와 장자를 통합적으로 비판하고 있는 부분은 먼저 둘의 차이를 논하는 데서부터 시작된다. 노자와 장자의 차이점은 노자는 그래도 현세간적임에 비해 장자는 시종일관 그것을 벗어난다는 것이 핵심이다. 『노자』와 『장자』가 이치에 어느 정도는 근접하고 있다는 주장에 대해서는 정자의 말을 인용해 일부 수용하면서도 이들 책은 유가적 가치관에 입각해 주관을 세운 상태에서 큰 안목을 갖고 대강 읽어보는 것은 괜찮지만 깊이 탐독하는 것은 안 된다고 정리한다. 후세의 영향에 대한 부분도 있는데, 노자에 대한 비판 항목에서도 언급했듯이 노장사상은 한나라 때 황로술의 원류를 이루었고, 위진의 청담淸談과 남북조의 진晉, 송 이후의 말류도 이들에 물든 것이라 비판한다.32)

　열자에 대한 비판은 1개 항목이다. 이 사상이 불교와 통하는 점이 있음을 비판하는 한편 『열자』가 선진시대의 전적에서부터 빠진 것에 대한 분석도 분량 있게 다루고 있다.33) 특히 후자에 대해서는 류건휴가 스스로 의견을 달아, 『장자』「천하」편에 열자가 언급되고 있지 않는 것은 장자 이전에 그런 사람이 없었기 때문이라고 말한다. 이어서 『사기』에도 『열자』가 누락되어 있는 것은 사마천 이전에 이 책도 없었다는 증거인데, 이로 미루어볼 때 『열자』는 후세에 부처에게 아첨하는 자가 견강부회해 세상을 속이고 풍속을 어지럽힐 의도에서 장자가 말한 열어구列禦寇의 이름에 가탁한 것임 틀림없다고 아래와 같이 분석한다.

---

31)「老子列子莊子」'論孟子莊子不相及' 항목을 참조하라.
32) 차례대로「老子列子莊子」편의 '通論老莊', '論老莊書近理', '論漢朝君臣用老莊申商', '論魏晉淸談本於老莊', '論陳宋以下濡染老莊' 항목을 참조하라.
33)「老子列子莊子」'辨列子' 항목을 참조하라.

『장자』 편말에 제자諸子를 서술 열거했는데, 유독 열자에 대해서는 언급하지 않았다. 그의 도의 정수가 허무인 점은 대략 같고, 그 글의 기괴함도 또한 답습하고 있으니, 그 우러러 숭상하는 것이 묵적이나 [그의 제자] 금활리禽滑厘의 아래에 있지 않다. 그런데도 이중에 열거하지 않았으니, 곧 장자 이전에 이런 사람이 없었음이 분명하다. 사마천의 『사기』가 여러 서적을 포괄하고 있지만 유독 『열자』만 입전하지 않았다. 무릇 『열자』 8편을 노자, 장자와 견주어보면 열자가 어찌 문사文辭를 조금도 볼 수 없는 변수卞隨와 무광務光보다 뒤지겠는가? 그런데도 기록에 나타나지 않은 것을 보면 사마천 이전에 그00 책이 없었음이 또한 분명한 것이다. …… 후세에 부처에게 아첨하는 자가 견강부회하고 함부로 꾸며서 세상을 속이고 풍속을 어지럽혀 장주가 일컬은 열어구에 이름을 가탁하는 것은 더욱이나 의심할 가치조차 없다.34)

묵자와 함께 묶어 비판하는 양주 부분은 익히 예상되는 대로 그의 위아설에 집중되어 있고 비판의 요지도 특별히 새로운 것은 없다. 다만 한 가지 눈에 띄는 것은 양묵의 학설이 유학의 그것에 크게 못 미침에도 불구하고 유행할 수 있던 이유에 대한 진단이다. 이에 대해 류건휴는 유학과 양묵의 학설을 각각 '붉음[朱]/자주[紫]', '아악雅樂/정악鄭樂'으로 대비해 후자가 전자를 어지럽히기 때문이라고 한 중국 명대 유학자 고헌성顧憲成의 분석을 비판한다. 정작 중요한 이유는 그와 같은

---

34) 「老子列子莊子-辨列子」. "(健休按) ……『莊子』篇末敍列諸子, 而獨不及於列子. 夫其道之宗虛無略同, 其文之譎誕又相襲, 則其尊尙宜不在墨翟禽滑釐之下. 而反不列於其間, 則莊子之前, 無是人, 明矣. 馬遷一書包括群籍, 而獨不爲列子立傳. 夫八篇之書, 且與老子莊子化而同之, 則列子豈獨後於文辭不少槪見之卞隨務光哉? 然而不見錄, 則馬遷之前無是書, 又明矣. …… 其爲後世佞佛者, 傅會粗撰, 以欺世眩俗, 而假名於莊周所稱列禦寇者, 尤無足疑矣."

거짓된 학설을 막아버릴 성인이 후세에는 없었기 때문임을 강조하면서 그것은 성현을 만나면 햇볕에 눈 녹듯 사라질 것이라 하며 그러한 소명을 자임하는 모습을 보인다.

거짓된 학설이 인의를 꽉 막아버리는 것은 세상에 인의를 주장하는 성인이 없기 때문이다. 요, 순, 탕, 무의 시대에는 세상에 이단이 있었다는 말을 듣지 못했는데, 그것은 성인이 지위를 얻어 천하 사람들이 다함께 올바름으로 돌아갔기 때문이다. 그들의 시대가 쇠퇴하자 비록 성인이 있더라도 그 지위에 있지 못했으니, 참으로 그릇되고 편벽된 주장들이 몰래 서로 주고받으며 뻗어가는 것을 막을 수가 없었다. 그러나 공자가 있었기에 노자의 주장이 행세하지 못했고, 맹자가 있었기에 양주와 묵적의 말이 감히 퍼지지 못했으며, 정자와 주자가 있어서 부처의 학문이 천하를 뒤덮는 데까지 이르지 못했다. 고헌성은 다만 후세에 우리 유가를 주도하는 사람이 없는 것을 보고 말했을 뿐이다. 만일 거짓된 학설이 성현을 만나게 되면 이는 마치 눈이 햇볕을 쬐는 것같이 될 것이니, 어찌 그 요염하고 농익음을 내보이겠는가? 이를 보는 사람은 자세히 살펴야 한다.35)

마지막으로 도교에 대한 비판은 모두 6개 항목이며36), 수련설과

---

35) 「楊朱墨翟:通論楊墨」. "(健休按) 邪說之充塞仁義, 正爲世無聖人主張仁義故爾. 堯舜湯武之世, 未聞有異端, 聖人得位, 天下同歸於正也. 至其衰也, 雖有聖人, 不在其位, 則固無以禁邪詖之陰相唱和. 然有孔子而老氏之說不得行, 有孟子而楊墨之言不敢徑, 有程朱而禪佛之學, 不至懷襄於天下. 顧氏特見後世無人主盟斯文而言耳, 若使邪說撞着聖賢, 如雪之見晛耳, 焉見其爲艷濃耶? 覽者詳之." 「양주묵적楊朱墨翟」편에 들어 있는 양주와 묵적 관련 항목의 표제는 각각 '論墨子兼愛', '論楊氏爲我', '通論楊墨', '論子莫執中', '論夷子二本'이다.
36) 앞서 말한 대로 '도교道敎'를 논한 이 편의 편명은 「도가道家」로 되어 있다. 세부 항목은 '論修煉'을 비롯해 '辨無仙說', '辨三淸', '論道家祖老莊', '論道家像佛書', '論道家設醮' 6개이다.

신선설을 비판하는 데서부터 시작한다. 이어 도교의 기원은 노장에서 비롯되었지만 노장이 죽음 문제에 대해 초탈했음에 비해 도교는 반대로 장생불사를 추구해 이에 어긋난다는 주장들을 소개하고 있다. 그러면서 도교가 이처럼 노장에 근원을 두고 있음에도 불구하고 중국에 처음 들어왔을 때 노자의 학설을 표절해 자신들의 이론을 세련화시킨 불교의 학설을 오히려 다시 표절하고 있다고 비판한 주희의 주장을 긍정한다.

5   유학의 정체성 수호

지금까지의 내용에서 충분히 드러나듯이, 『이학집변』의 도가 비판의 특징은 한 마디로 정리한다면 저자인 류건휴의 독창적인 생각을 담고 있다기보다 주희를 중심으로 기존 성리학자들의 시각을 거의 그대로 정리 소개하는 방식을 취하고 있다는 점이다. 유가 특유의 '술이부작' 방식이 관통되고 있는 것이다. 물론 그렇다고 해서 이 책에 저자의 시각은 거의 들어있지 않다고 할 수는 없다. 이를 파악하기 위해서는 당연히 이 책의 '편집사적인 의도를 비판적으로 고찰하는 작업rdaction criticism'이 필요하다.

이와 관련해 직간접적으로 눈여겨볼 부분은 다음의 몇 가지이다. 첫째는 류건휴가 '술이부작' 과정에서 취사선택하고 있는 '술述'의 대상들의 면면이다. 이는 곧 도가 비판에서 그가 인용하는 선배 유학자들의 스펙트럼을 의미한다. 『이학집변』의 도가 비판에서 각각의 주장이 인용, 소개되는 선배 유학자들의 인용 빈도를 기준으로 정리하면 다음과 같다.

	유학자\n항목	孟子	韓愈	歐陽脩	張載	程子	蘇轍	楊時	胡宏	朱熹	黃榦	眞德秀	葉采	晁氏	羅大經	吳澄	許衡	薛瑄	陳建	高憲成	輔廣	曹端	詹陵
老子·莊子·列子	辨老氏言道德仁義禮智		1			2				5	1												
	辨老氏無爲			1	1					2			1		1				1				
	論老氏儉嗇養精神									3													
	論老氏柔伏無狀							1		6													
	論老氏虛而能應									2													
	辨老氏得易之體									2													
	論老氏愚民					2				1													
	辨孔子問禮老子									3													
	論老氏之學流爲申韓						1			3													
	論老氏之學流爲雜學						1			4						1							
	論狂簡之士流入老氏									6													
	論莊子識道理不肯做									4						1							
	論莊子專計利害									1													
	論莊周之學出於楊朱老子									2													
	論莊周之學出自子夏							1		1													
	論孟子莊子不相及									3													
	通論老莊									4								2					
	辨列子									3		1											
	論老莊書近理				3					4							1						
	論漢朝君臣用老莊申商									4													
	論魏晉淸談本於老莊									1	2												
	論陳宋以下濡染老莊									6									1				
楊	論墨子兼愛	1							1	3													

朱·墨翟	論楊氏爲我	1				4														
	通論楊墨	1		4		3	1					1								
	論子莫執中	1				1									1	1				
	論夷子二本	1				7														
道家	論修煉					4														
	辨無仙說		1																	1
	辨三淸					1														
	論道家祖老莊					2			1			1								
	論道家儗佛書					3														
	論道家設醮					2						1								
계		5	1	1	1	14	1	1	1	100	1	3	1	1	1	1	6	2	1	1	1	1

이를 보면 무엇보다 한눈에 들어오는 것은 주희의 비중이 압도적이라는 사실이다. 중국과 조선을 막론하고 성리학에서 주희가 차지하는 위상을 생각하면 이는 충분히 예견되는 일이다. 이와 함께 주희 다음으로 인용횟수가 많은 인물이 정자라는 점을 감안하면 류건휴의 도가 비판에서 부동의 지렛대는 정주학임을 여실히 알 수 있다. 다시 말해 류건휴는 기본적으로 정주학적인 이단관에 입각해 도가 비판을 전개하고 있는 것이다. 익히 알려진 대로, 정주학은 맹자가 씨앗을 뿌리고 한유가 싹을 틔운 도통론을 만개시켜 유학에 배타적인 헤게모니를 부여하고자 한 유파이다. 이는 유가의 이단관은 정주학에 와서야 비로소 체계적인 담론으로 확고히 자리 잡는다는 점을 통해서도 확인된다.37)

37) 주희가 여조겸과 함께 편찬한 「근사록」에 '이단異端' 장이 독립되어 있고(권13 「변이단辨異端」) 후학이 집대성한 『주자어류』에도 도가(권125 「노씨老氏」)와 불교(권126 「석씨釋氏」)에 대한 항목이 별도로 편제되어 있을 정도로 이단 비판이 성리학의 중심 담론 중의 하

류건휴가 정주학의 이단관을 계승해 도가 비판을 수행하고 있다는 것은 내용 면에서도 확인된다. 이는 두 가지 측면에서 입증되는데, 첫 번째는 자신이 선택한 비판 항목들에 대한 비판의 강도가 질적으로 다르다는 점이다. 이것은 항목들의 표제에서 직접적으로 드러난다. 몇몇 항목의 표제에서는 '논論'이 아니라 '변辨'을 사용해 한층 더 강한 비판 의지를 드러내고 있는 것이 그것이다.

앞의 표에 명기된 표제에서 확인할 수 있듯이, '변'으로 시작하는 항목은 노자의 도덕인의예지에 대한 비판('辨老氏言道德仁義禮智')과 무위에 대한 비판('辨老氏無爲'), 노자가 역의 체를 파악했다는 주장에 대한 비판('辨老氏得易之體'), 공자가 노자에게 예를 물었다는 고사에 대한 비판('辨孔子問禮老子') 그리고 도교의 신선설과 관련된 비판 두 가지('辨無仙說'과 '辨三淸') 등 모두 6개이다. 그중 이른바 '괴력난신怪力亂神'을 긍정하지 않는 유가의 가치관과 직접적으로 충돌하는 마지막 2개를 제외하면 나머지 4개는 유가의 정체성 수호와 직결되는 쟁점들임을 금방 알 수 있다.

하늘의 이치 즉 도가 개체에 품부된 것이 본성이고 이 본성이 일상 속에서 윤리덕목으로 발현된 것이 인의예지라고 보는 것이 유가 규범론의 기본 구도이다. 이 점에서 노자처럼 이들 덕목의 가치론적 위계를 서열화시키고 분리하는 시각은 유가 규범론의 근본 전제와 배치될 수밖에 없다. 그러므로 그와 같은 학설은 우선적으로 논파되어야 한다. 이것은 '무위'에 대한 생각에서도 마찬가지이다. 제자백가에서 도가와 유가는 최고의 이상 정치로 똑같이 무위정치無爲之治를 지향한다. 하지

나로 자리 잡는 과정에서 주희가 끼친 영향력은 절대적이다.

만 속을 들여다보면 내용은 천양지차이다. 『노자』에서 보듯이, 도가는 인위적인 제도와 규범에 의해 규제되거나 훈습되지 않는, 다시 말해 타고난 자연성으로서의 본성을 간섭하거나 침해하지 않는 정치를 최고의 정치로 꼽는다. 이 점에서 바람직한 정치는 철저하게 불간섭주의를 표방하는 통치 행위, 즉 무위에 기반을 두어야 한다. 그러나 유가가 생각하는 무위정치의 이상은 이와 다르다. 순 임금의 정치처럼 그것은 정명론적 질서에 입각해 피통치자들이 통치자의 도덕적 인격에 자연스럽게 감화되어 각자 자기 본분을 지키면서 조화되는 유기적 사회를 지향한다. 이 상태가 되면 통치자는 더 이상의 어떤 통치 행위도 수행할 필요가 없다. 이 때문에 유가가 추구하는 무위정치는 도가처럼 불간섭주의에 토대를 두는 것이 아니라 이른바 온정적 간섭주의에 기반을 둔다. 이와 같은 문제의식에서 볼 때 노자적 무위를 유가가 긍정할 수 없음은 자명하다.

같은 맥락에서 노자의 도가 역의 체를 얻었다는 일부 주장도 유가 입장에서는 결코 수용할 수 없는 대목이다. 자신들의 규범론의 형이상학적 근거를 흔드는 일이기 때문이다. 류건휴가 노자는 역의 체를 얻었고 맹자는 역의 용을 얻었다는 소옹의 주장에 대해 노자는 노자 본래의 체용이 있고 맹자는 맹자 본래의 체용이 있다고 양자를 확연히 분리시켜 섞이지 않게 하려는 주희의 발언을 그대로 수용하는 것도 이 때문이다.38) 류건휴가 단순한 논의가 아니라 적극적으로 논파하려는 항목들은 이처럼 하나같이 유학의 정체성과 직결된 것이라는 공통점을 지닌

---

38)「老子列子莊子-辨老氏得易之體」. "朱子曰: 康節嘗言, '老子得易之體, 孟子得易之用', 非也. 老子自有老子之體用, 孟子自有孟子之體用也. '將欲取之, 必固與之', 此老子之體用也. '存心養性, 擴充其四端', 此孟子之體用也."

다. 공자가 노자에게 예를 물었다는 고사에 대한 항목도 이와 관련됨은 불문가지이다.

6 ___ 새로운 '정학'의 자리 매기기

류건휴가 정주학의 이단관에 입각해 도가 비판을 수행하고 있음을 보여주는 두 번째 증거는 그가 술이부작의 차원을 넘어 자신의 의견을 직접 개진하고 있는 항목들의 면면이다. 류건휴가 도가 비판 부분에서 '나 건휴의 생각에는[健休按]'라는 형식으로 자기 의견을 단 곳은 모두 6군데이다.39) 그런데 그중 세 곳이 지금까지 살펴본 항목에 붙어 있다.40) 이 점을 보아도 류건휴에게서 이학에 대한 정학으로서의 유학에 대한 수호 의지가 얼마나 확고했는지를 미루어 짐작할 수 있다. 『이학집변』의 도가 비판이 지닌 문제의식의 맥락은 이 지점에서 한층 더 분명한 모습을 드러낸다.

그런데 그러한 맥락이 지니는 의미를 좀 더 구체화하기 위해서는 하나 더 짚어볼 문제가 있다. 그것은 중국이 아니라 조선의 유학자들이 주해註解라는 방식으로 도가에 대해 보인 직접적 관심에 대한 류건휴의 대응이다. 만약 어떤 사람이 이학에 대한 정학의 수호 의지를 지녔다면 선배나 당대의 동료 유학자들이 유사한 작업을 수행했을 경우, 그것도 이학의 텍스트를 직접 주해한 선행 사례가 있었다면 어떤 식으로든 거

---

39) 각주 20, 22, 27, 34, 35를 참조하라. 나머지 하나는 「양주묵적」의 '통론양묵通論楊墨' 항목의 글자 교감과 관련된 내용이다.
40) 각주 20, 22, 27을 참조하라. 각주 35의 내용도 '벽이단'에서 성현의 위상을 강조하는 것이라는 점에서 문제의식은 일맥상통한다.

기에 대해 코멘트를 하는 것이 상례일 것이다. 그런데 이런 기대와 달리 결론적으로 말해 그것의이 존재를 몰랐는지 아니면 의도적으로 무시했는지 류건휴는 의외로 이 부분에 대해 아무런 시선도 보내지 않는다. 따라서 그의 도가 비판이 겨냥하는 과녁의 성격을 좀 더 분명히 드러내기 위해서는 이에 대한 고찰이 좀 더 필요해 보인다.

조선시대 유학자들의 손에 의해 저술된 노장자 주해서는 모두 8종이다. 저술 연대순으로 살펴보면 『노자』는 이이李珥의 『순언醇言』(1570년대 후반)을 비롯해 박세당朴世堂의 『신주도덕경新註道德經』(1681년), 서명응徐命膺의『도덕지귀道德指歸』(1769~1777년), 이충익李忠翊의『초원담로椒園談老』(1973년 이전 추정), 신작申綽의『노자지략老子旨略』(1792~1793년), 홍석주洪奭周의『정로訂老』(1813년)가 있고, 『장자』는 박세당의 『남화경주해산보南華經註解刪補』(1682년)와 한원진韓元震의『장자변해莊子辨解』(1716년)가 있다. 이중 신작의『노자지략』은 현재 서문만 전한다.41)

저술 연대를 통해 확인할 수 있듯이 이들 모두는 적어도 류건휴가 생존해 활동하던 시기까지는 집필이 이루어진 상태였다. 그런데도 류건휴는 이들의 존재에 대해 아무런 언급도 남기지 않았다. 이유는 무엇일까? 두 가지로 추정해 볼 수 있다. 하나는 당시의 도서 제작과 보급 관행을 감안할 때 류건휴가 이 주해서들의 존재를 몰랐을 가능성이다. 주해서의 집필자들이 모두 기호 지방에 근거지를 둔 인물들이었다는

---

41)『초원담노』에 대한 연대 추정은 이충익(1744~1816년)이 신작(1760~1828년)의 이종형이라는 연배를 고려한 것이다. 두 사람은 「독노자오칙讀老子五則」을 쓴 이광려李匡呂(1720~1783년)와 함께 강화학파의 일원으로 상호 인척 관계를 이루고 있었는데, 활동 연대를 고려할 때『노자』이해에서 이광려, 이충익, 신작 순으로 영향을 주고받은 것으로 추정된다.

점을 감안하면 이쪽 가능성이 더 높아지는 측면이 있다. 다른 하나는 알면서도 어떤 이유로 일부러 무시했을 가능성이다. 만약 이 경우라면 당연히 그렇게 의도적으로 무시한 이유를 살펴보는 것이 류건휴의 도가 비판이 지닌 사상사적 맥락을 온전히 드러내는 관건 중의 하나가 될 것이다.

이와 관련해 눈여겨 볼 부분은 한원진韓元震(1682~1751년)의 경우이다. 한원진의 『장자변해』에 대해서는 류건휴가 존재를 알면서도 일부러 무시했을 가능성이 있다. 이런 추정의 근거는 류건휴가 한원진의 성리설에 대해 직접 논변한 글을 남기고 있기 때문이다.42) 인심도심설에 대해 관심이 많았던 류건휴는 한원진의 관련 학설에 대해서도 충분한 정보를 지니고 있었다. 그렇다면 『장자변해』의 존재도 인지하고 있었을 확률이 높다.

한원진의 『장자변해』는 조선 유학자들의 손에 의해 저술된 나머지 7종의 노장 주해서와는 성격이 확연히 다르다. 다른 7종은 노장을 전적으로 배척하지만 않고 일정 정도 긍정적인 시각에서 유가와 도가의 이론상의 소통점을 모색하고 있으나 『장자변해』만큼은 시종일관 장자를 비판한 저술인 까닭이다. 이는 한원진이 『장자』를 "이치에 조금 가깝기는 하지만 진리를 크게 해치는 책"이라고 규정하고 자신이 『장자변해』를 쓰는 이유는 오직 불질러버려도 시원치 않을 이 책의 폐해를 널

---

42) 『대야집』권8, 「讀韓南塘人心道心說辨」. 류건휴는 이 글에서 주희와 퇴계의 학설에 근거해 한원진의 '인심도심설'을 조목별로 비판한다. 아울러 당시 영남 퇴계학파 구성원 중 이 문제에서 한원진과 비슷한 견해를 취하는 혐의가 있는 학자들에 대해서도 함께 비판을 가한다. 비슷한 시대를 산 성재誠齋 남한호南漢皥(1760~1821년)는 인심도심에 대한 자기 견해가 한원진과 비슷한 부분이 있음을 미처 알지 못했는데, 류건휴의 지적을 받고 고칠 수 있었음을 말하고 있는 것이 비근한 예이다. 『誠齋集』권4, 「答柳子强(健休, 1808)」를 참조하라.

리 알리기 위해서라고 공언하는 데서 극명하게 드러난다. 그의 견해에 따르면 장자에게 전혀 긍정적인 요소가 없는 것은 아니지만 그것도 결국에는 근본적 경지까지는 나가지 못하고 중도에 방자한 데로 빠져버린, 어디까지나 유학의 도에 해악만 끼치는 사상에 지나지 않을 뿐이다.43)

『장자변해』의 이러한 특성을 감안할 때 류건휴가 이 책의 존재를 알면서도 무시했다면 이는 대단히 의외이다. 장자를 신랄히 비판하고 있는 선배 유학자의 작업을 같은 이단 비판을 통해 정학을 수호하려는 의지가 충만한 후배 유학자가 외면한 것이기 때문이다. 만약 이 가정이 옳다면 류건휴가 이단 비판을 통해 지키려고 한 정학은 유학 혹은 정주학 일반이 아니라 자신만의 도통론에 입각한, 다시 말하면 한원진과 같은 부류는 배제시켜야 하는 유학일 가능성이 높다. 이 부분은 자연스럽게 우리의 관심을 『이학집변』을 쓴 류건휴의 사상적 계보에 대한 탐색으로 이끈다.

7 ____ 정주학에서 퇴계학으로, 퇴계학에서 호학으로

류건휴는 앞서 말했듯이 안동의 무실水谷 마을을 근거지로 한 전주류씨 수곡파에 속하는 인물이다. 전주류씨 수곡파는 영남 퇴계학파의 본산인 안동 지역에서도 뛰어난 가학 전통으로 손꼽히는 대표적 문중이다. 수곡파의 역사는 시조인 류습柳濕의 7세손 류성柳城(1533~1560

---

43) 한원진의 『장자변해』의 저술 의도와 기타 조선 유학자들이 저술한 노장 주해서의 기본 관점에 대해서는 박원재, 「조선유학의 도가 이해」(고려대 민족문화연구원 한국사상연구소 편, 『자료와 해설 - 한국의 철학 사상』; 예문서원, 2001)를 참조하라.

년)이 안동의 의성김씨 천전파 파조인 청계靑溪 김진金璡(1500~1580년)의 사위로 인연을 맺어 안동에 입향하면서 시작되었다. 이후 류성은 기봉岐峯 류복기柳復起(1555~1617년)와 묵계墨溪 류복립柳復立(1558~1593년) 두 아들을 낳았는데, 그가 28세로 요절하고 부인인 의성김씨도 남편의 3년상을 마치고 순절함에 따라 형제는 성인이 되기까지 10여 년간을 외가에 의지해 성장했다. 이 과정에서 특히 외숙인 김성일의 가르침을 많이 받고 자랐다. 이후 동생인 류복립은 임진왜란 때 진주성 전투에 참가했다가 36세로 순국함으로써 수곡파의 후계는 전적으로 류복기의 손에 의해 이어지게 되었다. 류건휴는 항렬상 바로 이 류복기의 9세손에 해당된다.44)

수곡파의 가계가 출발선에서부터 의성김씨와의 특별한 관계로 시작했음은 이후 수곡파의 가학 형성에 중요한 방향을 부여했다. 수곡파로 하여금 영남 퇴계학파의 양대 줄기인 서애 학맥과 학봉 학맥 중 후자에 자연스럽게 속하게 만든 계기를 이룬 것이다. 그런데 수곡파가 태생적으로 학봉 학맥에 속하게 되는 이러한 운명적 인연은 뒤에 영남 퇴계학파의 계승 과정에서 결정적 변수로 작용한다. 그것은 수곡파가 뒤에 퇴계 학맥의 큰 저수지 중 하나인 '호학湖學'의 탄생을 주도하게 되기 때문이다.

호학은 '소퇴계小退溪'라 불렸던, 학봉 학맥의 중봉인 이상정의 학문을 가리킨다. 호학의 중요성은 서애 학맥과 학봉 학맥 사이에서 전개된 영남 퇴계학파의 내부적 헤게모니 쟁취 과정에서 학봉 학맥이 학문적으로 세력을 확장하는 데 결정적 역할을 한 점에 있다. 수곡파가 호

---

44) 이상 수곡파의 초기 가계에 대해서는 류영수, 「전주류씨 수곡파 가학의 형성과 전개」(경북대학교 대학원 석사학위논문, 2008), 6~13쪽을 참조하라.

학의 형성 과정에 주동적인 역할을 하게 된 직접적인 계기는 수곡파 사학의 중심 인물인 노애蘆厓 류도원柳道源(1721~1791년), 동암東巖 류장원柳長源(1724~1796년), 호곡壺谷 류범휴柳範休(1744~1823년) 등이 이상정 문하에 들어가 수학하면서부터이다. 이후 이들과 이들의 후학들은 이상정 사후 그의 학문을 정제화하는 작업을 수행함으로써 호학의 탄생 과정에 초석을 놓았다.

이상정의 학문의 요점을 분류별로 편성한 류장원의 『호서류편湖書類編』을 비롯해 퇴계와 대산의 학문적 요점을 『근사록』의 체제로 편성한 류건휴의 『계호학적』, 이상정에게서 수학한 『대학』, 『중용』과 심성리기설心性理氣說을 기록한 류범휴의 『호상기문湖上記聞』 그리고 류병문의 『호서요훈湖書要訓』 등이 이 학파의 대표적인 작업이다. 여기서 볼 수 있듯이 이들은 자신들의 저술 제목에 '호서湖書', '계호溪湖', '호상湖上' 등의 용어를 사용함으로써 호학을 공식화시켰다.45)

영남 퇴계학파의 계승 과정에서 호학의 성립은 단순히 한 학문 분파의 성립이라는 차원을 넘어선다. 그것은 뒤에 각각 병파屛派와 호파虎派로 불린 서애 학맥과 학봉 학맥 사이에서 벌어진 영남 퇴계학파 내부의 정통성 논쟁과 깊숙이 맞물려 있다. '병호시비屛虎是非'는 잘 알려진 대로 멀리는 1676년에 안동의 여강서원이 호계서원이라는 서원명을 새롭게 사액 받으면서 벌어진 서애와 학봉의 위차位次 문제에서부터 촉발되었다. 그러다가 그것이 새롭게 재점화되면서 격화된 것은 1812년에 호파가 자신들 학맥의 거봉인 이상정의 위패를 호계서원에 추향하려 나서면서부터이다. 이후 이 문제를 둘러싼 병호시비는 1871년에

---

45) 류영수, 앞의 논문, 71쪽.

호계서원이 훼철될 때까지 지속되었고, 이후에도 상당기간 안동 유림 사이에 뜨거운 잠복적인 이슈로 남아 있는 '현안'으로 작용했다.46)

가학의 계승이라는 시각에서 보면 류건휴의 『이학집변』 집필에는 이와 같은 19세기 전반 안동 유림의 내부적 상황이 배경으로 깔려 있었다. 그는 호파의 일원으로 병호시비로 상징되는 병파와의 헤게모니 싸움에서 이른바 퇴계 학맥의 '도통'이 학봉에서 대산으로 이어지는 계보, 다시 말해 자신들의 가학이 속해 있는 계보에 있음을 암묵적으로 주장하고자 했던 것이다.

그의 이런 문제의식은 『이학집변』의 서학(천주학) 비판 부분에서 좀 더 분명히 드러난다. 류건휴의 서학 비판의 과녁은 서학 자체에 대한 비판이라기보다는 기호남인의 서학 이해에 대한 비판이라는 측면이 더 강하다. 이는 그가 서학서를 실제로 읽고 이를 비판한 기호남인과 달리 기호남인의 벽이단서와 이에 대한 남한조를 위시한 영남남인의 비판적 글들만 보고 자기 논지를 전개하는 데서 잘 드러난다.47) 남한조는 류건휴가 첫 스승으로 모신 집안의 숙부 류장원 사후에 40의 나이에 문하에 입문해 섬긴 두 번째 스승으로, 학봉 학맥의 중심 계보인 이상정과 류치명을 이어주는 핵심 인물이었다. 따라서 류건휴의 서학 비판이 서학 자체에 대한 비판보다 스승인 남한조의 학설에 입각해 기호남인의 서학 이해에 대한 비판에 초점이 맞추어졌던 것은 그의 이단 비

---

46) 병호시비의 전개 과정과 사상사적 맥락에 대한 개략적 이해는 다음 글들을 참고하라. 설석규, 「퇴계학파의 분화와 병호시비」(경북대 퇴계학연구소, 『퇴계학과 유교문화』 제45권, 2009); 김학수, 「영남 지역 서원의 정치사회적 성격」(한국국학진흥원, 『국학연구』 11집, 2007년 12월호); 이상호, 「정재학과 성리학의 지역적 전개 양상과 사상적 특성」(한국국학진흥원, 『국학연구』 15집, 2009년 12월호).
47) 이에 대한 구체적인 내용은 2부에 실려있는 김선희의 글을 참고하라.

판의 문제의식이 유학 대 이단보다 퇴계학-호학 대 기타 유학 학맥의 분별 및 분리에 놓여 있었음을 암시한다.

이런 점들을 감안한다면 류건휴의 도가 비판은 도가 학설 자체에 대한 비판보다는 자신이 선택한 정학 즉 '유학-정주학-퇴계학-호학'으로 이어지는 정학의 계보를 수호하기 위한 일종의 선행 연구 정리의 의미가 더 강하다고 할 수 있다. 이것이, 만약 몰랐던 것이 아니라 의도적이었다면 한원진과 같은 선행 연구를 인용에서 배제한 이유일 것이다. 한원진이 아무리 도가에 대해 날선 비판을 했더라도 그는 큰 틀에서는 함께할 수는 있을지 몰라도 자신이 잇고자 하는 정학의 계보에는 포함시킬 수 없는 '분파적 이단heresy'이었기 때문이다.

모든 이단 비판은 그것을 행하는 주체가 누구냐에 따라 대체로 두 가지 양상을 보인다. 하나는 헤게모니를 쥐고 있는 주류 집단이 주체인 경우로 이때는 이론적 작업보다 정치적이며 물리적인 힘을 통해 이단을 압박하는 경향이 강하다. 반대로 주체가 헤게모니를 상실한 소수자 집단인 경우는 이론적 투쟁을 통해 자신들이 교리나 학문상으로 적통嫡統임을 입증하려는 명분론적 경향을 주로 드러낸다. 아웃사이더로서 정치적이며 물리적인 힘의 한계를 절감할 때 벌이는 인정투쟁의 한 양상인 셈이다. 조선 유학사에서 개략적으로 17세기 중반 이후 영남 퇴계학파가 기호 율곡학파를 상대로 전개한 이론적 논쟁 역시 기본적으로 이러한 양상을 띤 벽이단적인 문제의식에 뿌리를 두고 있다. 우계와 율곡의 문묘종사 반대에서 볼 수 있듯이 그것은 이론 투쟁의 형식을 빌린 정치 투쟁, 즉 도통 논쟁이었기 때문이다.[48]

48) 김용헌, 『조선성리학, 지식권력의 탄생』(프르네시스, 2010), 247~257쪽. 이론 투쟁의 개략적 내용에 대해서는 박원재, 「대산 성리설의 사상사적 문제의식과 논리구조」(한국국학

『이학집변』의 이단 비판은 기본적으로 이러한 문제의식의 연장선에 서 있으면서 내면적으로 그것이 좀 더 예각화된 형태라고 할 수 있다. 그것은 구체적으로 기호남인에 대한 영남남인 그리고 병파에 대한 호파라는, 이너서클 안에서의 중층적인 도통의식의 정립과 수호를 의미한다. 이는 다시 넓게는 18세기 후반 이후 영남의 퇴계 학맥, 좁게는 호학으로 대표되는 당시의 학봉 학맥이 딛고 서 있는 사상사적 좌표와 관련되어 있었음은 물론이다. 『이학집변』의 도가 비판은 이런 그림 속에서 이루어진 이단 비판의 한 대목으로 읽혀야 거기에 내재된 사상적 맥락이 좀 더 온전히 드러날 수 있다.

진홍원, 『국학연구』 19집, 2011년 12월호)를 참조하라.

2장

육왕학 비판 — 인간 완성의 길에 관한 유학 내부의 충돌

박경환

1 ____ 시대 상황이 환기시킨 '정통성'에의 관심

 류건휴의 『이학집변』은 조선 유학사 최초의 이단 비판에 관한 집대성적인 저작이다. 물론 이전에도 이단을 비판하기 위한 다양한 시도가 있기는 했다. 성리학의 성립과 궤를 같이하는 유학적 도통관 확립의 영향으로 성리학 수용 초기인 고려 말에는 이색과 정몽주 등 신진 사대부의 불교 비판이 있었고, 조선 건국으로 성리학을 통치 이념으로 채택한 후 정도전이 본격적인 불교 비판인 『불씨잡변』을 저술한 바 있다. 이후 조선의 유학자들은 저술 속에서 불교와 양명학에 대한 비판을 지속적으로 제기해왔다.
 그럼에도 『이학집변』을 '조선 유학사 최초의 이단 비판의 집대성'이라고 할 수 있는 것은, 우선 이 속에서는 불교와 도가, 도교, 양주, 묵적 등 전통적으로 유학의 이단 비판 대상이던 사상 유파는 물론이고 유학 내부의 순자와 양웅의 학, 육왕학과 소학은 물론이고 기송과 사장의 학 등도 이단으로 규정해 비판하고 있고, 여기에 당시 새롭게 대두된 천주학에 대한 비판도 포함시키고 있을 정도로 다루는 범위가 대단히 광범위하기 때문이다. 또한 비판의 논리와 근거에서도 기존 중국과 조선의 선배 학자들의 이단 비판에 관한 핵심 내용을 망라해 인용하고 자기 의견을 보태어 완정한 체재를 갖추었기 때문이다.

결과로 드러난 모든 일에는 원인이 있기 마련이다. 이를 이해하기 위해서는 영남 안동의 유학자 류건휴가 산 시대로 되돌아갈 필요가 있다. 류건휴는 1768년(영조 44년)부터 1826년(순조 26년)까지 약 60년의 시간을 살다간 인물이다. 이 시기 조선 사회가 장차 격변의 역사적 물결로 휩쓸려 들어가게 될 단서를 보여주는 두 가지 사건이 있었다. 하나는 천주교의 전래와 신도수의 급증이었고, 다른 하나는 1811년의 평안도농민항쟁이었다. 두 사건은 비록 별개의 것이지만 누적되어온 조선 사회의 체제적 모순이 초래한 내외의 도전이자 이후 조선 사회의 변화와 해체를 가속시킨 중요한 계기였다.

한국의 천주교는 1779년에 이벽, 권일신, 정약종, 권철신, 이승훈 등 근기남인계 학자들이 참여한 천진암 강학회에서 싹이 텄고, 1784년의 천주교회 창립과 1793년의 주문모 신부의 밀입국을 통한 전교를 계기로 입교하는 신자가 날로 늘어나고 있었다. 그에 따라 천주교 신앙과 유학에 기초한 전통적 가치 및 문화 사이의 갈등이 점증되고 있었다. 사태의 심각성을 인지한 조정에서는 1785년에 천주교를 사교邪敎로 규정하고 금지령을 내렸지만 그치지 않는 천주교인의 증가는 마침내 1801년에 신유박해라는 대대적인 유혈 탄압을 가져오게 되었다.

1811년에 일어난 평안도농민항쟁은 순조 즉위(1800년) 이후 정권을 장악한 안동김씨 세도가의 정치 농단과 삼정 문란이 가져온 부정부패에 지역 차별로 인한 피해의식이 더해져 일어났다. 평안도농민항쟁은 조선 사회에서 내외의 모순으로 인한 고통을 감내해오던 농민들이 중심이 되어 19세기 내내 이어진 피지배 계층에 의한 지항의 시작이었다. 평안도농민항쟁은 이듬해 1월에 정주성 함락으로 실패로 끝났지만 점증하는 내외의 모순은 1862년에 진주를 시작으로 전국으로 번져간 임술농민항쟁, 1894년의 갑오농민전쟁 등을 불러옴으로써 유학을 기반으로 하는 조선 사회를 근본적으로 동요시키는 힘으로 작용했다. 이로써 유학 이념과 조공 체제에 기반한 중국 중심의 천하질서가 붕괴되고 제국주의적 침탈에 따른 내외적 모순이 점증하는 가운데 조선 사회는 봉건과 근대, 동과 서의 경계가 무너지는 대혼란기로 접어들게 된다.

이러한 상황 속에서 밖으로는 서양의 함선이 수시로 출몰해 무력시위를 통해 통상을 요구해 민심은 흉흉했고, 안으로는 연이은 홍수와 지진 등의 천재지변과 전염병의 창궐 등은 세도정치로 인한 백성의 고통을 한층 더 가중시켜 내우외환이 깊어져 가고 있었다. 반면에 조선 사회를 책임져온 유학은 이전까지 조선 사회의 문제 해결에 적절히 대응해 출로를 모색해오던 현실 대응의 역동성을 이미 상실한 채 무기력 속에 형식적이고 형해화된 규범으로 전락해가고, 억압적 체제의 원인으로 간주되어 백성들에게 외면과 원망의 대상이 되어가고 있었다.

이러한 시대적 상황은 주자로부터 퇴계 이황으로 이어져 내려오는 조선 유학 계보의 적전嫡傳을 자부한 류건휴에게는 일대 위기 상황이었다. 그러한 틈새를 파고 들어온 새로운 이단이 당시 그가 목격한 천주학이었다.

원나라와 명나라 때는 또 이른바 천주학이라는 것이 출현했는데, 이 이론은 석씨와 노씨의 찌꺼기를 주워 모은 것으로 지극히 비루해 사람을 속일 정도도 못되었다. 그러나 오늘 서양 오랑캐들이 여기에 의거해 천지를 막고 가리며, 또한 점성, 역학의 교묘한 술책이 인재와 지식계를 현혹하고 남녀의 욕망을 부추겨 순진한 풍속을 억압, 견제하고 있으니 어떻게 우리 도학이 모두 침체해서 없어지지 않는다고 보장하겠는가?[1]

이러한 상황에서 그가 택한 것이 예전 맹자와 주자가 그러했던 것처럼 이단을 배척하고 정학으로서의 유학의 가치를 지키고 드러내는 것이었다. 그는 맹자에 대해 "맹자에 이르러서는 거짓되고 편파적인 학설이 멋대로 일어났기 때문에 의연히 이단을 분변해 동도同道로 회귀토록 하는 것을 자신의 소임으로 삼아서 세상 사람들이 변론을 좋아하는 자로 지목했지만 아랑곳 하지 않았다"고 평가했고, 주자에 대해는 "주자가 이어 나온 뒤에 우리 유학을 더욱 밝혀 그중 숨겨진 뜻을 모두 드러냈고, 불학에 대해서는 그 핵심처를 궁구해 모두 뒤엎고 배와 창자처럼 옹호하던 이론을 제거해 깨끗이 씻어낼 수 있었다"고 평가했다.[2] 그래서 그 역시 유학의 도가 침체되고 사라질 위기인 당시 상황에 분개해 『이학집변』을 짓게 되었음을 밝히고 있다.

『주자대전』과『주자어류』를 보면서 손 가는대로 뽑아 기록하고 또 청란진씨의『학부통변』과 설애첨씨의『이단변정』을 얻어 빠진 데를 보충했다. 그리고 여러 유가의 학설을 그 사이에 부기해 조와 목으로 갈래를 나누어 찾아보

---

1) 『異學集辨』卷1,「異學集辨序」.
2) 앞의 책.

기에 편리하게 하고 과거 문자와 사장학의 폐단을 지적하면서 종결했다.

이로써 내외의 모순으로 인한 사회적 위기에 대한 대응에서 무기력에 빠지고 천주학이라는 새로운 이단학의 대두로 위기에 처한 유학의 가치를 다시 확인하고 정학으로서의 유학의 위상을 확고히 하려는 시도가 『이학집변』 저술로 나타났음을 알 수 있다.

한편 그가 책의 말미에 특별히 '기송사장'을 이학의 하나로 분류해 편입하고 비판한 것에도 주목할 필요가 있다. 이는 과거를 위한 암기 공부와 말단에 해당하는 문장 짓기에 빠져 있던 당대의 유학자들에 대한 비판이자 유학의 본원이 현실의 명리를 구하는 위인지학爲人之學에 있지 않고 내면적 덕성의 함양을 통한 인격의 완성인 위기지학爲己之學, 즉 도학에 있음을 강조하기 위한 것이었다. 특히 과거는 유교적 전통 사회를 구성하는 현실적 사회 제도로서 과거의 급제와 낙방에 따라 사회적 신분과 지위의 쇠락이 갈리기 때문에 사회의 주된 계층인 인재를 상실하고 원기를 소모하는 등 심각한 사회 문제의 근원이었다. 일찍이 이상정은 "과거의 폐해는 양묵과 노불보다 심하다. …… 진실로 세상의 도리를 되돌리려면 과거제도부터 바꿔야 한다"며 과거제가 지닌 폐단을 지적한 바 있다.3) 이러한 기송사장학의 폐해에 대한 비판은 제도 권력으로부터 배제된 지방의 재지사족인 영남남인이 사회문화적 권위를 재정립하고 강화함으로써 현실 권력에 대한 비판적 견제 기능을 하기 위한 것이었다.4)

그러면 그가 도가로부터 천주학에 이르기까지 역사상 다양한 이단

---

3) 『異學集辨』 卷6, 「記誦詞章·論科學之弊」.
4) 박종천, 「조선후기 유교적 벽이단론의 스펙트럼」, 『종교연구』 76집, 20쪽.

유파가 끼친 장애를 변파함으로써 지켜내고 드러내려 한 정학인 유학의 핵심적인 정체성은 무엇이었을까? 즉 그가 계승하고자 한 공자 이래 면면히 이어져온 유학적 도통의 핵심적인 내용은 무엇이었을까? 류건휴는 그것을 자사의 저작인 『중용』에 담긴 "천명지위성天命之謂性, 솔성지위도率性之謂道, 수도지위교修道之謂教"의 가르침으로 제시한다. 그는 하늘의 이치인 원형이정元亨利貞이 사람의 마음에 품부되어 인의예지仁義禮智의 성性으로 갖추어져 있고, 그러한 본성의 덕이 부자유친에서 인민애물仁民愛物, 공경하고 사양하며 시비와 사정邪正을 분별하는 것 등으로 나타난 것이 사람이 추구해야 할 도道라고 보았다. 그런데 현실의 사람은 나면서 품부받은 바가 각기 다르기에 예악형정 등에 의거해 지나치거나 부족한 것을 보완해 도를 실천해 선한 본성을 온전히 실현하도록 해야 한다. 그는 이것이 바로 유학의 핵심적인 가르침이라고 보았다.5)

이는 곧 '천명天命의 성性/솔성率性의 도道/수도修道의 교教'를 유학의 핵심 가치이자 정체성의 근원으로 이해하는 것이다. 실제로 그가 『이학집변』 전편에 걸쳐 도가로부터 기송사장에 이르기까지 다양한 이단에 대한 비판에 일관되게 적용한 잣대가 바로 이것이다. 이는 그가 『이학집변』 서문의 끝에 이르러 앞서 서술한 다양한 이단 비판의 성과를 소개한 후 "여기서 비로소 자사의 『중용』이 과연 도에 나아가기 위한 준칙이라는 사실을 믿을 수 있을 것이다"고 한 데서 분명하게 드러난다.

한편 류건휴의 『이학집변』 저술의 배경에는 이상의 시대적 상황

---

5) 『異學集辨』 卷1, 「異學集辨序」.

외에도 그가 속한 퇴계학파의 일원이자 퇴계학의 적통을 이었다는 학문적 사명감과 자부심이 자리 잡고 있기도 하다. 우선 그는 퇴계 이황의 이단 배척의 시도를 계승하고자 했다. 이황은 독실한 정주학자로서 도불 등 유학 외부의 이단에 대해서는 물론이고 유학 내부의 양명학과 화담 서경덕 계열의 기일원론 사상, 명대의 나흠순의 사상, 원대의 오징 등의 주륙 절충적 견해도 배척했다.6)

또한 그것은 퇴계학파 내 도통의 계승을 둘러싼 양대 문호 간 경쟁의식의 소산이기도 했다. 이황의 학문은 류성룡과 김성일 두 계열로 이어졌고, 이후 양대 문호의 후학들 간에 이황의 도통의 소재를 둘러싼 갈등이 지속적으로 이어졌는데, 이 갈등이 밖으로 드러난 것이 이른바 '병호시비'이다.7) 이 논쟁은 특히 19세기 초에 김성일계인 이상정의 호계서원 추향 문제로 본격화되어 류건휴가 활동하던 당시 이미 갈등이 정점에 이른 상태였다. 이상정이 이황의 적전을 이었다고 생각한 호파 계열 학자들은 퇴계학의 적통을 김성일로부터 이현일을 거쳐 이상정으로 이어지는 계열로 설정하고 이에 의거해 이상정을 퇴계 이황과 그의 양대 제자인 김성일과 류성룡이 배향된 호계서원에 추가적으로 배향할 것을 추진한 것이다. 반면 류성룡을 퇴계 학문의 적전으로 여겼던 병파 계열은 이에 반대 입장을 분명히 함으로써 병호시비가 본격화되었다. 이를 "주자학 내적 문제로 치환해보면 병호시비는 '도통' 문제라고 말할 수 있다."8)

---

6) 김용재, 「퇴계의 양명학 비판에 대한 고찰」, 『양명학』 3집, 26쪽.
7) 병호시비는 퇴계학의 학통이 김성일과 류성룡 중 누구에게 전해졌는지를 두고 양 인물의 후예들이 류성룡 계의 병산서원파와 김성일 계의 호계서원파로 갈라져 벌인 논쟁이다.
8) 이상호, 「류건휴의 『이학집변』에 나타난 영남학파의 양명학 비판」, 『양명학』 24집, 318쪽.

류건휴는 호파 계열인 이상정의 재전 제자이다. 따라서 그는 『이학집변』을 통해 공자-맹자-주자로 이어지는 유학의 도통을 이황이 계승했고, 이황의 학문은 다시 김성일로 이어져 자신이 속한 대산학으로 계승되었음을 강조하고자 했다. 이는 그가 『이학집변』의 선배 학자들의 견해를 소개하면서 류성룡계 인물을 배제하고 오로지 김성일계의 이현일, 이상정 등 선배학자들을 취한 데서 확인할 수 있다. 또한 그의 또 다른 주요 저술인 『계호학적』 역시 이황과 이상정을 하나의 도통으로 연결시킴으로써 퇴계 학통 적전으로서의 김성일계의 위상을 확고히 하기 위한 노력의 결과이다. 말하자면 그는 『계호학적』을 통해 이황과 이상정의 저술의 핵심을 요약 정리해 퇴계학으로부터 대산학으로 이어지는 사상적 계보를 확정하고 『이학집변』을 통해서는 각종 이단의 학문에 대한 변증을 통해 정통으로서의 유학의 지위를 확인함으로써 대산학을 대산-학봉-퇴계-정주-맹자-자사-공자로 소급해 정통성의 연원을 확정하는 동시에 퇴계학파 내 서애계의 학문과도 차별되는 정통적 학문으로서의 정체성을 확정하려 한 것이다.

이처럼 류건휴의 『이학집변』 저술에는 당시의 시대적 혼란상에서 노정된 도학의 정통적 지위의 동요에다 퇴계학파 내 도통을 둘러싼 경쟁의식이 배경으로 자리 잡고 있었다.

2 ___ 유학사에 나타난 정통 확립과 이단 배척

『이학집변』은 주자학적 도통론에 입각해 이단 혹은 이학을 비판하고 있는데, 도통론은 유학의 창시자인 공자로 거슬러 올라갈 정도로 유래가 유구하다. 유학사에서 도통론이란 공맹을 통해 내려오는 가르침의 전수 계통에 관한 학설을 의미하는 것으로, 전통적으로 도통은 한 학문을 종통과 방계 또는 정통과 이단으로 구분 짓는 근거로 사용되어 왔다. 유학사에 나타난 대표적인 도통론으로는 맹자와 한유 그리고 남송 대의 도학, 특히 주자학의 도통론을 들 수 있다.

유학사에서 도통론의 시단을 연 인물은 공자이다. 공자는 비록 도통이란 단어를 직접 언급하지는 않았지만 『논어』에서 요, 순, 우가 서로 천명을 전했음을 누차 언급함으로써 유학적 도통론의 논의를 열었다. 특히 『논어』「요왈堯曰」에서는 『상서尙書』「대우모大禹謨」의 '윤집궐중允執厥中'을 인용한 '윤집기중允執其中'을 요에서 순에게로 건네진 가르침의 핵심으로 간주하고 있다. 이후 공자의 후학들은 그것을 포함한 「대우모」의 해당 구절 16자를 '십육자심전十六字心傳'이라며 유학의 역대 성인들이 '심법心法'으로 전수한 도통의 핵심 내용으로 여겼다. 공자는 『논어』의 다른 여러 곳에서 요순에 이어 유학의 도를 이어 계승해 실천한 인물로 탕, 문, 무, 주공을 거듭 언급함으로써 요, 순, 우, 탕, 문, 무, 주공으로 이어지는 유학적 도통론의 계보를 최초로 제시했다.

또한 공자는 이전 성인들의 가르침에서 유학의 전승 계보를 확정하는 한편 그것과 다르거나 벗어난 것을 '이단異端'이란 말로 규정한 바 있다.9) 공자가 이단으로 규정한 대상이 무엇인지에 관해서는 다양한 해석이 존재하지만 공자는 이러한 일련의 언급을 통해 춘추시대에서 전국시대까지 명멸한 다양한 사상 유파 중에서 유학을 별도의 하나의 독립적 흐름으로 규정하고 여타의 유파를 이단으로 규정함으로써 자신이 계승한 유학에 정체성을 부여했다.

---

9) 『論語』「爲政」. "攻乎異端斯害也已."

공자가 유학을 하나의 독립적 계보로 규정해 정체성을 정립하는 동시에 정통성을 부여했다면, 공자를 계승하려 한 맹자는 이를 한층 더 분명히 했다. 맹자의 시대는 공자의 달리 제가백가라는 다양한 사상 유파의 경합 와중에 유학이 위기에 처한 때였다. 이러한 위기 상황에서 위도衛道를 자임한 맹자는 유학적 도통을 더욱 확고히 함으로써 본격적인 유학적 도통론을 확정하게 되었다. 맹자는 요순으로부터 전해진 도통의 계보를 이렇게 제시한다.

> 요순으로부터 탕왕에 이르기까지 5백여 년이니, 우왕과 고요는 직접 보고서 알았고, 탕왕은 들어서 아셨다. 탕왕으로부터 문왕에 이르기까지 5백여 년이니, 이윤과 내주는 직접 보고서 알았고, 문왕은 들어서 아셨다. 문왕으로부터 공자에 이르기까지가 5백여 년이니, 태공망과 산의생은 직접 보고서 알았고, 공자는 들어서 아셨다. 공자로부터 아래로 오늘에 이르기까지가 백여 년이니, 성인의 세대와의 거리가 이와 같이 멀지 않으며, 성인이 거주하신 곳과 가까움이 이와 같이 심하되, 그런데도 아무것도 없으니, 그렇다면 또한 아무것도 없겠구나!10)

여기서 맹자는 유학적 도통의 전수 맥락, 도를 전해온 방식, 도통의 계승에 관한 자신의 책임의식 등을 피력하고 있다. 맹자는 요순의 도의 핵심 내용과 관련해 "요순의 도는 효제孝弟일 따름이다"11)라고 한 바

---

10) 『孟子』「盡心下」. "孟子曰, '由堯舜至於湯, 五百餘歲, 若禹皐陶, 則見而知之, 若湯, 則聞而知之. 由湯至於文王, 五百有餘歲, 若伊尹萊朱則見而知之, 若文王則聞而知之. 由文王至於孔子, 五百有餘歲, 若太公望散宜生則見而知之, 若孔子則聞而知之. 由孔子而來至於今, 百有餘歲, 去聖人之世, 若此其未遠也, 近聖人之居, 若此其甚也, 然而無有乎爾, 則亦無有乎爾.'"
11) 『孟子』「告子下」. "堯舜之道, 孝弟而已矣."

있고, 공자의 도에 대해선 인의를 핵심 사상으로 제시한 바 있다. 이를 통해 그가 계승하고자 한 유학적 도가 효제와 인의임을 알 수 있다. 그는 또한 성선의 가르침을 요순의 핵심으로 제시하고 "대저 도는 하나일 따름이다"12)라고 주장한 바 있다. 이로서 맹자는 성신이라는 도덕적 본성의 선험성에 의거해 효제의 실천을 통해 인의를 실현하는 것이 요순에서 공자로 이어지는 유학적 도의 핵심임을 제시한 것이다. 맹자는 이를 기준으로 정통과 이단을 구분하고 이단에 대한 배척을 수행하는데, 당시 그가 유학의 도를 위협하는 중요한 대상인 이단으로 여겼던 양주와 묵적에 대한 비판이 그것을 잘 보여준다.

> 성왕이 나오지 아니해 제후가 방자하며 초야의 선비들이 멋대로 의논해 양주와 묵적의 말이 천하에 가득해, 천하의 말이 양주에게 돌아가지 않으면 묵적에게 돌아간다. 양주가 자신만을 위하는 것은 군주가 없는 것이요, 묵적이 똑같이 사랑하는 것은 아버지가 없는 것이니, 아버지가 없고 군주가 없으면 이는 금수이다. …… 양주와 묵적의 도가 그치지 않으면 공자의 도가 드러나지 못할 것이니, 이는 사특한 학설이 백성을 속여 인의를 틀어막는 것이다. 인의가 막히면 짐승을 내몰아 사람을 잡아먹게 하다가 사람들이 장차 서로 잡아먹게 될 것이다. 내가 그 때문에 두려워해 선성의 도를 보호해 양주와 묵적을 막으며 사특한 말을 추방해 사특한 학설이 나오지 못하게 하려는 것이다. 사특한 학설은 그 마음에서 나와 그 일에 해를 끼치며, 그 일에서 나와 정사에 해를 끼치니, 성인이 다시 나와도 내 말을 바꾸지 않으실 것이다.13)

---

12) 『孟子』「滕文公上」, "滕文公爲世子, 將之楚, 過宋而見孟子. 孟子道性善, 言必稱堯舜. 世子自楚反復見孟子. 孟子曰, '世子疑吾言乎? 夫道一而已矣.'"

맹자에 의하면 양주는 나만을 위하는 것爲我을 주장해 한 터럭을 뽑아 천하가 이롭다 하더라도 하지 않고, 묵자는 차별 없는 사랑兼愛를 주장해 이마가 닳고 발꿈치가 헤지더라도 천하에 이롭다면 한다고 했다.14) 맹자는 두 사람의 그런 위아와 겸애 사상을 '무부무군'의 가르침이라고 비판했다. 맹자가 이처럼 묵자의 겸애의 가르침을 비판하고 이단으로 규정한 것은 친친親親의 본질인 효제가 혈연에 따른 내면적 도덕적 본성의 자연스런 발현임을 전제한 것이다. 친친의 도리를 미루어 사회적 관계로 확장해 나가는 것이 맹자가 설정한 유학적 도덕 실천 방법론의 기본 구상이었다.15) 그런데 맹자가 보기에 묵자가 자신의 어버이와 다른 이의 어버이에 대한 차별 없는 사랑인 겸애를 주장하는 것은 유학의 혈연적 윤리에 대한 부정이고 어버이를 부정하는無父 것이다. 양주가 주장하는 위아 역시 혈연적 윤리를 혈연적 범위를 넘어서 사회적 관계로 확장해나가는 것을 반대함으로써 결과적으로 가장 중요한 사회적 윤리의 적용 대상인 임금의 존재를 부정한다는無君 것이다.

이처럼 맹자는 양주와 묵적의 위아와 겸애가 혈연적·사회적 윤리의 핵심인 효제에 기초한 인의의 가르침을 부정함으로써 사회질서를 와해시키고 만인 대 만인 간의 투쟁 상태로 빠뜨릴 위험을 경계한 것이다.

13) 『孟子』「滕文公下」. "聖王不作, 諸侯放恣, 處士橫議, 楊朱墨翟之言盈天下, 天下之言, 不歸楊, 則歸墨. 楊氏爲我, 是無君也, 墨氏兼愛, 是無父也. 無父無君, 是禽獸也. …… 楊墨之道不息, 孔子之道不著, 是邪說誣民, 充塞仁義也. 仁義充塞, 則率獸食人, 人將相食. 吾爲此懼, 閑先聖之道, 距楊墨, 放淫辭, 邪說者不得作. 作於其心, 害於其事, 作於其事, 害於其政. 聖人復起, 不易吾言矣."
14) 『孟子』「盡心上」. "孟子曰, 楊子取爲我, 拔一毛而利天下, 不爲也. 墨子兼愛, 磨頂放踵利天下爲之."
15) 『孟子』「梁惠王上」. "老吾老, 以及人之老, 幼吾幼, 以及人之幼, 天下可運於掌."

맹자는 당시 성행하던 양주와 묵적에 대한 비판을 통해 유학적 도통의 핵심을 다시 확인하고 이를 계승하고 수호하는 것을 통해 유학적 가치에 기초한 인간관계를 재정립하려 했던 것이다.

맹자 이후 진, 한을 거쳐 위진남북조 시대 그리고 수와 낭을 거쳐 송까지 천여 년 동안 중국 사상계는 도교와 불교가 성행하고 상대적으로 유학은 침체를 면치 못했다. 그러한 상황에서 나타나 맹자의 도통론과 이단 비판 정신을 계승한 대표적인 인물이 당나라 말의 유학자 한유였다. 한유는 성인의 도가 전해진 도통의 계보를 이렇게 정리한다.

> 요는 도를 순에게 전했고, 순을 이것을 우에게 전했으며, 우는 이것을 탕에게 전했고, 탕은 이것을 문, 무, 주공에게 전했으며, 문, 무, 주공은 이것을 공자에게 전했고, 공자는 이것을 맹자에게 전했다. 맹자가 죽은 후에는 도가 전해지지 않았다.16)

한유는 또한 "맹자의 도는 자사에게서, 자사의 도는 증자에게서 나왔다"17)고 밝힘으로써 요, 순, 우, 탕, 문, 무, 주공, 공, 맹으로 이어지는 유학의 도통을 밝혔다.

> 요 임금은 이것을 순 임금에게 전했고, 순 임금은 이것을 우 임금에게 전했으며, 우 임금은 이것을 탕왕에게 전했고, 탕왕은 이것을 문왕, 무왕, 주공에게 전했으며, 문왕, 무왕, 주공은 그것을 공자에게 전했고 공자는 이것을

---

16) 『韓昌黎文集校注』 卷11, 「原道」. "堯以是傳之舜, 舜以是傳之禹, 禹以是傳之湯, 湯以是傳之文武周公, 文武周公傳之孔子, 孔子傳之孟軻, 軻之死, 不得其傳焉."
17) 『韓愈散文選·送王塤秀才序』. "孟軻師子思, 子思之學, 蓋出於曾子."

맹자에게 전했는데, 맹자가 죽자 이것이 전해지지 않게 되었다.18)

이처럼 그는 공자 이후의 도통의 계보를 다시 공자→증자→자사→맹자로 정리하고 맹자의 이단 배척을 계승해 유학의 도를 새롭게 떨치는 한편 "올바른 선왕의 도가 나로 말미암아 얼마간이라도 전해지게 된다면 비록 죽어 없어진다 하더라도 절대로 한이 되지 않을 것"19)이라면서 맹자 이래 끊긴 도통을 잇겠다는 사명을 천명했다.

맹자가 유학의 도를 해친다고 해서 배척하려 한 주된 대상인 이단이 양주와 묵적이었다면, 당나라 말기 한유가 유학의 위협 세력으로 간주한 이단은 도교와 불교였다. 한대에 전래된 불교는 중국의 도가와 유학의 사유를 수용해 중국적 불교로 확고히 자리 잡았고, 도교는 당 왕조의 지원 아래 불교와 함께 사상계는 물론이고 당시 사람들의 일상생활에 막대한 영향을 미치고 있었기 때문이다. 그러한 상황 속에서 한유는 도교와 불교를 넘어선 유학의 부흥을 위해 맹자를 계승해 도통론을 확립하고 도교와 불교를 이단으로 배척함으로써 유가의 도를 시행하려고 했다.20)

한유 도통론의 특징은 요순부터 주공까지의 계보를 공자와 연결해 성왕聖王의 계보와 성인聖人의 계보를 결합하는 통일적인 도통의 계보를 제시하고, 그 계승자로 맹자를 지목해 맹자를 도통의 계보에 새롭게 편입시킨 데 있었다. 한유는 맹자에 대해 "공자 사후 뭇 제자들에게 책

---

18) 『韓愈散文選·原道』. "堯以是傳之舜, 舜以是傳之禹, 禹以是傳之湯, 湯以是傳之文武周公, 文武周公傳之孔子, 孔子傳之孟軻. 軻之死, 不得其傳焉."
19) 『韓愈散文選·與孟尙書書』. "雖然使其由愈而粗傳, 雖滅死萬萬無恨."
20) 한정길, 「유학에서의 정통과 이단 - 주자학적 도통론에 대한 양명학의 대응을 중심으로」, 『율곡사상연구』 21집, 73쪽.

이 없었던 것은 아니나 오직 맹자의 전승만이 종주를 얻었다"21)고 평가하는 등 당시 맹자 존숭 사조의 한 전형을 보여준다.22) 한유의 이단 배척과 도통의 재정비를 통한 유학에의 기여를 역사는 이렇게 평가하고 있다.

> 진나라에서 수나라에 이르기까지 노자와 불교가 두드러지게 유행해 성인의 도는 허리띠와 같이 겨우 끊어지지 않을 정도였다. 여러 유학자가 천하의 정의를 내버려두고 괴상한 신을 도왔다. 한유가 홀로 이것을 탄식해 성인을 인용해온 세계의 미혹함과 다투었다. …… 옛날 맹자가 양주와 묵적을 물리친 것은 공자와의 거리가 겨우 2백년이었는데, 한유가 노자와 불교를 배척한 것은 그 거리가 천여 년이나 되었다. 혼란을 뿌리 뽑고 바른 데로 돌이키니, 그 공로는 맹자와 나란하지만 힘은 두 배가 들었다.23)

한유가 이해한 유가의 도는 부자 간의 정리와 군신 간의 의리인 인의로 대표되는 도덕 원칙과 윤리적 질서이고, 『시경』, 『서경』, 『역경』, 『춘추』 그리고 사서로 전개되는 경전 체계이며, 의식주의 측면에서 표현되는 중국적 생활 형태였다.24) 한유의 이러한 유학적 도통론에 입각한 이단 배척은 신유학인 송 대의 성리학의 탄생에 중요한 기여를 하게 되었다.

---

21) 『韓昌黎文集校注』, 「送王塤秀才序」. "自孔子沒, 羣弟子莫不有書, 獨孟軻氏之傳得其宗."
22) 임명희, 「당송 시기 도통 내용의 전환」, 『한국철학논집』 36집, 296~297쪽.
23) 『新唐書』 卷176. "自晉訖隋, 老佛顯行, 聖道不斷如帶. 諸儒倚天下正義, 助爲怪神. 愈獨喟然引聖, 爭四海之惑 …… 訕昔孟軻距楊墨, 去孔子才二百年. 愈排二家, 乃去千餘歲. 撥亂反正, 功與齊而力倍之, 所以過況雄爲不少矣."
24) 한정길, 「유학에서의 정통과 이단」, 『율곡사상연구』 21집, 74쪽.

남송 대에 이르러 주자는 맹자와 한유, 그리고 북송 대의 도학의 도통론을 계승하는 한편 북송의 주돈이와 장재, 이정二程을 여기에 포함시켜 주자학적 도통론을 확정한다. 주자의 도통관이 잘 드러난 것이『중용장구·서』이다. 여기서 그는 유학적 도통의 계보에 관해 요 임금이 순 임금에게 "진실로 이 중中을 잡으라"는 가르침을 전했고, 순 임금은 우 임금에게 "인심人心은 위태롭고 도심道心은 은미隱微하니, 정밀하게 하고 한결 같이 해 진실로 이 중中을 잡으라"는 가르침을 전했으며, 이후 도통은 탕왕, 문왕, 무왕 같은 군주들과 고요, 이윤伊尹, 부열傅說, 주공, 소공召公 같은 신하들에게 전해졌고, 그것이 다시 공자, 안자, 증자를 거쳐 자사와 맹자에게 이어졌다고 한다.25) 그리고 그는 이러한 유학적 도통의 전수의 매개이자 도통의 핵심을 담고 있는 것으로 사서를 제시했다.

특히 주자는 "두 선생이 공자와 맹자가 돌아가시고 천년 동안 전해지지 않던 도학을 밝히셨다"26)며 맹자 이후 오랫동안 맥이 끊긴 도통이 이정에게 전해졌음을 강조함으로써 한유가 제시한 도통의 계보에 이정을 추가했다. 일찍이 정호程顥는 "내 학문은 비록 받은 것이 있지만 천리天理 두 글자는 도리어 스스로 체득해낸 것이다"27)고 말한 바 있다. 이것은 정도가 새롭게 밝혀낸 도학은 천리를 핵심 내용으로 하고 있음을 의미한다. 주자는 그러한 천리를 중심으로 도통의 핵심 내용을 해석해 "천리를 밝히고 인욕을 제거하는 것"으로 요약한다.28) 천인天

---

25)『朱熹集』卷76,「中庸章句序」.
26)『朱熹集』卷75,「程氏遺書後序」. "以二先生倡明道學于孔孟旣沒千載不傳之後, 可謂盛矣."
27)『程氏外書』卷12. "道菅曰, '學雖有所受, 天理二字却是自家體貼出來.'"
28)『朱子語類』卷12. "孔子所謂克己復禮,『中庸』所謂致中和, 尊德性道問學,『大學』所謂明明德, 書曰, '人心惟危, 道心惟微, 惟精惟一, 允執厥中', 聖賢千言萬語, 只是敎人明天理滅人欲, 天理

人과 내외內外를 관통하는 천리가 주자학적 도학의 핵심 내용이 된 것이다. 이 점은 송 대 이전의 도통론이 인의로 대표되는 인륜성을 유학적 도의 핵심으로 이해한 것과 비교할 때 특징적이다.29)

주자는 그러한 도통론의 입장에 서서 밖으로는 도교와 불교를 비판하고 유학 내부에서는 소식蘇軾, 여조겸呂祖謙, 진량陳亮, 엽적葉適, 육구연陸九淵 등을 비판한다. 주자는 불교와 관련해 양주와 묵적의 학설은 천박해 사람을 미혹하지 못하지만 불교의 설은 정미해 사람을 동요시키므로 이 설의 폐해가 양주나 묵적보다 훨씬 심하다고 했다. 불교의 실상을 유학과 대비해보면 유학은 실實하지만 불교는 허虛하고 유학은 하나인데 불교는 둘로 나누며, 불교는 사물의 이치를 중요지 않게 여기고 알아내지도 않는다30)고 비판했다. 이는 불교를 허무지도虛無之道로 보고 비현실성을 비판하는 한편 유학이야말로 일용평상의 도道임을 강조한 것이다.

한편 주자는 유학 내부의 여러 유파 중에서도 진량과 엽적으로 대표되는 사공학파事功學派와 육구연으로 대표되는 심학을 대상으로 본격적 논변을 전개한다. 사공학파에 대한 비판은 "육경과 『논어』, 『맹자』를 버리고 역사의 변천史遷을 중시하고, 궁리진성窮理盡性을 버리고 현상의 변화世變를 말하며, 치심수신治心修身을 버리고 사공事功을 좋아하는 것이 학자들의 마음공부에 방해가 된다고 여겼다"31)는 말에서 알 수 있듯이 그들이 도덕 심성 문제를 도외시하고 현실의 공업을 추구

明, 自不消講學."
29) 한정길, 「유학에서의 정통과 이단」, 『율곡사상연구』 21집, 83쪽.
30) 『朱子語類』 卷115. "釋氏虛, 吾儒實. 釋氏二, 吾儒一. 釋氏以事理爲不緊要而不理會."
31) 王懋宏, 『朱子年譜』 「十一年甲辰」.

해 밖으로 치닫는 것을 겨냥한 것이다.

주자학의 계승자를 자임한 이황은 주자학적 도통론을 토대로 도불은 물론이고 육왕학 등 유학 내부의 다른 견해를 지닌 학문에 대한 비판과 배척에 가장 많은 노력을 기울인 인물이다. 이황은 조선 성리학의 집대성과 확립의 중심적 인물이라고 할 수 있다. 그것은 그가 주자학적 이론을 종합하고 체계화한 이론적 공적 외에 그러한 입지를 확고하게 하기 위한 정지 작업으로 양명학 등에 대한 비판을 최초로 체계화한 인물이기 때문이다.

그가 도통 문제에 관심을 기울인 것은 시대적 상황과 관련이 있다. 맹자, 한유, 주자 등에서 알 수 있듯이 유학사에서 도통론의 강조는 사회적 혼란과 그로 인한 유학의 사상적 위기 상황에서 느끼는 우환 의식의 소산이었다. 이황이 산 시대도 그러했다. 당시는 기묘사화와 을사사회로 인해 정치적으로나 사회적으로 혼란하고 그러한 와중에 불교 중흥의 기운이 일어나 도학이 위기에 처한 상황이었다. 그런 그의 시선에서 볼 때 불교 선학의 요소가 다분한 육왕 계열의 학문은 반드시 비판하고 극복해야 할 대상이었다. 이황은 그러한 비판적 극복을 통해 주자학적 도통관에 의거해 유학의 정체성을 확인하고 옹호하는 것을 소명으로 생각했다. 그가 조선 유학사상 양명학에 대한 최초의 본격적 비판서인 『전습록논변』을 저술하고 문집 도처에서 육왕에 대한 비판을 시도한 것은 그러한 도통의식에서 기인한 것이었다.

퇴계학파의 후예인 류건휴의 『이학집변』 저술은 정학인 주자학과 퇴계학이 위협당하고 있던 당시 상황에서 멀리는 맹자와 한유의 우환 의식과 위도에의 소명을 계승하고, 가까이는 큰 스승이던 이황의 이단 배척 작업을 계승하고자 한 문호 의식의 발로였다.

앞서 살펴본 대로 유학사에서 정통과 이단과 이학에 관한 논쟁은 비판 대상에 따라 크게 두 가지로 분류할 수 있다. 하나는 유학을 정통으로 간주하는 입장에서 유학 이외의 학문들을 이단으로 비판하는 경우이다. 이의 대표적인 사례로서 묵적과 양주에 대한 맹자의 비판, 도교와 불교에 대한 송 대의 유학자들의 비판을 들 수 있다. 이들의 비판은 이단에 대비되는 유학의 정체성을 확립함으로써 현실 세계에 대한 유학의 영향력을 확장하려는 시도였다. 이 경우에는 세계관과 방법론을 전혀 달리하는 대상을 향해 자신의 세계관과 방법론의 정당성을 전제해 상대의 학문을 이단으로 규정하고 적용하는 비판이기에 객관적인 학문 논쟁이라고 보기 어렵다.

다른 하나는 유학 내부에서 전개된 정통과 이단 논쟁이다. 대표적인 사례로는 맹자에 대한 순자의 비판, 정주리학과 육왕심학 사이의 논쟁이 있다. 이 논쟁은 공자를 통해 내려오는 유학의 근본 가르침에 대한 이해의 차이에서 기인하며, 현실에 대한 유가의 영향력이 이미 확보된 상황에서 현실을 구제하기 위한 방안을 학문적으로 뒷받침하는 논쟁의 성격을 띤다.

여기서 검토하려는 『이학집변』의 육학과 왕학 비판은 유학 내부 논쟁이라고 할 수 있는데, 정확히 말하면 상호 논쟁이라기보다는 주자학적 입장에 선 육왕학 비판과 배척이다. 비록 명시적으로 '이단'으로 규정하지 않지만 양자의 공부 방법론을 핵심으로 한 서로 다른 입장으로 인해 육왕학이 이단인 불학에 빠져들어 도통으로 전해져오는 유학의 고유한 공부의 필요성을 부정한다는 생각에서 그러한 배척적 태도를 취하고 있는 것이다.

이러한 현상은 주자학과 육왕학이 일정한 긴장을 유지하면서 어우러진 중국의 상황과 달리 성리학 중에서도 주자학만을 정통 학문으로 인정하고 통치 이념으로 적용하고자 한 조선에서 특히 심하게 나타났다. 조선의 경우 이황이 양명학을 이단으로 배척한 이후 수많은 주자학자들이 상산학과 양명학을 이단으로 간주했다. 『이학집변』은 그러한 이황의 육왕학 비판을 수용하면서 이황 당시 전래된 『학부통변』의 육왕학 비판의 성과, 대산학파 내부의 이론적 탐색의 성과 등을 종합해 반영한 것이다. 그런 점에서 『이학집변』은 퇴계 이래 한국유학사의 이단 배척을 집대성한 저작이라고 할 수 있다.

3 ___ 인간 완성의 길을 향한 주자와 육왕의 엇갈린 시선

『이학집변』의 육학과 왕학 비판은 인간 완성의 방법을 둘러싼 유학 내부의 주자학적 입장에서의 비판이다. 그런데 여기서 문제는 『이학집변』에 나타난 육왕학 비판 내용의 대부분이 조선 유학 혹은 퇴계학파의 고유한 논지라기보다는 주자학의 그것을 계승하고 있다는 점이다. 즉 『이학집변』의 해당 부분 내용을 들여다보면 편찬자의 개인적 견해를 담은 내용은 전체 분량 상 많지 않고 대부분 선현들의 견해를 인용하고 있는데, 그중에서도 퇴계학파 내 선배학자들의 견해를 부분적으로 인용하는 것을 제외하고는 대부분 남송 이래 주자학파의 육왕학에 관한 입장을 수용하고 있다.

따라서 『이학집변』의 육왕학 비판을 이해하기 위해서는 이를 유학사 전체에서 나타나는 정통과 이단관의 사상적 배경, 주자학적 문제의식의 전개 속에서 고찰하고 부분적으로 조선의 퇴계학파 혹은 퇴계학파 후학인 저자의 관점이 지닌 지점에서 파악해야 한다. 그것은 이 책의 사상적 배경이 된 송 대의 주자학에 이르러 확정된 유학적 도통관, 주자학의 육왕학 비판에 대한 선행적 검토가 필요함을 의미한다. 이미 앞서 유학의 도통론의 역사적 전개에 대한 내용은 검토한 바 있으므로 여기서는 『이학집변』의 육왕학 비판에 지대한 영향을 준 주자학의 육왕학 학문 방법론에 대한 비판적 시선을 주희와 육구연의 논변을 중심으로 살펴보기로 한다.32)

주희와 육구연은 송명리학의 두 봉우리로서 이정 이래 송명리학을 서로 다른 방향으로 이끌어간 인물들이다. 유학사에서 일반적으로 주희 사상을 언급할 때면 성즉리性卽理의 입장에서 도문학道問學을 중시한 리학理學으로 지칭하고 육구연의 사상을 심즉리心卽理의 입장에서 존덕성尊德性을 강조한 심학心學이라고 한다. 특히 공부 방법론 상의 양자의 사상적 차별성을 언급할 때는 '존덕성'과 '도문학'이 주된 기준으로 사용되어 왔다. 주희와 육구연에 대한 황종희의 다음과 같은 언급은 그 대표적인 견해이다.

> 육구연의 학문은 존덕성을 종지로 삼았는데, "먼저 근본을 세우고 나면 하늘이 나에게 부여한 바가 작은 것에 의해 빼앗기지 않는다. 진정 본체를 밝히지 않고 밖으로 모색하려는 노력만 한다면 그것은 근원이 없는 물과 같은 것이다"고 했다. 주희의 학문은 도문학을 주로 했는데, "격물궁리格物窮理는 바로 성인의 경지로 들어가는 계단이다. 그런데도 심心이 옳다는 것을 믿고

---

32) 이하 내용은 박경환의 「주자학적 도학의 완성과 사상적 도전들」(『역사속의 중국철학』, 예문서원, 1995)과 「공부방법론으로서의 존덕성과 도문학」(『논쟁으로 보는 중국철학』, 예문서원, 1994)의 내용 중 주희와 육구연의 인간 완성에 이르는 공부 방법론을 둘러싼 견해를 중심으로 정리한 것이다.

오직 사색에만 몰두한다면 이것은 심의 작용을 섬기는 것이다"고 했다.33)

주희 사후 40여년 만에 남송에서 양자의 사상을 절충하려는 주륙화회설朱陸和會說이 대두되고 명대에 이르러서는 왕수인의 「주자만년정론朱子晚年定論」으로 대표되는 '조이만동설早異晚同說'34)이 유행하게 되었는데, 이러한 논의의 주된 준거가 된 개념 역시 존덕성과 도문학이었다.

주희와 육구연의 학문을 가르는 주된 기준이 되는 존덕성과 도문학의 공부 방법론을 중심으로 전개된 논쟁이 바로 두 사람이 여조겸呂祖謙의 주선으로 아호사鵝湖寺에서 만나 행한 학술 토론인 '아호논쟁'이었다.35) 아호논쟁은 유학에서의 인간 완성의 길, 즉 공부 방법론을 둘러싸고 주희와 육구연 사이에 존재하는 이견을 확인하는 계기가 되었고, 이는 이후 주자학과 육왕학의 분기를 가져왔다. 따라서 주희와 육구연 간의 아호논쟁을 통해 우리는 남송 성리학 양대 학파의 이론적 특징을 분명히 이해할 수 있으며, 나아가 이후 그들의 후학들에 의해 전개된 주자학과 상산학, 나아가 주자학과 양명학의 상호 길항 관계를 바

---

33) 『宋元學案』 卷58.
34) 조이만동설이란 주희와 육구연의 사상이 초기에는 차이가 있었지만 만년에 가서 주희가 육구연의 사상에 접근함으로써 결과적으로 같아지게 되었다고 보는 견해이다. 이를 최초로 제기한 사람은 조방趙方으로 아호논쟁 직후 주희가 항평부項平父에게 보낸 서신 속에 들어 있는 "단점을 없애고 장점을 취한다去短集長"는 구절을 들어 주희가 도문학에 치중했던 입장을 수정해 육구연과 같은 존덕성 중시 입장으로 선회했다는 주장의 논거로 제시했다.
35) 아호논쟁은 아호사에서 주희와 육구연이 직접 만나 공부 방법을 둘러싸고 행한 토론과 이후 서신을 통해 동일한 주제에 대해 행한 양자의 논쟁을 모두 포함해서 말하는 것이다. 아호사의 모임은 주륙 간의 이견을 확인하는 계기를 제공했을 뿐이며 본격적인 논쟁은 아호사의 모임 이후에 전개되었다.

르게 이해할 수 있다.

아호논쟁에서 비롯되어 이후 인간의 완성에 이르는 길을 둘러싸고 지속된 논쟁에서 주희에 대한 육구연의 비판은 주로 주희가 채택한 격물치지 중심의 공부 방법을 거냥한 것이었다. 북송오자北宋五子의 매개를 거쳐 맹자의 심성론을 받아들인 주희와 달리 북송오자의 유학적 심성론 상의 정통성을 인정하지 않았던 육구연은 직접 맹자로 소급해 출발함으로써 북송오자에 와서 제기되고 주희에 의해 계승된 격물궁리에 대해 비판적인 태도를 견지했던 것이다.36)

유학사에서 맹자의 사상의 특징은 수기 중심의 내성적 경향의 강화이다. 맹자는 사람은 선험적으로 도덕적 본성인 사단을 부여받은 존재일 뿐만 아니라 그러한 도덕적 본성을 인식할 수 있는 능력인 양지와 양능을 지닌 존재로 이해했다.37) 이처럼 도덕적 인식 능력과 인식 대상이 모두 내면에 갖추어져 있음을 강조할 때 당연히 수기의 공부는 자신의 본성을 찾아가는 내성화의 길로 나아가게 된다. 맹자가 "학문의 방법에 별다른 것이 없다. 풀려 나간 마음을 구하는 것求放心일 따름이다"38)고 한 것은 그러한 의미에서였다. 그러므로 맹자는 "밖에서 빌려 와서 구하지 말고", "안으로 돌이켜 자신에게서 구할 것"을 강조했던 것

---

36) 육구연은 자신의 학문을 "『맹자』를 읽고 자득한 것"으로 내세우며(『象山先生全集』 卷 35, 「語錄」), 주희와 달리 맹자 이후 도가 끊어졌다고 본다. 따라서 그는 주돈이나 정이의 학설에 대해서도 비판적인 언급을 많이 한다(앞의 책. "某舊日伊洛文字不曾看, 近日方看, 見其間多有不是"). 이러한 육구연과 정주 계열 간의 차이에 대해 모종삼은 전자가 맹자의 사상을 통해 역용과 『대학』으로 들어간 반면 후자는 역용과 『대학』을 통해 맹자의 사상을 만난 것으로 인한 것이라고 분석하고 있다.
37) 이는 양지와 양능이라는 개념에 근거해 공자가 예외적인 경우로 말한 '나면서부터 앎을 지닐生而知之' 가능성을 보편적인 인간의 범위로 확대 적용한 것이다.
38) 『孟子』「告子上」.

이다.

수기에 관한 맹자의 방법론은 맹자 사상을 직접 계승한 것을 자임한 육구연에서 동일한 패턴으로 재현된다. "사람의 본심을 밝혀낸다發明人之本心"는 수기에 관한 육구연의 핵심적인 명제와 그것을 실현하는 방법으로 제시한 "먼저 대체를 세우는 것先立乎其大者"39)이 그것이다. 여기서 수기의 공부는 전적으로 내면의 심 차원에서 행해지는 것으로 이해되고, 심을 벗어나 밖으로 나가는 방법은 부정된다.40) 육구연이 수기 중심주의라는 토대를 공유하면서도 주희를 비판한 것은 이 수기의 방법에서 주희가 "심을 벗어나서 밖에서 찾는다"고 보기 때문이다.

아호사 학술 토론의 주제는 존덕성과 도문학의 관계를 중심으로 하는 공부 방법이었다. 존덕성과 도문학은 『중용』에서 유래된 말로 각각 내면적 덕성의 함양과 외물을 대상으로 한 지식의 추구를 가리키는 개념인데, 『중용』에서는 양자를 목적과 방법의 관계로 설명하고 있다. 즉 내면의 덕성을 함양하는 것尊德性은 묻고 배우는 방법을 거쳐야 한다道問學는 것이다.

주희와 육구연은 비록 북송오자의 도통론 상의 정통성에 대해서는 입장을 달리하지만 맹자의 성선론적 인간 이해, 즉 인간을 도덕적 본성을 타고난 존재로 보는 점에서는 일치했다. 따라서 모두 학문의 목적은 도덕적 본성을 실현시켜 내는 데 있다고 보았다. 그것이 이들이 공유한 수기 중심주의라는 사상적 지반이었다. 그들의 분기는 도덕적 본성에 대한 존재론적 이해와 도덕적 본성의 실현 방법에서 비롯되었다.

『중용』을 중시한 북송의 도학을 계승한 주희의 방법은 이러한 『중

39) 『象山先生全集』 卷34, 「語錄」.
40) 같은 책, 卷5, 「與舒書美」.

용』본연의 존덕성과 도문학의 관계에 대한 규정에 충실함으로써 도문학의 필요성을 강조한 반면, 맹자의 내성적 학문을 계승한 육구연은 내면의 덕성 함양에 대한 도문학의 기여를 인정하지 않는다. 이들의 이러한 입장차는 격물궁리에 대한 이해에서 두드러지게 나타난다.

주희에게서 수기의 공부인 존덕성의 공부는 반드시 도문학의 과정을 필요로 한다. 그것을 『대학』의 용어로 말하면 격물과 치지이다. 주희에게서 존덕성이 도문학의 과정을 거쳐야 한다는 것은 곧 치지가 격물 과정을 거쳐야 한다는 의미이다. 주희는 그의 '성즉리性卽理'라는 명제에서 보듯이 리理가 인간의 본성으로 내재화되어 있음을 인정한다. 그러나 그가 말하는 성은 인성만 의미하는 것이 아니라 인간을 포함한 현상의 모든 존재의 본성을 포함하는 개념이다. 즉 리는 인간의 내면에서 본성을 구성할 뿐만 아니라 외부의 모든 사물에도 그러한 원리로 실현되어 있다. 그것이 이른바 '리일분수理一分殊'의 의미이다. 따라서 격물은 이러한 사물을 대상으로 해서 그것에 구현된 리를 궁구해내는 것이다.41)

육구연 역시 격물 자체의 필요성은 인정한다. 그는 명덕明德을 천하에 밝히는 것이 『대학』의 목표라면 격물치지는 그것의 착수처라고 본다.42) 그러나 격물에 대한 육구연의 이해는 다음과 같은 두 가지 점에서 주희와 달랐다.

첫째, 육구연은 사사물물事事物物을 대상으로 해서 리를 궁구해야 하며, 따라서 오랜 시간에 걸친 점차적인 격물의 누적 과정이 필요하다고 본 주희와 달리 개별 사물을 대상으로 한 격물의 누적을 부정했다.

---

41) 『朱子語類』卷15, 「大學二:經下」.
42) 『象山先生全集』卷21, 「學說」.

그에게서 격물이란 외부의 사물에 나아가서 사사물물의 리를 궁구하고 그것을 누적해가는 것이 아니라 이른바 '지극한 하나至一處'43)에로 곧장 나아가 리를 궁구하는 것이었다. 그의 '심즉리心卽理' 명제에 입각할 때 '지극한 하나'란 곧 심心을 의미했다. 바로 여기서 격물은 내면의 심을 대상으로 한 공부로 전환되게 되었다.

둘째, 이처럼 격물이 내면의 심을 대상으로 한 공부로 전환됨으로써 육구연에게서 격물은 심이 지닌 본래적 능력을 가로막는 욕망을 덜어내는減擔 공부라는 의미를 갖게 되었다.44) 그는 본래 밖으로 향하는 공부를 의미하는 개념인 『대학』의 격물 개념을 자신의 체계 안에 수용하되 이를 내면화의 길, 즉 곧 내면적 사유反思의 길로 전환시킨 것이다. 육구연은 이를 이렇게 설명한다.

> 의리가 사람의 심心에 있는 것은 타고난 것이어서 없앨 수 없다. 외물에 가리워서 리와 의를 거스르는 데 이르는 것은 대체로 사유하지 않기 때문이다. 진실로 내면으로 돌이켜 사유反思한다면 시비是非를 취하고 버리는 작용이 생겨나고 확연히 밝아져서 아무런 의심이 없게 된다.45)

결국 육구연에게서 격물궁리란 내면적 반성의 공부이며 외물에 의한 가려짐을 제거해 타고난 심의 능력을 온전히 실현시켜 내는 것이었다. 육구연이 주희에 대해 '심을 벗어나서 밖에서 찾는다'고 비판한 것

---

43) 같은 책, 卷35, 「語錄」.
44) 앞의 책. 여기서 제시된 또 다른 표현인 '박락剝落'("人心有病, 須是剝落, 剝落一番, 卽一番淸明") 역시 '감담減擔'과 동일한 의미이다.
45) 같은 책 권32, 「拾遺」.

은, 주희가 존덕성의 필수 조건으로 끌어들인 도문학 즉 격물이 '외부 사물을 대상으로 한 리의 궁구'를 의미하는 것이었기 때문이다.

존덕성과 도문학의 관계에 관한 주희와 육구연의 대립은 심과 성 그리고 리 범주 사이의 관계에 대한 차별적 이해에서 기인한 것이었다. 즉 존덕성과 도문학의 관계에 대해 존덕성을 궁극적 목표로 설정하는 점에서는 일치했지만 그것을 어떻게 실현할 것인가 하는 문제에서는 다른 이해에 근거해 다른 길을 걸었던 것이다.

주희의 경우 '성즉리'를 전제로 성과 리를 동일시하고 이를 심과 구분했다. 즉 심 속의 성이 리이며 심 외부의 모든 사물에도 그러한 리는 각 사물의 성으로 실현되어 있다고 보았다. 따라서 심의 "전체대용全體大用을 온전히 실현하는" 치지가 곧 존덕성이고, 수기 공부의 궁극적 목표는 거기 있다. 이러한 치지로서의 존덕성에 이르기 위해서는 독서와 강학을 포함한 외부 사물을 대상으로 격물궁리의 공부인 도문학은 필수적이다. 존덕성과 도문학은 서로 불가결한 지향처와 공부, 목적지와 과정의 관계이다. 주희는 지향처가 설정되지 않은 공부가 무의미한 것은 물론이고 공부가 결여된 지향처의 설정도 무의미하다고 본 것이다.

반면 육구연은 '심즉리'를 전제로 심과 성 그리고 리를 동일한 실질의 다른 이름일 뿐인 것으로 본다. 따라서 덕성의 배양을 의미하는 존덕성이 중심적인 관심으로 자리 잡을 경우 심을 떠난 어떤 외부의 사물이나 사물의 리도 관심의 영역 밖으로 물러나고 모든 것은 심을 향한 공부로 귀결되었다. 따라서 육구연에게서 도문학으로서의 격물궁리, 즉 독서나 강학 같은 밖으로 나아가는 공부의 필요성은 약화되기 마련이다. 중요한 것은 모든 사물의 리가 갖추어져 있는 "본심을 밝혀내는" 존덕성으로 귀결된다.

육구연 역시 도학 진영의 일원으로서 『중용』에서 명시적으로 제시되어 있는 도문학을 전적으로 부정하지는 않고 독서나 강학에 대해 긍정하는 언급을 하고 있기는 하다. 육구연의 사상 체계에서 기본적으로 존덕성과 도문학은 근본과 말단, 주와 종 관계에 있다. 그것은 비록 육구연이 주희만큼 중요한 의미를 부여하고 있지는 않지만 도문학 자체를 부정하지는 않고 있음을 말한다. 그러나 이러한 본말과 주종의 구분을 극단적으로 밀고 나갈 때 도문학은 존덕성의 공부로 흡수, 환원되어 설 자리가 없게 된다. "육경이 모두 내 마음에 대한 주석"이라는 그의 파격적 언명이나 격물궁리를 심 위에서 행하는 욕망을 덜어내는減膽 공부로 이해하는 전환은 모두 여기에서 비롯된 것이다.

결국 존덕성과 도문학의 관계에서 육구연은 도문학을 존덕성의 공부로 통일시킨 반면 주희는 양자의 병행을 강조한 것이다. 즉 육구연은 심즉리의 사상을 바탕으로 심과 리 그리고 성의 동일성을 강조함으로써 심에 나아가서 행하는 전체적인 파악 방식인 존덕성의 공부가 중요하지 심 밖으로 나아가 외물과 교섭하는 도문학의 공부는 약화된다. 반면 주희는 성즉리의 사상을 바탕으로 심에 나아가서 행하는 존덕성이 중요하고 궁극적인 것이기는 하지만 심 밖에도 존재하는 사물 속에 체현된 이치의 파악인 도문학 공부가 필수적이며 그 과정은 점차적임을 주장한다.

그런데 주희처럼 리가 나의 내면에도 갖추어져 있고, 사물의 리와 나의 내면의 리가 동일하다46)는 전제를 충실히 따를 경우 덕성의 함양

---

46) 주희는 심과 사물에 대해 심을 인식 주체와 대상으로 구분해서 말하기도 하지만(『朱子大全』 卷32, 「問張敬夫」, "感於物者, 心也") 때로는 심도 하나의 사물로 간주한다. 따라서 후자의 경우 격물 대상은 내부의 심과 외부의 사물을 포괄한다. 그리고 이러한 내외의 사물에

은 전적으로 나의 내면에 본성으로 갖추어져 있는 리를 궁구하기만 하면 된다. 그럼에도 주희가 굳이 외부 사물을 대상을 한 격물궁리를 강조하는 것은 무엇 때문일까?

첫째, 인간의 마음속에는 리가 완전하게 구비되어 있기는 하지만 그것은 기질氣質과 더불어 있으므로 품수한 기질의 제약을 받지 않을 수 없으므로, 그것을 벗어나기 위해서는 외부 사물을 대상으로 한 격물궁리의 공부가 요청된다는 것이다. 격물궁리의 노력이 없으면 기질의 치우침으로 인해 물욕을 추구하는 데 빠져들 수 있고47), 또 일정한 격물궁리의 누적이 없으면 주관적 오류 가능성에서 벗어나지 못하기 때문이다.48) 주희의 다음과 같은 언급 역시 그러한 입장을 반영한 것이다.

> 만약 사물을 접하지 않으면 무엇에 의거해 앎知을 얻을 수 있겠는가? 그런데도 요즈음 사람들 중에는 앎을 지극하게 미루어 나아가려고 하면서도 도리어 사고하기만 하고 전혀 사물 위에서 궁구하지 않는 이가 있다. 이렇게 해서는 끝내 머물 바가 없게 된다.49)

둘째, 그것은 당시 도학 진영에 속하는 학자들의 편향된 공부 방법이 지닌 폐단에 대한 대안의 제시였다. 주희는 당시 도학 진영 내에 도학을 추구한다면서 "나면서부터 최고의 지혜를 지녔다고 자처하고 성

대한 격물 공부의 배당에 대해 "내사內事의 리와 외사外事의 리를 모두 자신이 이해해야 하지만 육칠분六七分은 내면에서 이해하고 사삼분三四分은 외면에서 이해해야 한다"(『朱子語類』卷18,「大學五」)고 설명한다.
47) 『朱文公文集』卷54,「答項平父書五」.
48) 『朱子語類』卷117,「訓門人五」.
49) 같은 책, 卷15,「經下」.

현들이 제시한 배우는 이가 덕을 이루기 위해 들어가야 하는 절실한 절차들을 머리 나쁜 자나 애들이나 배우는 것이라고 무시하고서 성性과 천도天道의 이치를 알았다고 떠드는"50) 학자들이 있음을 인정한다.

도학 내부의 이러한 경향은 강서 지방의 육구연의 심학 계열의 학자들에게서 두드러졌다. 주희가 육구연의 학문에 대해 '선禪'으로 빠졌다거나 '(내면에) 치우쳤다'고 비판하는51) 것은 바로 곧장 내면의 심으로만 나아가고 외부의 사물을 대상으로 한 단계적인 공부의 필요성을 배제하는 방법을 겨냥한 것이었다. 그것은 곧 육구연의 "마음을 떠나서는 리도 없고 사물도 없다"는 식으로 내성화의 경향을 극단화했을 때 초래될 수 있는 폐단을 막고 객관 세계와의 소통 가능성을 열어놓으려는 것이었다. 그리고 거기서 주희가 채택한 방법적 장치가 바로 격물궁리였던 것이다.

그렇게 본다면 육구연에 대한 주희의 대응의 핵심은 객관 세계와 이 세계의 사물들 속에 담긴 진리, 즉 리의 객관적 존재를 긍정해야 한다는 것이었다. 그렇지 않고 극단적 내성화의 길로 나아가 일체의 진리를 내면의 마음으로 귀속시킬 경우 필연적으로 사회를 지탱하는 상하와 존비 그리고 귀천의 위계질서를 포함한 일체의 사회적 규범은 물론이고 유학의 경전이나 성인 등 나의 세계 밖에 있는 객관 사물들이 지닌 진리성과 권위조차도 부정하는 데 이르게 되기 때문이다. 주희가 보기에 그것은 일찍이 맹자가 비판한 양주와 묵적의 무군무부의 잘못에 빠지는 길이고, 불교가 초래한 세간의 인간관계에 기초한 인륜의 필요성을 부정하는 데로 빠지는 길이다. 그리고 그것은 궁극적으로 요순 이

---

50) 『朱文公文集』 卷38, 「答林謙之」.
51) 『朱子語類』의 卷122, 卷123에 이러한 표현이 보인다.

래 천명과 사람의 본성의 관계를 전제로 인간의 선한 본성의 선험성과 아울러 후천적 공부의 노력을 통해 그것을 실현하고 실천해야 한다는 가르침을 전해온 유학의 도통에 대한 부정이기도 하다. 따라서 주희는 육구연의 비판에 대해 외부 세계의 사물들에는 진리理가 관철되어 있으므로 그것을 인식해내고 학습하며 그것이 마땅한 진리인 이상 그에 따르는 것이 인간의 완성과 그를 통한 이상 사회 실현의 길임을 강조한다. 그것은 수기 중심주의를 견지하되 외부 세계와의 소통을 시도하고자 하는 것으로, 이것이 바로 그의 전체 사상에 일관된 합내외合內外의 경향으로 나타나게 된다.

이후 조선의 퇴계학파를 포함해 주자학파 내에서의 육왕 비판은 바로 그러한 유학적 도통관과 합내외의 방법론에 입각해 상산학과 양명학이 독서를 포함해 외부의 일과 사물 상에서 이치를 궁구하는 격물궁리에 대한 공부의 중요성을 간과하거나 부정하는 측면을 겨냥했다. 따라서 주자학파의 학자들은 육왕학의 본질이 밖으로는 유학을 표방하지만 본질은 불교의 선에 빠졌고, 따라서 이단이라는 입장을 견지하게 된다.

4 인간 완성의 길을 둘러싼 『이학집변』의 비판적 시선

1) 『이학집변』의 육왕학 비판 체재

6권 5책으로 된 『이학집변』은 원시유학에서 당시에 이르기까지 역사상의 모든 이단을 망라해 그 학문에 대해 변증한 내용을 모은 것이다. 권1은 「총론」, 「노, 장, 열」, 「양묵」, 「관자」, 「순·양」, 「공총자孔叢子」, 「문중자文中子」, 「도가」이고, 권2~3은 「선불禪佛」, 권4는 「육학」, 권5는 「왕학」, 「소학」, 「사학」, 권6은 「천주학」, 「기송사장」등으로, 이단의 학을 18가지로 분류해 비판하고 있다.

서술 형식은 선유들의 설을 채록하고 부기하면서 자기 견해를 '안설'로 덧붙이는 형식으로 되어 있다. 류건휴는 자신이 편찬한 이 책의 체재에 대해 "근래 『주자대전』과 『주자어류』를 보면서 손가는 대로 뽑아 기록하고 또 청란진씨의 『학부통변』과 설애첨씨의 『이단변정』을 얻어 빠진 데를 보충했다. 그리고 여러 유가의 학설을 그 사이에 부기해 조와 목으로 갈래를 나누어 찾아보기에 편리하게 하고 과거 문자와 사장학의 폐단을 지적하면서 종결했다"52)고 밝히고 있다. 인용한 것은 『주자어류』를 중심으로 하는 주희의 언급이 절대 다수이고, 다음이 진건의 『학부통변』이며, 조선의 선배 유학자 중에서는 이황 이래 이상정, 이현일 등 저자가 속한 김성일 계열의 의견이 부분적으로 채록되어 실려 있다.

이러한 체재 아래 류건휴는 먼저 「총론」을 4조목으로 나누어 이단의 학문을 대하는 유학자의 자세에 대해 이야기하고 있다. 이 요지는 유학자 스스로 유학의 도리를 밝게 이해하고 실천하는 것이 이단을 물리치는 근본이므로 유학의 도리를 충실히 배우고 익히는 것이 이단을 물리치고 정도를 바르게 하는 길임을 천명하고 이단 배척을 위해 이단의 설을 깊이 궁구해 도리어 이단에 빠져드는 위험을 경고하고 있다. 유학의 도리를 깊이 이해하면 자연히 이단설의 그릇을 알 수 있기 때문에 중요한 것은 유학에 대한 바르고 깊은 이해라는 것이다.

각 장 내에서도 류건휴는 이단의 주장을 원문에서 발췌해 그대로 드러내 보이고, 여기에 선대 학자들의 비판을 발췌해 기술하는 편집 방

---

52) 앞의 책, "近看朱子大全語類 隨手採錄 又得淸瀾陳氏學蔀通辨 雪厓會氏異端辨正 以補其闕 間附以諸儒之說 條分目別 以便考閱 而以科擧文字言語之弊終焉."

법을 사용하고 있다. 경우에 따라서 류건휴가 스스로 '건휴안'이라고 한 후 자기 입장을 피력하기도 하는데, 선대 학자들의 비판이 없는 경우에는 큰 글자로 표기해 비판점을 분명히 하고 선대 학자들의 비판이 있는 경우에는 작은 글씨로 그러한 비판에 동의하거나 내용을 보충하는 방법을 사용하고 있다.

류건휴는 『이학집변』의 권4~5에서 각각 「육학」과 「왕학」 편을 두어 육왕학을 이단으로 규정하고 비판하고 있다. 그중에서 육학에 관한 비판이 총 40개 조목, 왕학에 대한 논의가 19개 조목이다. 육왕에 관한 항목은 총 59개조로 전체 분량에서 불교를 논한 '선불' 항목이 차지하는 비중인 38%에 이어 29%로 두 번째로 많다.53) 이를 표로 정리해보면 다음과 같다.

〈육학과 왕학 비판의 조목별 분류〉

조목 수	육학 비판 조목	왕학 비판 조목
①	論陸氏頓悟 육씨의 돈오에 대해 논함	辨陽明宗旨 양명의 종지를 변파함
②	論陸氏說良志良能四端 육씨가 양지, 양능, 사단을 말한 것을 논함	辨陽明言道有無恍惚 양명이 도를 유무와 황홀이라고 한 것을 변파함
③	論陸氏養精神 육씨의 정신을 기름에 대해 논함	辨陽明心無動靜有心皆欲 양명이 '마음은 동정이 없다', '마음에 있는 것은 모두 욕심이다'라고 한 것을 변파함
④	辨陸氏自然無累 육씨의 자연무루를 변파함	辨陽明良知 양명의 양지를 변파함
⑤	辨陸氏遺棄事物 육씨가 사물을 버린 것을 변파함	辨陽明良知格物 양명의 양지와 격물을 변파함

53) 서정형, 「해제」(『이학집변』 국역본), 25쪽.

⑥	辨陸氏心學 육씨의 심학을 변파함	辨陽明斥朱子格物解 양명의 주자 격물주석 배척을 변파함
⑦	辨陸氏認氣爲理認欲爲心 육씨가 기를 리로, 욕심을 마음으로 여긴 것을 변파함	辨陽明良心天理 '양심이 천리'라는 양명의 설을 변파함
⑧	辨陸氏當下便是 육씨의 '당하변시'를 변파함	辨陽明求諸心 '마음에서 구한다'는 양명의 설을 변파함
⑨	辨陸氏不讀書 육씨가 독서하지 않은 것을 변파함	辨陽明知行合一 양명의 지행합일설을 변파함
⑩	辨陸氏無定本 육씨에게 정해진 근본이 없음을 변파함	辨陽明六經精粕註脚 양명이 육경을 조박과 주각이라고 여긴 것을 변파함
⑪	辨陸氏尊德性 육씨의 존덕성을 변파함	辨陽明合仙佛儒三教爲一 양명이 선불유 삼교를 하나로 여긴 것을 변파함
⑫	辨陸氏簡易 육씨의 간이를 변파함	辨陽明妄議聖賢 양명이 함부로 성현을 말한 것을 변파함
⑬	辨陸氏義外 육씨가 의를 외부에 있다고 여긴 것을 변파함	辨陽明編朱子定論 양명이 편찬한 『주자정론』을 변파함
⑭	論陸氏理障 '이치가 장애가 된다'는 육씨의 설을 변파함	辨陽明斥朱子啓夷狄之禍 양명이 주자를 배척해 이적의 화를 초래한 것을 변파함
⑮	辨陸氏論克己復禮 육씨가 극기복례를 논한 것을 변파함	辨臧眉錫不斥陽明 장미석이 양명을 배척하지 않은 것을 변파함
⑯	辨陸氏取曾點不取伊川 육씨가 증점을 취하고 이천을 취하지 않음을 변파함	辨盧格妄議朱子 노격이 함부로 주자를 말한 것을 변파함
⑰	辨陸氏遮掩避禪字 육씨가 '선'자를 가리고 피한 것을 변파함	辨盧格許誥論性之悖 노격과 허고가 성을 잘못 논함을 변파함
⑱	論陸氏工訶聖賢 육씨가 성현을 교묘히 비방함에 대해	辨王鰲論性之悖 왕오가 성을 잘못 논함을 변파함

	논함	
⑲	論陸子美染禪子壽知非 육자수가 육자미의 선에 물든 것이 잘못임을 안 것에 대해 논함	明朱子闢異端之功 주자가 이단을 물리친 공로를 밝힘
⑳	論陸氏門人顚狂 육씨의 문인이 미치광이 된 것에 대해 논함	
㉑	辨慈湖鏡象之見 자호의 거울과 영상에 대한 견해를 변파함	
㉒	論傅子淵喪心 부자연이 본심을 잃은 것을 논함	
㉓	論詹阜民下樓之覺 첨부민이 누각에서 내려오다 깨달은 것에 대해 논함	
㉔	論徐仲誠觀花之見 서중성이 꽃을 보았다는 견해에 대해 논함	
㉕	論象山不斥顏子堅爲僧 상산이 중이 된 안자견을 배척하지 않음에 대해 논함	
㉖	論象山推譽僧允懷 상산이 중 윤회를 칭송한 것에 대해 논함	
㉗	辨象山言佛老非異端 상산이 불·로가 이단이 아니라고 한 것을 변파함	
㉘	論包顯道 포현도를 논함	
㉙	論包詳道 포상도를 논함	
㉚	論包敏道 포민도를 논함	
㉛	論袁和叔 원화숙을 논함	
㉜	論袁廣微	

	원광미를 논함	
㉝	論舒元質 서원질을 논함	
㉞	論沈叔晦 심숙회를 논함	
㉟	辨吳草廬染禪 오초려가 선에 물든 것을 변파함	
㊱	辨黃澤 황택을 변파함	
㊲	論陳白沙溺禪 진백사가 선에 빠진 것을 논함	
㊳	辨篁墩『道一編』 황돈의 도일편을 변파함	
㊴	辨篁墩「對佛問」 황돈의 대불문을 변파함	
㊵	辨胡胤嘉 호윤가를 변파함	

그런데 위에서 볼 수 있다시피 육학과 왕학 비판의 조목이 2배의 차이를 보일 정도로 육학에 대한 비판에 집중되어 있다. 이것은 무엇보다 진건이 『학부통변』에서 "상산과 양명은 비록 모두 선학이지만 상산학의 선학 기미는 심밀深密하다. 이 선학의 모습을 감추는 데 공을 들였기 때문에 옛날 학자들은 그것을 깨뜨릴 방법을 알기가 극히 어려웠다"54)고 한 상산학에 대한 관점을 계승했기 때문이다. 즉, 육구연의 심학은 속에 비록 선학적 요소가 짙게 배어있기는 하지만 여전히 겉으로는 유학적 입장을 표방하고 있어 외유내불外儒內佛의 미세한 불일치의

---

54) 『異學集辨』 卷5, 「王學」. "象山陽明, 雖皆禪, 然象山禪機深密, 工於遮掩, 以故學者極難識得也破."

속내를 적시해 배척하기가 쉽지 않았기에 많은 의론이 필요했던 것이다.

둘째, 양명학적 사유의 근원이 상산학이고 그것의 이단적 요소 역시 상산학에서 비롯된 것이라는 점에서 육왕학의 이단적 요소에 대한 비판도 그 단서를 연 상산학에 치중될 수밖에 없었다. 이와 관련해 류건휴는 이렇게 이야기한다.

> 대체로 상산의 학설은 본디 불학에 근원을 두고 있고, 양명의 학설은 상산에 근원을 두고 있으니, 주자가 상산과 불학을 논파한 것은 바로 양명을 논파한 것이다. 그러므로 이제는 별도로 학설을 세워 공격할 필요가 없을 것이다.55)

상산학에 대한 이단 비판이 타당성을 얻게 되면 그러한 상산학의 이론에 기초해 전개된 양명학의 이론이 지닌 이단성은 자연히 드러나게 된다. 따라서 류건휴는 육왕학에 대한 비판에서 육구연의 논의에 대한 비판을 기본으로 하고 구체적 논거는 주희와 육구연의 제자들의 언행에서 찾아 다양한 사례를 제시하고 있다.56)

셋째, 그것은 이 책의 체재 및 그에 의거한 이론의 소재와 관련되어 있다.『이학집변』은 주희의 의견을 중심으로 육왕학파의 학문적 경향성이 지닌 이단적 요소를 적시해서 배척하고 있다. 주희의 저술에서는 당연히 육구연의 학문에 대한 비판이 전부이고 후대의 인물인 왕수인의

---

55)『異學集辨』卷5,「王學辨陽明良知」. "夫象山之學, 原於釋氏, 而陽明之學, 原於象山, 則朱子之辨象山釋氏者, 正所以辨陽明也, 今不必別立說以攻之也."
56) 위의 표 〈육학과 왕학 비판의 조목별 분류〉에서 육학 비판 조목 중 20번 이후가 모두 주희와 육구연의 제자들의 사례를 중심으로 한 비판이다.

학문에 대한 언급이 없다. 따라서 『이학집변』의 육왕학 비판 내용도 주로 주희의 언급이 많은 육학에 대한 비판이 압도적으로 많을 수밖에 없다.

육학과 왕학을 대상으로 한 『이학집변』의 이단 비판을 내용 중심으로 분류해 살펴봄으로써 그러한 비판의 개요를 확인해보자. 앞서 언급한 대로 육학과 왕학은 송 대의 육학이 연 심학의 단서를 명대에 와서 왕학이 집대성한 관계에 있다. 따라서 양자에 대한 비판에서 논의의 많은 부분이 중복될 수밖에 없다. 이를 감안해 심학으로서 육왕학에 대한 비판이라는 관점에서 이를 종합적으로 검토해보면 주제별로 크게 이렇게 분류할 수 있다.

첫째, 육학과 왕학의 종지를 중심으로 한 종합적 비판이다. 육학 비판 조목에서 '① 육씨의 돈오에 대해 논함'과 '⑥ 육씨의 심학을 변파함', 왕학 비판 조목 중의 '① 양명의 종지를 변파함'이 이와 관련된 논의이다.

둘째, 양지, 양능, 사단, 이기, 도 등 육왕학의 심학적 이론 전개의 토대가 되는 이기심성론에 관한 비판이다. 육학에서는 '② 육씨가 양지, 양능, 사단을 말한 것을 논함', '⑦ 육씨가 기를 리로, 욕심을 마음으로 여긴 것을 변파함' 등이 그것이다. 왕학 비판 조목에서는 '② 양명이 도는 유무와 황홀이라고 한 것을 변파함', '③ 양명이 마음은 동정이 없다, 마음에 있는 것은 모두 욕심이라고 한 것을 변파함', '④ 양명의 양지를 변파함', '⑧ 양심이 천리라는 양명의 설을 변파함', '⑰ 노격과 허고가 성을 잘못 논함을 변파함', '⑱ 왕오가 성을 잘못 논함을 변파함' 등이 그것이다.

셋째, 앞의 이기심성론에 기초한 육학과 왕학의 공부 혹은 수양 방법론에 대한 비판이다. 육학 비판 조목에서는 '③ 육씨의 정신을 기름에 대해 논함', '④ 육씨의 자연무루를 변파함', '⑤ 육씨가 사물을 버린 것을 변파함', '⑧ 육씨의 당하변시를 변파함', '⑨ 육씨가 독서하지 않은 것을 변파함 ', '⑩ 육씨에게 정해진 근본이 없음을 변파함', '⑪ 육씨의 존덕성을 변파함', '⑫ 육씨의 간이를 변파함', '⑮ 육씨가 극기복례를 논한 것을 변파함' 등이 그것이다. 왕학 비판 조목에서는 '⑤ 양명의 양지와 격물을 변파함', '⑥ 양명의 주자 격물주석 배척을 변파함', '⑧ 마음에서 구한다는 양명의 설을 변파함', '⑨ 양명의 지행합일설을 변파함', '⑩ 양명이 육경을 조박과 주각이라고 여긴 것을 변파함' 등이 이에 속한다. 육왕의 공부 방법론에 대한 이러한 비판은 전체 주제별 논의 중 가장 많은 분량을 차지하고 있어 육왕 비판의 핵심적인 부분을 이룬다. 따라서 그의 주자학적 입장에서의 육왕학 비판이 결국은 성인이라는 인간 완성의 목표에 이르는 길을 둘러싼 방법론적 차이에서 기인한 것임을 알 수 있다.

넷째, 육왕의 학문이 본질에서 불학임을 비판한 것이다. 이는 앞서 제시한 육왕의 이기심성론과 공부 방법론에 대한 비판을 통해 이르게 되는 필연적 귀결이다. 즉 육왕이 양지와 양능에 대한 이해를 토대로 외부 사물을 대상으로 한 격물궁리라는 주자학적 공부 방법론의 필요성을 인정하지 않고 내면의 심으로 나가는 공부를 강조함으로써 결국은 불교의 선에서 말하는 정좌를 통한 본심의 자각 일변도의 공부를 강조하고 선으로 빠져들어 갔다는 결론에 이른 것이다. 이와 관련된 조목은 육학 비판에서는 '⑰ 육씨가 선자를 가리고 피한 것을 변파함', '⑲ 육자수가 육자미의 선에 물든 것이 잘못임을 안 것에 대해 논함', '㉕ 상산이 중이 된 안자견을 배척하지 않음에 대해 논함', '㉖ 상산이 중 윤회를 칭송한 것에 대해 논함', '㉗ 상산이 불교와 노자가 이단이 아니라고 한 것을 변파함', '㉟ 오초려가 선에 물든 것을 변파함', '㊲ 진백사가 선에 빠진 것을 논함', '㊴ 황돈의 대불문을 변파함' 등이 있고, 왕학과 관련된 것으로는 '⑪ 양명이 선·불·유 삼교를 하나로 여긴 것을 변파함'이 그것이다.

이상이 육학과 왕학의 핵심적인 내용인 이기심성론, 공부 방법론에 대한 비판을 통해 육왕학을 불학으로 규정하는 『이학집변』의 육왕 비판의 본론에 해당되는 내용들이다. 이에 덧붙여 주목할 만한 주제로 '주륙조동만이설'에 대한 비판과 주자의 이단 배척이 지닌 의의에 관한 평가도 수록되어 있다. 전자와 관련해서는 육학 비판 조목에서 '㊳ 황돈의 도일편을 변파함'이 있고, 왕학 비판 조목에서는 '⑬ 양명이 편차한 『주자정론』을 변파함'이 있다. 후자와 관련해서는 왕학 비판 조목 중 '⑭ 양명이 주자를 배척해 이적의 화를 초래한 것을 변파함', '⑲ 주자가 이단을 물리친 공로를 밝힘' 등이 있다.

2) 육왕학의 주요 이론에 대한 『이학집변』의 비판

이상과 같은 『이학집변』의 체재를 염두에 두고 육왕학 비판의 구체적인 내용을 차례로 검토해 보자. 우선 『이학집변』에서는 육왕학의 종지와 관련해, 육학에 대해서는 이후 양명학으로 이어져 이단으로 흐르는 물길을 연 측면에서 비판하고 있다. 주된 논점은 육왕이 오직 심心 위에서의 공부인 돈오만 강조하고 외물에 나아가는 이치의 궁구와 일상사에서 구체적이고 점차적인 실천의 필요성을 부정함으로써 마침내 불교의 선으로 빠져들었다는 것이다.57)

---

57) 『異學集辨』卷4,「陸學論陸氏頓悟」. "朱子曰, '陸子靜之學, 只管說一箇心, 本來是好底物事, 上面著不得一箇字, 只是人被私欲遮了. 若識得一箇心了, 萬法流出, 更都無許多事, 他却是實見得箇

이는 육구연이 "지금 스스로를 세우고 단정히 앉아서 손을 모으며, 정신을 가다듬고 스스로를 주재하면 만물이 모두 나에게 갖추어질 것이니, 무엇이 부족하겠습니까?"라고 해 정신의 수습과 주재를 강조한 것을 겨냥한 것이다. 그러한 그의 공부 방법에 대해 세사들은 "선생님께서 사람을 가르치는 방법은 대체로 사람으로 하여금 흐트러진 마음을 구하도록 하는 것이다"58)고 하고 "편안히 앉아서 눈을 감고 마음을 보존하는 데 힘쓰기를 밤낮없이 계속했는데, 홀연히 마음이 맑고 밝아진 것을 깨달아 치우치지 않았다"59)고 실제적 효과를 긍정하기도 했다.

이에 대해 류건휴는 공자의 '극기복례'를 예로 들어 극기복례란 마음에서 사욕을 남김없이 제거하고 다시 하늘의 이치가 체현된 사물로 나아가 그러한 도리를 확인하는 공부를 수반해야 한다는 점을 강조한다. 즉 극기복례를 가정, 향촌, 국가, 천하 차원에서의 실제 일에서 적용하고 검증함으로써 비로소 천하에서 인이 온전히 체현되는 것이지, 하루아침에 극기복례의 이치를 깨달았다고 온 천하에 인仁이 실현되는 것으로 여기는 것은 마치 술을 마시는 생각만으로도 취할 수 있다고 생각하는 것과 같다는 것이다.60) 류건휴는 그러므로 "금계金溪의 문도는 강학을 일삼지 않고, 다만 '마음'이라는 글자를 갖고 매우 혼란스럽게 했다"61)거나 "자수子壽 형제는 기상이 매우 좋으나 그 병폐는 강학을

道理恁地, 所以不怕天, 不怕地, 一向胡叫胡喊.'"
58) 『異學集辨』 卷4, 「陸學辨陸氏心學」. "朱濟道曰, 陸先生所以誨人, 大抵是令人求放心."
59) 『異學集辨』 卷4, 「陸學辨陸氏心學」. "詹阜民, 安坐瞑目, 用力操存, 夜以繼日, 忽覺此心澄瑩, 中立."
60) 『異學集辨』 卷4, 「陸學論陸氏頓悟」. "又曰, '孔子只教人克己復禮, 到克盡己私, 復還天理處, 自是實見得這箇道理, 便是眞實下工夫. 一日克己復禮, 施之於一家, 則一家歸其仁, 施之一鄕, 則一鄕歸其仁, 施之天下, 則天下歸其仁. 是眞實從手頭過, 如飮酒必醉, 食飯必飽, 他們便說一日悟得克己復禮, 想見天下歸其仁, 便是想像飮酒便能醉人.'"

모두 폐하고 오로지 실천에만 힘쓴 데 있다. 그보다는 실천하는 가운데 서도 사람들로 하여금 성찰해 본심을 깨닫도록 해야 한다"는 주희의 말을 인용해 이를 비판하고 있다.62)

육구연의 그러한 공부 방법론은 기본적으로 맹자를 계승한 것이다. 맹자는 사람은 선험적으로 도덕적 본성인 사단을 부여받은 존재일 뿐만 아니라 그러한 도덕적 본성을 인식할 수 있는 능력인 양지와 양능을 지닌 존재로 이해한다.63) 이처럼 도덕적 인식 능력과 인식 대상이 모두 내면에 갖추어져 있음을 강조할 때 당연히 수기의 공부는 자신의 본성을 찾아가는 내성화의 길로 나아가게 된다. 맹자가 "학문의 방법에 별다른 것이 없다. 풀려 나간 마음을 구하는 것일 따름이다"64)라고 한 것은 그러한 의미에서이다. 그러므로 맹자는 "밖에서 빌려 와서 구하지 말고" "안으로 돌이켜 자신에게서 구할 것"을 강조했던 것이다. 맹자 사상의 계승을 자임한 육구연의 "사람의 본심을 밝혀낸다"는 공부 방법에 관한 명제와 그것을 실현하는 방법으로 제시한 "먼저 대체를 세우는 것"65)이 그것이다. 이러한 입장을 더욱 강화시켜 나갈 때 공부는 전적으로 내면의 심 차원에서 행해지는 것으로 이해되고, 심을 벗어나서 밖으로 나가야 할 필요성은 부정된다.66)

류건휴는 육구연이 맹자의 '풀려 나간 마음을 구하는 것'을 내세워

---

61) 『異學集辨』 권4, 「陸學辨陸氏心學」. "金溪之徒, 不事講學, 只將箇心字, 胡撞亂撞."
62) 『異學集辨』 권4, 「陸學論陸氏頓悟」. "子壽兄弟, 氣象甚好, 其病却是盡廢講學, 而專務踐履, 却於踐履之中, 要人提撕省察, 悟得本心."
63) 이는 양지와 양능이라는 개념에 근거해 공자가 예외적인 경우로 말한 '나면서부터 앎을 지닐' 가능성을 보편적인 인간의 범위로 확대 적용한 것이다.
64) 『孟子』 「告子上」.
65) 『象山先生全集』 卷34, 「語錄」.
66) 같은 책, 卷5, 「與舒書美」.

마음공부만 긍정하고 외부 사물 상에서의 공부를 부정하는 것을 비판한다. 주희의 제자인 황간의 말을 인용해 맹자의 '구방심'은 단순히 조용히 앉아서 정신을 수습하고 흐트러지지 않게 하는 것이 아니라 인을 구하는 것求仁이며, 그런 점에서 '학문, 사변, 지수持守, 천행踐行, 함양·성찰, 확충, 극치克治' 등의 공부가 모두 '구방심'에 포함됨을 강조한다.67) 그러므로 정주는 구방심을 주경主敬으로 여겨 학문의 기본적인 방법으로 삼았고, 육구연은 그것을 주정主靜으로 보고 그것으로써 정신을 수습해 마음이 어떤 일에 매이지 않게 함으로써 언어 문자를 일삼지 않는 것을 공부 방법으로 삼은 차이가 있다고 평가했다.68)

류건휴는 이와 같은 상산학의 종지에 해당되는 공부 방법론은 결국 배우는 이로 하여금 위기지학에 뜻을 두면서도 마음공부만으로 충분하므로 밖에서 이치를 추구할 필요가 없다고 생각해 '불로佛老의 공허한 사설邪說'에 빠지게 해 의리의 올바름과 법도의 자세한 내용을 살피지 못하게 하는 결과를 초래했다고 비판한다.69)

다음으로 왕학의 종지에 대해서는 『명사明史』의 기록을 인용해 이렇게 설명하고 있다.

> 선도 없고 악도 없는 것이 마음의 본체이고, 선도 있고 악도 있는 것은 마음의 작용이다. 선을 알고 악도 아는 것은 양지이고, 선을 행하고 악을 제거하

---

67) 『異學集辨』 卷4, 「陸學辨陸氏心學」. "蓋求放心, 卽是求仁, 學問, 卽是求仁之方. 如學問思辨持守踐行涵養省察廣充克治, 凡此學問之道, 無非所以求吾旣失之仁也."
68) 『異學集辨』 卷4, 「陸學辨陸氏心學」. "程朱是將求放心做主敬看, 以爲學問基本, 陸子敎人求放心, 則是主靜以收拾精神, 不使心泊一事, 不復以言語文字爲意, 二者惡得同?"
69) 『異學集辨』 卷4, 「陸學辨陸氏心學」. "士不知學, 有意爲己者, 以爲可以取足於心, 而無事於外求也. 是以墮於佛老空虛之邪見, 而於義理之正法度之詳, 有不察焉."

는 것은 격물이라고 해, 이를 일체의 종지로 삼았다.70)

이러한 왕학의 종지에 대해 류건휴는 '리기理氣의 합合'이고 '성性과 정情을 통괄한다心統性情'는 주자학적 이기심성론에 입각해 비판한다. 즉 마음이 지닌 리의 측면에서 말하면 인의예지가 본체이고, 측은지심 등의 사단은 그것이 밖으로 드러난 작용으로서의 정情이다. 따라서 여기서는 마음의 본체는 선하지 않음이 없고 작용도 선하지 않음이 없다고 할 수 있다. 그러나 마음이 지닌 기의 측면에서 말하면 기로 인한 악惡도 마음이라고 하지 않을 수 없다. 따라서 마음에는 선도 있고 악도 있다고 할 수 있다.

그럼에도 불구하고 왕수인은 공空을 마음의 본체로 여김으로써 "선도 없고 악도 없다"고 하고 깨우침覺을 마음의 작용으로 여기기 때문에 "선도 있고 악도 있다"고 한다. 또한 왕수인은 양지를 "선을 알고 악도 아는" 선험적이고 자연스런 능력으로 이해함으로써 그것에 내맡기기만 하면 된다고 여겨 학문과 사변 공부의 필요성을 부정하고 격물을 "선을 행하고 악을 제거하는 것"으로 이해해 마음 상에서의 극기 문제로 귀속시킴으로써 외부 사물을 대상으로 한 격물을 통해 '앎을 지극하게 한다致知'는 정주의 공부 방법을 부정하는 것이다. 왕학의 그러한 주장은 결국 마음의 본체와 작용을 각각 공적空寂과 영각靈覺으로 이해하고 마음 상에서의 돈오를 추구하는 불교의 설로, 선학인 육구연의 학설이 유학의 이치와 유사해 참된 진리를 어지럽히는 것보다 더한 폐단을 가져오는 오랑캐의 가르침이라고 비판했다.71)

---

70)『異學集辨』卷5,「王學·辨陽明宗旨」, "無善無惡者, 心之體, 有善有惡者, 心之用. 知善知惡者, 良知. 爲善去惡者, 格物. 以此爲一切宗旨."

육왕학의 종지에 대한 이러한 비판의 핵심은 두 가지이다. 하나는 이기심성론적 측면에서 사람의 마음과 본성에 대한 비판이고, 다른 하나는 그러한 마음과 본성의 실현인 공부 방법에 관한 것이다. 전자와 관련해 류건휴는 왕학에서의 양지에 관한 설을 중심으로 비판하고, 후지와 관련해서는 외부 사물을 향한 이치의 궁구인 격물궁리를 부정하는 것을 비판한다. 그는 『이학집변』의 서문에서 『중용』에서 제시한 '천명의 성/솔성의 도/수도의 교'를 유학의 핵심 가치이자 정체성의 근원으로 이해하며 그것을 이단을 구분하고 변파하는 기준으로 적용한다고 밝힌 바 있다.72) 그가 보기에 유학 외부의 불교는 성, 도, 교의 모든 측면에서 유학과 다르다는 점에서 의심의 여지가 없이 이단이다. 그런데 육왕은 비록 유학의 도를 추구한다고 표방하지만 성(심성)의 본체와 작용에 대한 이해에서 정통인 유학과 달리 불교에 가깝고, 교 즉 학문 공부의 방법에 관한 이해에서도 유학이 아닌 불교의 방법에 치우친 점에서 이단이라고 규정하고 비판한다. 이는 양지를 중심으로 한 심성론과 격물궁리의 문제를 중심으로 한 공부 방법론과 관련한 육왕 비판에서 한층 더 명확히 드러난다.

육왕 심성론의 핵심은 양지이다. 육구연은 이와 관련해 이렇게 말하고 있다.

---

71) 『異學集辨』卷5, 「王學·辨陽明宗旨」. "健休按, 心者, 兼理氣統性情而言者也. 以理言之, 則仁義體智, 其體也, 惻隱羞惡辭讓是非, 其情也. 故體無不善, 而用亦無不善. 兼氣言之, 則心固本善, 而惡亦不可不謂之心也. 陽明之學, 以空爲心之體, 故曰無善無惡, 以覺爲心之用, 故曰有善有惡. 其以良知爲知善知惡者, 是任其自然之知, 而不假學問思辨之工也. 其以格物爲爲善去惡者, 是轉作克己之事, 而揮斥程朱致知之說也. 要其歸, 則只是釋氏之空寂靈覺頓悟之見, 而與吾儒之學, 不啻氷炭矣. 彼旣以此爲宗旨, 則非特如陸禪之近理亂眞, 而便是眞胡種族矣, 又何足深與之辨哉?"
72) 관련된 내용은 앞의 주 5)를 참고하라.

청컨대 존형께서 만약 자립自立해 바르게 앉아 손을 모으며, 정신을 가다듬어 스스로 마음의 주재를 이루면 만물이 모두 나에게 갖추어지니 무슨 부족함이 있겠습니까? 측은히 여길 때는 절로 측은히 여기고, 미워해야 할 때는 절로 미워하며, 너그럽고 온유해야 할 때는 절로 너그럽게 온유하며, 강건함을 드러내야 할 때는 절로 강건함을 드러낼 수 있습니다.73)

여기서 말하는 마음의 주재를 이룸으로써 측은히 여기고, 미워하고, 너그럽고, 온유하고, 강건함을 드러내야 할 때 저절로 그렇게 드러나게 되는 것은 마음에 있는 양지의 작용이다. 육구연 형제는 주희와 함께 한 아호사의 토론 모임에서 지은 시에서 "옛 성인들이 서로 전한 것이 어려서는 사랑할 줄 알고 커서는 공경할 줄 아는 마음이고, 허물어진 사당을 보고 슬퍼지고 종묘에서 공경함이 생기는 것이 천고에 없어지지 않는 사람의 마음"이라고 했다.74) 그것은 바로 사람이라면 누구나 지니고 있는 양지의 존재를 언급한 것이다.

마음의 허령명각虛靈明覺한 능력이 바로 본연의 양지이므로 배워서 알게 되는 것이 아니고 그 자체가 세상의 모든 이치를 갖추고 있을 뿐만 아니라 그러한 이치를 인식할 수 있는 본래적 능력을 지니고 있다. 이를 왕수인은 한층 더 분명하게 "내 마음의 양지가 곧 이른바 천리天理

---

73) 『異學集辨』 권4, 「陸學論陸氏說良志良能四端」. "請尊兄, 卽今自立, 正坐拱手, 收拾精神, 自作主宰, 萬物皆備於我, 何有欠闕? 當惻隱時, 自然惻隱, 當羞惡時, 自然羞惡, 當寬裕溫柔時, 自然寬裕溫柔, 當發強剛毅時, 自然發強剛毅."
74) 『異學集辨』 권4, 「陸學論陸氏說良志良能四端」. "陸子及兄子壽, 會朱子于鵝湖, 論學不合. 各賦一詩, 見志. 子壽詩云: '孩提知愛長知欽, 古聖相傳只此心.' 子靜詩云: '墟墓興哀宗廟欽, 斯人千古不磨心.'"

이다. 내 양지인 천리가 사사물물에 이르면 모든 사물이 다 이치를 얻게 된다"75)고 하고, 그러한 양지는 "성인이거나 바보거나 함께 갖추고 있어 사람은 모두 요순이 될 수 있는 까닭이다"76)라고 했다. 육왕의 양지설은 "사람이 배우지 않고서도 능한 것은 양능이요 생각하지 않고 아는 것은 양지이다. 어린아이가 어버이를 사랑할 줄 모르는 이가 없으며, 장성함에 이르러서는 형을 공경할 줄 모르는 이가 없다. 어버이를 친애함은 인이요, 어른을 공경함은 의이니, 다름 아니라 천하에 공통되기 때문이다"77)라고 한 맹자의 설을 계승한 것이다.

따라서 주희는 육왕의 양지설에 대해 양지와 양능, 사단 등을 말한 것은 경전에 나온 것으로 틀린 것이 아니라고 일단 수긍한다. 그럼에도 불구하고 육왕이 그것을 근거로 수양을 통해 보존하고 기르는 노력을 부정하는 것에 대해서는 반대한다.78)

사람이 기뻐하고 노여워하며 근심하고 두려워하는 것은 모두 사람에게 없을 수 없다. 다만 조금만 차이가 나도 바르지 않기 때문에 학자가 그것을 이해해 악을 제거하고 선을 온전히 하려는 것이다. 지금 그는 단지 하나의 마음만으로 모두 도라고 말하는데, 어찌 그렇겠는가? 비록 안자와 증자라 하더라도 어느 정도 힘을 썼기 때문에 비로소 만에 하나라도 가까울 수 있

---

75) 『異學集辨』 권5, 「王學辨陽明良心天理」, "吾心之良知, 卽所謂天理也, 致吾良知之天理於事事物物, 則事事物物, 皆得其理矣."
76) 『異學集辨』 권5, 「王學辨陽明良知」, "此良知所以爲聖愚之所同具, 而人皆可以爲堯舜者也."
77) 『孟子』 「盡心上」, "人之所不學而能者, 其良能也. 所不慮而知者, 其良知也. 孩提之童, 無不知愛其親也, 及其長也, 無不知敬其兄也, 親親仁也, 敬長義也, 無他, 達之天下也."
78) 『異學集辨』 卷4, 「陸學論陸氏說良志良能四端」, "子靜說'良知·良能·四端' 等處, 且成片擧似經語, 不可謂不是, 但使人便能如此, 不假修爲存養, 此却不得 …… 然非生知安行者, 豈有此理? 便是生知安行, 也須用學."

었던 것이다.79)

　　류건휴는 육왕의 이러한 양지설이 불교의 '본래의 면목'에 뿌리를 두고 있는데, 억지로 맹자로 근거를 소급해 유학에 부회附會함으로써 사람들을 미혹시킨다고 한 진건의 견해80)를 인용한 후 이렇게 자신의 견해를 피력하고 있다.

　　내 생각으로는, 양명의 학설은 본디 불가의 '진공묘지眞空妙智의 경지는 수양한다고 되는 것이 아니다'는 것을 종지로 삼아 이를 더 확대해 맹자의 양지설에 부회한 것이다. 맹자는 어린아이라도 어버이를 사랑하고 형을 공경할 줄 모르지 않는 것을 양지라고 했는데, 이는 어린아이의 마음은 순수해 거짓이 없어서 자연적으로 선의 실마리를 발견하게 된다는 것을 말한 것일 뿐, 만 가지 변화를 모두 이해할 수 있다는 것은 아니다. …… 그래서 주자는 "어린아이가 어버이를 사랑하고 형을 공경할 줄 아는 것은 지각이 있지 않음이 없지만 다만 아는 것이 대략적인 것에 그친다. 그렇기 때문에 아는 것으로부터 확대해 나가서 알지 못하는 것이 없는 데 도달하는 것이다"라고 했다.81)

---

79) 『異學集辨』 卷4, 「陸學辨坒氏認氣爲理認欲爲心」. "人之喜怒憂懼, 皆是人所不能無者. 只是差些, 便不正, 所以學者便要於此處理會, 去其惡而全其善. 今他只說一箇心, 便都道是了, 如何得? 雖顔子曾子, 是着多少氣力, 方始庶幾其萬一."
80) 『異學集辨』 卷5, 「王學辨陽明良知」. "陽明良知之學, 本於佛氏之本來面目. 奈何, 猶强稱爲聖學, 妄合於儒書, 以惑人哉?"
81) 『異學集辨』 卷5, 「王學辨陽明良知」. "健休按, 陽明之學, 本以釋氏眞空妙智不假修爲者爲宗, 而推援附會孟子良知之說. 然孟子旣以孩提之童, 無不知愛親敬兄爲良知, 則是不過赤子之心, 純一無僞, 自然發見之善端, 而非通達萬變之知也. 故朱子曰, '孩提之童, 知愛其親敬其兄, 是莫不有知也, 但所知者, 止於大略而已. 故自其所知而推, 到無所不知.'"

또한 그는 "양명의 학설은 또 치양지를 종지로 삼고, 양지를 천리라고 생각했으니, 이 학설은 불학에 더욱 가깝다. 그렇게 된 것은 다만 허령명각만 알았기 때문이니, 이는 맹자가 말한 양지가 아니다. 따라서 마찬가지로 불학으로 귀결되는 것이다"[82)]는 주희의 말을 이어서 양지를 근거로 '내 마음이 곧 사물의 이치이고 사물의 이치가 곧 내 마음이다'는 말은 나와 사물 사이에 엄연히 주객의 구분이 있어 주체를 객체인 외부 사물이라고 할 수 없고 외부의 객관 사물을 곧 주체인 나라고 해서는 안 된다는 것을 이해하지 못한 것이라고 비판한다.[83)] 결국 류건휴는 육왕의 양지설이 맹자의 양지설을 계승한 것처럼 내세우지만 실은 맹자의 용어를 내세워 불교의 마음에 관한 이론을 끌어 들여 주체인 마음이 객관 대상인 사물 상에 나아가 행해야 할 공부의 필요성을 부정함으로써 불교에 빠져들었다고 본 것이다.

육왕에서는 허령명각해 만물의 이치를 모두 구비하고 있고 만물의 이치를 알 수 있는 마음의 양지에 대한 믿음에 의거해 주희의 격물을 마음을 버려두고 사물 상에 나아가 이치를 궁구하는 지리한 공부라고 비판했다. 육구연은 주희의 격물 공부를 겨냥해 그것이 사물을 향해 밖으로 치닫는 것임을 비판하고 마음을 안으로 수렴해 마음 위에서 하는 공부가 진정한 공부임을 강조한다.

---

82) 『異學集辨』 권5, 「王學辨陽明良心天理」. "陽明之學, 又以致良知爲宗, 而以良知爲天理, 則其說益近矣. 然其所致, 亦只是虛靈明覺之知, 而非孟子所謂良知, 則亦同歸於釋氏矣."
83) 『異學集辨』 권5, 「王學辨陽明良心天理」. "今直曰, '吾心卽物理, 物理卽吾心', 則是不察乎吾之與物, 實有賓主之分, 而不可指內爲外, 認物爲己也."

정신은 오로지 안에 있도록 해야지 밖에 있도록 해서는 안 된다. 만약 밖에 있다면 평생 옳은 곳이 없다.84)

주원회朱元晦는 태산처럼 우뚝했으나 애석하게도 학문을 하면서 도를 보지 못했으며, 정신을 헛되이 써서 결국 세월을 허송했다.85)

마음은 한 가지 일에 머물게 해서는 안 되고, 오직 마음을 스스로 세워야 한다. 사람의 마음은 본래 일이 없는데, 어지러워져서 사물에 끌려가는 것이니, 만약 이와 같이 정신을 써서 때에 따라 나가면 좋지만 만약 한결같이 나가기만 한다면 곧 무너질 것이다.86)

맹자가 제시한 밖으로 외물을 좇아 풀려나간 마음을 거두어들이고[求放心] 먼저 마음을 세우는 것[先立乎其大]을 공부 방법의 요체로 삼은 육구연이 보기에, 주희의 공부 방법은 외물에 이끌려 나가게 됨으로써 도의 본질을 이해하지 못하고 평생의 공부가 쓸모없는 결과가 되게 한다는 것이다. 왕수인 역시 배움은 마음에서 얻는 것을 중시해 마음에서 구해 그르다면 비록 그것이 공자와 맹자의 말이라도 감히 옳다고 할 수 없고, 마음에서 구해 옳은 것은 비록 필부의 말이라도 감히 그르다고 할 수 없다고 했다.87) 이러한 그의 생각은 마음과 사물 그리고 리에

---

84) 『異學集辨』 권4, 「陸學論陸氏養精神」, "精神專要在內, 不要在外. 若在外, 一生無是處."
85) 『異學集辨』 권4, 「陸學論陸氏養精神」, "精神專要在內, 不要在外. 若在外, 一生無是處." 朱元晦泰山喬嶽, 可惜學不見道, 枉費精神, 遂自擔閣."
86) 『異學集辨』 권4, 「陸學·辨陸氏遺棄事物」, "心不可泊一事, 只自立心. 人心本來無事, 胡亂被事物牽將去, 若是有精神, 卽時便出便好, 若一向去, 便壞了."
87) 『異學集辨』 권5, 「王學·辨陽明求心心諸說」, "夫學貴得之心. 求之於心而非也, 雖其言之出於孔孟,

대한 다음과 같은 이해에 근거한 것이다.

> 마음 외에 사물도 없고, 마음 외에 리도 없고, 마음 외에 의도 없고, 마음 외에 선도 없다. 내 마음의 사물이 순수하게 리일 뿐 인위가 섞이지 않은 것을 일러 선이라고 한다. 그렇기 때문에 박학博學은 이것을 배우는 것이고, 심문審問은 이것을 자세히 하는 것이며, 신사愼思는 이것을 생각하는 것이고, 명변明辨은 이것을 분변하는 것이고, 독행篤行은 이것을 행하는 것으로 모두 선을 밝히고 그것을 성실히 하려는 공부이다.88)

격물을 중심으로 하는 주자학적 공부 방법에 대한 육왕의 이러한 비판에 대해 류건휴는 우선 '사물四勿'의 가르침에서 알 수 있듯 공자는 '마음'에 천착하지 않고 실제의 일을 주로 말했음을 강조한다. 비록 맹자에 와서 비교적 마음에 대해 상세히 논의하긴 했지만 그것 역시 육구연의 말처럼 외부의 일과 상대해 내부의 마음을 말한 것이 아니고 이욕利欲에 상대해 양심良心을 말한 것일 뿐임을 강조한다. 즉 맹자는 육구연이 일을 버리고 마음을 깨끗하게 하는 것을 위주로 했던 것과 달리 욕심을 줄이고 마음을 보존하는 것을 말했는데, 그이 바로 서로 비슷한 듯하지만 유학과 불교의 근본적 차이임을 강조했다.89)

不敢以爲是也, 求之於心而是也, 雖其言之出於庸人, 不敢以爲非也."
88) 『異學集辨』卷5, 「王學辨陽明求諸心」. "心外無物, 心外無事, 心外無理, 心外無義, 心外無善. 吾心之事物, 純乎理而無人僞之雜, 謂之善. 故博學者, 學此也, 審問者, 審此也, 愼思者, 思此也, 明辨者, 辨此也, 篤行者, 行此也, 皆所以明善而爲誠之之功也."
89) 『異學集辨』卷4, 「陸學辨坌氏遺棄事物」. "孔門論學, 罕言心, 專說實事. 如說非禮勿視聽言動, 居處恭, 執事敬, 與人忠之類 未聞不論事論末, 而專就心上說也. 至孟子說心始詳, 然皆是以良心對利欲而言. 若象山之言, 乃對事而言. 一主於寡欲存心, 一主於棄事澄心. 二者言似而旨殊, 正儒釋毫釐千里之別."

왕수인은 육구연의 이러한 입장을 계승해 격물에 대한 자신의 견해를 제시한다. 즉 맹자가 "대인이 군주의 마음을 바로 잡는다"고 할 때의 '바로잡음正'과 같은 의미이므로 격물은 외물에 대한 공부가 아니라 마음에서 사욕을 제거해 본체의 올바름을 완전하게 하는 것임을 강조한다.90) 따라서 그에게서 치지致知는 그러한 격물을 통해 마음을 바로 잡음으로써 양지에 대한 사의私意의 장애 작용을 제거해 그것을 온전히 구현되게 하는 것이다.91)

주희는 왕수인의 이러한 견해에 대해 학문을 하면서 천리를 궁구하고 인륜을 밝히며 성인의 말씀을 익히지 않으며 세상사와 단절한 채 오로지 마음에만 매달리는 공부를 통해 소득이 있기를 바라는 것은 모래에 불을 때 밥이 되기를 기대하는 것과 같이 불가능한 일이라고 비판한다.92)

이처럼 격물을 마음을 바로 잡아 양지의 온전한 실현을 추구하는 공부로 이해하는 육왕에게서 경전의 가치나 경전을 중심으로 하는 독서에 대한 평가가 소극적이거나 부정적인 것은 당연하다. 육구연은 "배워서 진실로 근본을 안다면 육경이 모두 나의 주각註脚이 된다"93)고 했고, 왕수인은 제자들에게 "양지에 지극하게 하는 것이 덕업德業을 완

---

90) 『異學集辨』 卷5, 「王學辨陽明良知格物」. "知是心之本體, 心自然會知. 見父自然知孝, 見兄自然知弟, 此便是良知, 不假外求. 若良知之發, 更無私意障礙, 卽所謂充其惻隱之心, 而仁不可勝用矣. 然常人不能無私意障礙, 所以須用格物致知之功, 勝私復理, 卽心之良知, 更無障礙, 得以充塞流行. 便是致其知. 又曰, 格物如孟子'大人格君心'之格, 是去其心之不正, 以全其本體之正."
91) 『孟子』 「離婁上」. "孟子曰, 人不足與適也, 政不足間也. 惟大人爲能格君心之非, 君仁莫不仁, 君義莫不義. 君正莫不正, 一正君而國正矣."
92) 『異學集辨』 卷5, 「王學辨陽明斥朱子格物解」. "如今爲學而不窮天理, 明人倫, 講聖言, 通世故, 乃兀然存心於一草木一器用之間, 此是何學問? 如此而望有所得, 是炊沙而欲其成飯也."
93) 『異學集辨』 卷4, 「陸學辨陸氏不讀書」.

성하는 길이므로 부질없이 옛 책을 보는 데 마음 쓰지 말 것"을 권유했다.94)

주희는 육왕의 이러한 학문 방법에 대해 "독서하는 방법은 한 구절에 한 구절의 도리가 있기 때문에 한 구절의 도리를 궁구하면 한 구절의 도리를 알게 된다. 독서는 글의 뜻을 밝혀야 하는 것이니, 성현이 가리킨 것이 무엇이고, 무엇을 하려고 지었는지 헤아려야 한다"며 독서의 중요성을 강조했다.95) 류건휴는 이러한 견해에 동의하면서 공자와 맹자 누구도 글을 몰라도 된다고 가르친 적이 없고 선불교에서 문자에 의존하지 않고도 '식심견성識心見性'할 수 있음을 주장하는 것을 근거로 육왕의 이러한 설이 불교에 빠져든 것으로 비판한다.96)

5 『이학집변』의 육왕학 비판의 의의

『이학집변』은 권4~5의 육학과 왕학에 대한 비판 부분에서 육왕학의 이단적 성격에 대한 이상과 같은 비판을 통해 저자인 류건휴 자신이 계승하려 한 주희의 이단 비판이 유학사에 끼친 공을 거론하는 것으로 논의를 마무리하고 있다. 주희가 산 남송 시대는 유학사에서 다양한 학파가 흥기한 시대였다. 그중에서도 영가永嘉 지역의 설계선薛季宣, 진부량陳傅良과 영강永康 지역의 진량陳亮으로 대표되는 사공학事功學, 소

---

94) 『異學集辨』 卷5, 「王學辨陽明六經精粕註脚」. "爾身各各自天眞, 不用求人更問人. 但致良知成德業, 謾從故紙費精神. 乾坤是易原非畫, 心性何形得有塵. 莫道先生學禪語, 此言端的爲君陳."
95) 『異學集辨』 卷4, 「陸學辨陸氏不讀書」. "讀書之法, 一句有一句道理, 窮得一句, 便得這一句道理. 讀書須是曉得文義了, 便思量聖賢意指是如何, 要將作何用."
96) 『異學集辨』 卷4, 「陸學辨陸氏不讀書」. "象山每謂: '雖不識字, 亦有讀書之功.' 嗚呼, 孔孟會有不識字之敎耶. 惟禪佛乃不假言語文字, 可以識心見性."

식의 사학 그리고 금계金溪 지역의 육학 등이 특히 흥성했다. 진건에 따르면 이 와중에 특히 불교가 유학에 끼친 영향이 지대해 당시의 뛰어난 유학자들조차 유학의 가르침을 담은 경전을 불교의 교의에 입각해 해석하는 기풍이 성행할 정도였다고 한다.

> 주자가 나오기 전까지 소식은 불교의 논지로 『주역』을 해석했고 유조游酢는 불교의 논지로 『논어』를 해석했으며, 왕안석과 장구성張九成은 불교의 논지로 유학의 여러 경전을 해석했고 정자 문하의 여러 제자들은 불교의 논지로 여러 경전에 주석을 했으며 여본중呂本中은 불교의 논지로 『대학』을 해석했다.97)

주희가 나와 이단을 배척함으로써 비로소 이들의 책이 모두 폐기되었고 육경의 요지가 밝혀졌으며, 불교는 물론이고 당시의 다양한 학문 雜學과 육학이 변파되었다고 한다. 따라서 진건은 주희가 유학의 정통성을 수호한 공을 공자에 비겨 "하늘이 공자를 내지 않았다면 만고의 옛일은 마치 한밤중일 것이라 했듯이, 나는 하늘이 주자를 내지 않았다면 만고에 이단의 장애가 넘쳐나게 되었을 것이라고 말하겠다"며 높이 평가했다.98)

류건휴는 진건의 이러한 견해에 동의하면서 육학의 경우는 "선학적 기틀이 대단히 치밀해 방어해 가리는 술수가 교묘해" 당시의 장식이

---

97) 『異學集辨』 卷5, 「王學明朱子闢異端之功」. "朱子未出以前, 蘇子瞻, 以佛旨解『易』, 游定夫, 以佛旨解『論語』, 王安石張子韶, 以佛旨解諸經, 程門諸子, 以佛旨釋諸經, 呂居仁, 以佛旨釋『大學』."
98) 『異學集辨』 卷5, 「王學明朱子闢異端之功」. "昔人謂'天不生仲尼, 萬古如長夜', 愚謂天不生朱子, 萬古皆豊蔀."

나 여조겸 같은 뛰어난 인물들도 이를 타파하지 못했지만 오직 주희가 만년에 폐단을 깊이 인식하고 공개적으로 배척했기에 비록 온전히 끊지는 못했지만 본질이 선학임을 밝혀 후대 사람들이 그것을 알 수 있게 했다고 평가했다. 또한 유학사에서 이단 배척의 공이 가장 두드러진 맹자와 비교해 맹자의 이단 배척이 공자 시대로부터 멀지 않았던 반면 주희의 이단 비판은 공자와의 시간적 거리가 거의 2천 년에다 불교가 중국에 성행한 지도 이미 천년을 넘어 사람들이 불교에 빠진 지가 이미 오래된 상황에서 이룬 공적이라는 점에서 더욱 뛰어난 것이라고 했다.[99]

류건휴는 주희가 유학에 남긴 공적으로 두 가지를 거론한다. 하나는 일생토록 유학의 여러 경전을 해석해 성인의 도를 밝힌 것이고, 다른 하나는 이단의 학설을 논파해 사설을 잠재운 것이다. 그중 경전을 해석해 도를 밝힌 공적은 세상 사람들이 다 알지만 이단을 물리쳐 사설을 잠재운 공은 근세 학자들이 다 알지는 못하기에 자신이 『이학집변』을 지어 그러한 공적을 드러내려 했다고 밝히고 있다.

이상에서 알 수 있듯이 류건휴가 육학과 왕학 비판에서 견지하는 일관된 논지는 양명학의 선하先河는 상산학이고 상산학은 곧 선학이며 따라서 양명학도 선학이라는 것이다. 실제로 류건휴가 심, 성, 양지, 격물 등의 핵심 개념을 중심으로 주희를 비롯한 선유들의 설을 인용해 적용한 육학과 왕학 비판에서 집요하게 파고든 문제도 육왕학에 스며든

---

[99] 『異學集辨』 권5, 「王學明朱子闢異端之功」. "孟子朱子, 距異端, 息邪說, 闢雜學, 正人心, 以上承周公孔子顔曾子思之傳, 然孟子闢楊墨, 去孔子未遠, 至朱子, 則去孔子幾二千年, 而佛氏盛行中國, 亦逾千載, 其陷溺人心已久, 擧天下賢智, 冥然被驅, 斯時也, 非命世豪傑之才, 孰能遏其滔天之勢, 而收撥陷廓淸之功乎?"

선학의 흔적들이었다.

이러한 이해를 통해 그는 육왕학이 선학임 최초로 인지하고 변파한 것이 주희라고 했다. 따라서 그는 주희의 이단 비판에서의 가장 큰 기여를 상산학이 지닌 음불양유陰佛陽儒를 최초로 간파해 변파한 데서 찾고 그러한 공을 높이 평가하고 있다.

퇴계학파의 후예인 류건휴가 『이학집변』을 통해 시도한 육왕 비판의 원류를 거슬러 가면 가까이는 이황이 있고, 더 멀리 올라가면 『학부통변』으로 집대성된 주자학적 육왕 비판이 있었다. 이황의 사상적 원류는 당연히 정주학이었다. 그는 장재, 정호, 정이, 주희 등 선유의 학설을 독실하게 받아들였으며, 이를 바탕으로 조선 성리학의 근간을 기초한 주자학자였다. 실제로 그는 유교 경전과 여러 고전에 대한 해석과 학설을 정리해 정주학적 해석을 근간으로 한 서적을 남기기도 했다. 그의 『사서석의四書釋義』와 『송계원명이학통록宋季元明理學通錄』이 그 대표적인 저작이다.

따라서 이황에게 도가와 불교 같은 이단 사상은 말할 것도 없고 정주학과 다른 입장에 선 이학理學은 비판과 배척 대상이 되었다. 그런 입장에서 그는 같은 성리학의 범주에 속하는 양명학, 화담 서경덕의 기론, 명대의 나흠순, 원대의 오징 등 주륙朱陸 절충적 견해에 대해서도 배척했다. 그중에서도 중국의 왕수인과 조선의 서경덕에 대한 배척이 가장 강렬했다.

이황의 이러한 양명학 비판은 그가 활동하던 명종 대의 사회적 상황과 밀접한 관련이 있었다. 명종 대는 불교 중흥의 기운이 일시적으로 일어난 시기로, 그러한 상황은 성학인 유학의 위기의식으로 나타났고 조선 건국 이래 줄곧 국교로서의 확고한 자리를 차지해온 주자학의 정통적 지위에 대한 위협으로 인식되었다. 그러한 퇴계의 입장에서 볼 때 선학의 요소가 혼재된 것으로 인식하고 있던 양명학에 대한 배척은 한층 더 강력한 형태로 나타날 수밖에 없었다. 다음의 편지글은 이황이 양명학을 선학으로 간주하고 있음을 단적으로 보여준다.

> 선학은 기름과 같이 가까이 하면 곧 더러워지는데, 양명은 또 뛰어난 변론으로 그것을 구원해 더욱 쉽게 사람을 미혹하게 한다. 제공들은 모름지기 경계해 서일인의 무리들이 처음에는 현명했지만 끝내 혼미해졌으면서도 스스로 얻었다고 여기는 것처럼 행동해서는 안 될 것이다.100)

또한 멀리 거슬러 올라가 고려 왕조가 숭불로 인해 나라를 잃은 역사적 교훈 또한 이황이 양명학을 배척한 근본 원인으로 작용했을 것이다. 당시 장기간의 사화를 겪으면서 국세가 날로 쇠퇴하고 외척이 전횡해 인심이 흉흉해지던 상황에서 만약 심을 종지로 삼고 불교와 상통하고 선학적 요소가 다분한 육왕학이 조선에 유입되는 것을 주자학적 통치 이념에서 출발한 조선에 위기가 다가오는 것으로 여긴 것이다. 따라서 그는 "인의를 해치고 천하를 혼란하게 하는 자는 반드시 그 사람임에 틀림없다"고 왕수인을 비판한 것이다.

한편 육왕학에 대한 이황의 비판의 계기는 그러한 외적인 사회적 배경 외에도 그의 유학의 도의 전수 계보, 즉 도통관과도 밀접한 관련이 있다. 그는 46~56세까지 근 10년 동안 『주자서절요』를 연구하고 편찬했으며, 기대승과의 사칠논변을 끝낸 후 『송계원명이학통론』을 편

---

100) 『退溪集』 卷13, 「書答·洪應吉」. "禪學如膏油, 近人則輒汚, 陽明又以雄辯齊之, 尤易惑人, 諸公須戒之勿作, 徐曰仁輩, 始明終昏, 而自以爲得."

찬했는데, 이들 편찬 작업은 주자학 중심의 도통을 확보하고 강조하려는 시도였다. 공자가 "우리의 도는 일이관지一以貫之하다"고 밝힌 이래 인을 핵심으로 하는 유학적 도의 전수 계보는 남송의 주희에 의해 확정되어 이황의 유학의 전승 계보에서 확정된 관점으로 계승된다.

도통론은 사회적 위기에 따라 유학의 지위가 위협받는 상황에서 한층 더 강조되어 왔는데, 이황도 당시의 상황을 유학의 위기로 보고 도통론의 입장에서 도불의 이단은 말할 것도 없이 유학 내부의 일탈 가능성을 강력한 언명으로 미리 차단하고자 했던 것이다. 그러한 관점에서 행해진 육왕학에 대한 이황의 비판의 핵심은 그들의 학문이 실은 선학이라는 점이다.

> 주자와 육상산의 차이는 짐짓 차이에 불과한 것이 아니다. 이것이 유학이라면 저것은 선학이고, 이것이 정正이라면 저것은 사邪이고, 이것이 공公이라면 저것은 사私이다. 대체로 이와 같으니, 어찌 주자와 육상산의 학문이 서로 같다고 할 수 있겠는가?101)

그러한 입장의 이황의 양명학 비판은 『전습록논변』에 구체적으로 반영되어 있다. 이는 이후 그의 후학들의 육왕학 비판의 중요한 준거가 된다는 점에서 유의할 만하다. 양명학에 대한 이러한 주된 비판과 반론의 논지는 이후 퇴계학파들에게 그대로 이어지고, 이는 앞서 확인한 바와 같이 『이학집변』에서 대체로 그대로 반영되어 피력되고 있다.

류건휴의 『이학집변』은 이러한 점에서 중요하다. 즉 이 책은 주자

---

101)『退溪集』卷41,「雜著·心經後論」. "朱陸二氏之不同, 非故有意於不同也, 此儒而彼禪,此正而彼邪, 此公平而彼私狠. 夫如是, 安得而相同耶."

학에서 이단으로 규정한 학설들을 모아 놓고 그에 대한 비판을 제기한 책으로, 양명학에 대한 비판 역시 강하게 이루어지고 있다. 이황 이후 이 시기가 되면 양명학은 이미 이론적 정립이 충분하게 이루어진 후 양명 좌파와 우파로 학설이 분화되어 전개되고 있던 시기로, 그에 따라 관련 서적이나 이론 역시 충분하게 수입되었다. 따라서 『이학집변』에 나타난 양명학 비판은 퇴계학파의 그간의 설이 집성된 결과로 나타난 양명학에 대한 퇴계학파 내부에서 정론화된 시각을 보여주는 저작이라고 할 수 있다.

3장

선불교 비판 — 이질적인 두 문화권 사상의 충돌과 변용

김미영

1 이질적인 두 문화권의 만남: 불교의 중국 전래

불교는 싯다르타라는 한 인간의 깨달음으로부터 시작된 종교이다. 그는 사람이 태어나 늙고 병들어 죽는 과정을 인간사 중에서 제 뜻대로 되지 않는 대표적인 것으로 인식하며 이를 자유롭지 못한 인간이 겪어야 하는 고뇌로 본다. 따라서 이를 어떻게 넘어설 것인가라는 문제를 안고 출가해 오랜 기간 고행했다. 그 결과로 얻은 깨달음은 '나를 속박하는 모든 것으로부터의 벗어남'이었다. 후대에 전개된 불교는 매우 복잡한 교리 체계를 갖고 있으나 궁극에는 나를 속박하는 모든 것으로부터 벗어난 자유를 성취하고자 한 것에는 변함이 없다.

반면 유교는 '예'로 표현된 전통을 수호하고자 한 공자로부터 시작되었다. 유교에서는 불교처럼 한 사람이 태어나 늙고 병들어 죽는 과정을 고뇌로 그리지 않는다. 이를 지극히 자연스런 한 사람의 성장 과정으로 보며, 관례, 혼례, 상례, 제례처럼 의례화시켜 공동체가 함께 지켜나가야 하는 의무처럼 규정한다. 따라서 개인의 삶은 혼자 영위해나가는 것이 아니라 공동체 속에서 함께 성장해가는 것이었다. 이러한 차이는 단지 불교와 유교 철학의 차이라기보다는 인도 문화권과 한자 문화권에서 삶을 대하는 태도의 차이가 반영된 것으로 볼 수 있다.

불교철학은 비록 절대자를 인정하는 인도의 전통 철학을 비판하며 제기되기는 했으나 윤회와 해탈이라는 인도 문화권의 생사관을 공유하고 있는 점에서는 뿌리를 같이 하고 있다. 윤회와 해탈이란 한 사람이 태어나 늙고 병들어 죽는 과정을 인간 실존의 고뇌로 보고, 수행을 통해 그로부터 벗어나고자 한 것이다. 따라서 여기서는 고뇌하는 것도 그로부터 벗어나는 것도 철저히 한 인간의 실존적 문제와 결부되어 있다. 반면 유교 철학은 조상 숭배라는 한자 문화권에서 내려온 생사관을 고스란히 계승한 전통 사상으로, 한 인간의 생사 문제를 개인의 실존적 문제로 보기보다는 한 인간이 공동체 속에서 살아가며 겪는 자연스런 성장 과정으로 본다. 따라서 한자 문화권에서는 세월이 흘러 늙어가는 과정을 인간 실존에 주어진 고뇌로 보지 않고 연륜이 쌓여나가는 것으로 보아 연장자를 우대한다. 그리고 연장자를 중심으로 해서 형성된 공동체 구성원으로서 지켜야 할 가치를 소중히 여기고 전승해나갈 것을 요구한다.

이처럼 인간관과 사회관에서 큰 차이를 지닌 두 문화권은 불교가 중국에 전래되는 기원 전후 시기인 전한과 후한의 교체기에 만나게 된다. 외래문화가 이질적 문화권에 전래되어 정착되는 과정에는 항상 '번역' 문제가 중요하게 대두된다. '번역'이란 이질적 문화들 간의 대화를 시도하는 것이며, 번역된 외래문화는 다시금 새로운 창조를 가능케 한다. 불교의 중국 전래가 대표적인 사례라고 할 수 있다. 불교 문헌 번역 초기에는 주로 한문을 아는 서역인들이 중요한 역할을 했다. 그러나 점차 불교가 중국에 정착되어 가면서 불교철학을 전파하는 데 중국인들이 선두에 서게 된다. 대표적인 인물이 현장玄奘(602~664년)이었다. 그는 중국에서 초기에 번역된 불교 경전의 내용에 의구심을 품고 20대에 서역 행을 결심한다. 그는 서역에서 20여년 간 불교를 연구한 후 귀국한다. 귀국 후 국가적 차원에서 역경 사업을 진행하며 초기 번역의 문제점을 지적했다. 중국 불교의 종파 중 하나인 유식종唯識宗은 그의 제자인 규기窺基(632~682년)로부터 성립된 것이다. 현장 학단의 번역은 구역을 비판하며 새롭게 번역했다는 의미에서 신역이라고 한다. 그리고 이 신역 과정은 유식종 형성과 긴밀하게 결부되었다. 따라서 유식종을 비판하며 성립된 화엄종은 현장 주도로 이루어진 신역의 문제점을 지적하며 유식종과의 차별성을 내세우며 한 종파로 우뚝 서게 된다. 종파 불교로서의 중국 불교는 불교 경전이 한역되고, 한역 경전이 주 텍스트로 자리 잡게 되면서 성립된 것이라고 보아도 무방하다.

현장 이전에 불교 경전을 중국에 전래하는 데 지대한 역할을 한 사람은 동서 교역의 중심지 쿠차 출신의 구마라집鳩摩羅什(344~413년)이었다. 그는 50대에 중국 장안에 끌려와 양무제로부터 불경 번역을 명 받았다. 이 학단의 대표 제자 중 하나가 승조僧肇(384~414였)였다. 그의 저작인 『조론肇論』은 오늘날 한편으로는 위진현학의 흐름 속에서 연구되기도 하고 다른 한편으로는 중국에서 불교 이론이 본격적으로 정착되어 탄생한 문헌으로 자리 매김되기도 한다. 이 과정에 대해 주희는 맹자 이후 도가 끊어졌다가 자신이 스승으로 삼았던 북송 대의 정호, 정이로부터 도가 이어졌다며 이렇게 말한다.

순자는 많은 것을 말했으나 순일하지 않고, 양웅이 말한 것은 대부분 노장의 설이고, 한유에 이르러 도리를 말했으나 줄곧 문사를 중심으로 했고, 유자후는 도리어 석씨의 설을 도왔다. 이단의 가르침은 한위 이후에는 노장의 설뿐이었으나 진대 승조법사에 이르러 불교가 흥하게 되었다. 그러나 초기에는 단지 이론뿐 몸소 행하지는 않았으나 달마가 9년 동안 면벽수행하면서 그 설이 더욱 치성하게 되었다.[1]

이처럼 주희는 중국에서 불교철학을 논할 수 있는 기점을 승조로 보았고, 달마로부터 시작된 선종에 이르러 중국에 불교가 성하게 되었다고 했다. 그러나 선종 역시 노장의 영향 하에 있다며 "여러 조사들이 서로 전한 게송은 평측압운의 말로 이는 모두 후대인들이 만들어낸 것이다"[2]라고 했다. 이렇듯 불교는 중국에 전래되어 불경 번역을 통해 중국 불교인 종파 불교를 이루게 되고, 마침내는 한문으로 붓다가 설한 진리를 자유롭게 설한 선종이 중국 사상계를 휩쓸게 되었다. 선종은 이질적인 문화권의 사상이 새로운 문화권에 정착해 토착 사상에 영향을 주며 주도적 사상으로 자리 잡은 한 사례라고 할 수 있다. 그러나 불교의 전성기였던 당이 멸망하고 송이 수립되며 사대부 계층 주도로 유교 부흥운동이 일어나면서 사상의 흐름은 불교의 영향을 받아 새롭게 거듭난 유학으로 향했다. 그렇다고 해서 송 대에 불교의 영향이 쇠했다는

---

1) 『주자어류』 122-17. "…… 因言: '自孟子後, 聖學不傳, 所謂'軻之死不得其傳'. 如荀卿說得頭緒多了, 都不純一. 至揚雄所說底話, 又多是莊老之說. 至韓退之喚做要說道理, 又一向主於文詞. 至柳子厚卻反助釋氏之說. 因言異端之教, 漢魏以後, 只是老莊之說. 至晉時肇法師, 釋氏之教始興. 其初只是說, 未曾身爲. 至達磨面壁九年, 其說逾熾." 木之(68세).
2) 『주자어류』 126-70. "達磨未來中國時, 如遠·肇法師之徒, 只是談莊老, 後來人亦多以莊老助禪. 古亦無許多經. 西域豈有韻? 諸祖相傳偈, 平仄押韻語, 皆是後來人假合."

의미는 아니다. 북송 시기를 거쳐 남송 시기의 주희에 이르기까지 불교는 지식인들에게 강한 영향력을 행사했다. 따라서 주희가 자신의 이론 체계를 세우는 과정은 당대 유학자들의 이론에 내재되어 있는 불교적 영향을 비판해나가는 일과 함께 이루어졌다.

2 ___ '불교'를 둘러싸고 이루어진 문화 투쟁

중국의 수당 대는 서역에서 전래된 불교가 중국에 광범하게 전파된 시기였다. 외래종교인 불교가 상이한 문화를 지닌 곳에 정착되는 과정에는 고난이 따르기 마련이었다. 이를 법난法難이라고도 하고 폐불廢佛이라고도 한다. 이는 주로 통치자의 불교탄압정책을 일컫는다. 따라서 불교탄압정책은 불교를 탄압한 통치자의 죽음으로 끝나곤 했다. 북송 시기 유교부흥운동으로 유교가 전면에 등장하기 이전 중국 역사에서 불교탄압정책을 펼친 대표적인 인물은 북위의 무제(재위 423~452년), 북주의 무제(재위 560~578년), 당의 무종(재위 840~846년), 후주의 세종(재위 954~959년)이었다. 불교탄압정책은 종교 간에 우위를 다투는 투쟁 과정의 산물이라고 할 수 있다. 이 시기 불교탄압정책을 펼치는 과정에서는 도교도의 역할이 지대했다.3) 북위의 무제 시기에는 도사 구겸지寇謙之(?~448년)가 활약했고, 북주의 무제 시기에는 도사 장빈張賓(?~?), 당의 무종 시기에는 도사 조귀진趙歸眞(?~846년)이 활약

---

3) 케네스 첸은 446년의 폐불 사건은 구겸지가 도교를 지상 최고의 종교로 만들고자 해 무제에게 불교에 적대적 조치를 취하도록 영향을 준 한에서는 불교와 도교의 투쟁의 한 측면이라고 본다. 그러나 폐불의 주된 선동자는 북방에 이상적인 유교 국가를 수립하고자 했던 최호였기 때문에 이것은 불교와 도교의 투쟁일 뿐만 아니라 비한족계 종족의 중국화 과정에서 발생한 하나의 사건이기도 하다는 것이다(케네스 첸, 『중국불교』 상[박해당 옮김], 민족사, 170쪽).

했다. 그러나 불교탄압정책은 도교와 불교 간의 이념 투쟁에만 한정된 것이 아니고 사원의 재산 몰수나 탈세를 목적으로 한 거짓 출가자들을 환속시킴으로써 국가 재정의 개선에도 도움이 되었다.

더 거슬러 올라가면 남북조시기에 도교와 불교의 투쟁 양상은 노자와 붓다의 선후 문제로 모아진다. 도교 측에서는 노자가 함곡관으로 나간 이후 서역으로 가서 붓다로 화생했다고 해 불교의 가르침의 내원을 도교에서 찾으려고 했다. 이것이 4세기 초 왕부王浮의 저술로 알려진 도교경전『노자화호경老子化胡經』의 주된 내용이다. 이에 대해 불교 측에서는『청정법행경淸淨法行經』이라는 위서에서 노자는 붓다의 제자였다고 주장한다. 즉 붓다가 중국으로 보낸 세 명의 제자 중 유동보살은 공구이며, 광정보살은 안연이며, 마하가섭은 노자라고 해 중국의 대표 사상이 불교에서 연원했다고 했다.4) 이러한 방식의 상대 이념 비판은 원류를 중시하는 한자문화권 지식인 간에 벌어진 이념 투쟁 내지는 문화 투쟁 양상을 드러내는 대표적인 예이다.『주자어류』편집자가 석씨편에 주희의 불교 비판 내용을 수록하면서 '불교는 노장에서 연원했다'는 내용을 첫머리에 두고 있는 것도 그 예라고 할 수 있다.

불교가 중국에 자리 잡아 사상계를 지배하자 도교 측이나 유교 측에서 불교는 노장에서 연원했다며 비판했다. 이는 터무니없는 주장처럼 들릴지 모르지만 아무 근거 없는 비판이라며 무시할 수 있는 성질의 것은 아니었다. 왜냐하면 불교가 중국에 전래되어 자리 잡는 과정에서 중국인들에게 불교철학은 노장의 개념을 통해 이해되었기 때문이다. 앞서 지적했듯이 한 철학 사상이 이질적 문화에 전파되는 과정에서 이

---

4) 위의 책, 207쪽.

루어진 '번역'에는 당연히 왜곡이 일어날 수밖에 없다. 즉 불교가 중국에 전래되면서 불경 번역 과정에서 한자문화권에서는 존재하지 않았던 불교의 공空 개념을 이해시키기 위해 노장의 무無나 자연自然 개념이 중요한 역할을 하게 되었다. 불교가 중국에 전래되어 점차 불경 번역을 통해 불교철학에 대한 이해를 도모해나갔던 중국의 위진 시기는 현학玄學이 유행했다. 현학은 『노자』, 『장자』, 『주역』이라는 삼현三玄에 대한 연구를 중심으로 전개된 사조였다. 중국 문헌 중 형이상학적인 논의가 풍부했던 삼현에 대한 연구는 우주의 기원 문제나 현상 세계의 연원을 질문하며 중국 철학계에 유무有無, 본말本末 문제를 전면에 제시하게 되었다. 이들에게 불교의 공 개념은 노장의 무나 무위, 자연 개념으로 번역되며 당시 현학자들의 논의를 진일보하도록 이끌었다고도 할 수 있다.5) 반면 그에 따라 불교의 공 개념에 대한 오해도 양산해내게 되었다.

  그러나 불경 번역이 확대되고 연구가 진행되면서 노장의 유무 개념으로 불교의 공을 이해한 격의불교인 심무종心無宗, 즉색종卽色宗, 본무종本無宗 등은 비판을 받게 되고, 이 과정에서 점차 불교의 본의에 다가가며 중국 불교 형성의 발판을 마련하게 되었다.6) 심무종에서는 대상에 집착하는 마음을 공이라고 하며 정신적 안정을 공으로 보았으며, 즉색종에서는 대상 세계에 붙여진 이름을 공이라고 하며 대상을 있는 그

---

5) 탕용통은 『한위양진남북조불교사』에서 승조 사상을 현학의 연장선상에 위치시키며 『조론』을 유무체용 문제의 최고봉으로 평가하고 승조의 『조론』을 현학의 유무 본말의 관점에서 논한다.
6) 승조는 노장을 좋아하다가 『유마힐경』을 읽고 출가해 승려가 된다. 그는 구마라집 문하의 수석제자로 노장의 유무론으로 불교의 공을 이해하던 당시 조류를 비판하며 반야공관을 설했다. 『조론』 중 「부진공론」에는 당시 육가칠종 중 심무종, 즉색종, 본무종을 비판하며 당시 불교공관 이해에서 현학적 흔적을 지워냈다.

대로 보아야 한다는 점을 강조했고, 본무종에서는 현상계를 떠받드는 근본을 무라고 보며 유에 대비되는 무로 공을 이해했다.

그러나 이들이 불교의 공을 해석한 무나 자연 개념은 불교의 본의를 도가철학을 통해 해석해낸 전형이라고 할 수 있다. 즉 중국철학에서 전통을 계승한 유교철학을 비판하며 무나 자연을 내세운 도가철학은 유가철학과 마찬가지로 현실 세계 자체를 부정하거나 해체하는 것을 목표로 하지 않았다. 이들이 무나 자연을 주장하며 해체하고자 한 것은 현실 세계에 붙여진 개념들에 대한 비판이었다. 따라서 불교의 본의에 한 걸음 다가선 승조는 도가철학의 개념을 빌려 불교의 공을 이해한 격의불교는 불교의 공을 제대로 이해하고 있지 못하다며 비판했다. 즉 심무종에서는 마음을 공으로 봄으로써 현상계는 여전히 유로 보고 있다는 점, 즉색종에서는 색이 공인 이유를 색에 붙여진 개념 문제로 봄으로써 색 자체가 인연에 의해 화합한 것이기 때문에 공이라는 측면을 간과했다는 점, 본무종에서는 유와 대립되는 측면에서 무를 강조하고 있다는 점 등을 들어 비판했다.7)

이처럼 불교가 중국에 전래되어 정착하는 과정에서 노장 이해를 둘러싸고 이루어진 현학 사상은 매우 중요한 역할을 했다. 이는 한편으로는 불교 교리의 왜곡을 초래했지만 다른 한편으로는 중국 사상계의 새로운 도약을 가능케 했다. 노장의 개념틀 즉 유무본말 등의 이분법적 사고로 불교의 공을 이해한 것을 비판하며 불교 경전을 이해하고자 하는 노력 속에서 중국불교는 자리 잡게 되었다. 중국불교의 특징이라고 할 수 있는 종파 불교는 붓다가 설했다고 한 경전 중 붓다가 최종적으

---

7) 이 내용은 『조론』의 「부진공론」 내용을 간추려 소개한 것이다.

로 설하고자 한 내용이 기술된 경전이 무엇인가를 판정하는 교판 과정을 통해 확립되었다. 따라서 중국의 종파 불교는 중국에 전래된 불경의 번역 과정과 긴밀히 결부되어 있었다. 번역된 불경의 내용을 중심으로 전개된 종파들을 비판하며 성립한 중국불교의 정점인 선불교는 언어문자로 기술되어 있는 경전에 의지해 진리를 논하는 교파들을 부정하며 자리 잡아 나간 것이다.

수당 대 불교는 번역된 불경에 대한 분석 또는 불경을 번역하면서 전개된 복잡다단한 불교 교리를 둘러싼 논쟁을 통해 성립되었다. 따라서 이들의 불교 사상은 더 이상 인도문화권의 외래사상으로 간주할 수 없을 정도로 중국의 문화 사상 속에 뿌리내리며 전개되었다. 그럼에도 북송 시기에 유교 부흥 운동이 일어나며 불교를 비판할 때는 다시금 불교를 외래종교라며 비판했다. 하지만 송 대에 전개된 유학의 지평에는 불교 사상의 전개 과정을 통해 중국 사상계에 축적된 새로운 개념들이 유교 사상을 논하는 과정에 녹아들어 있다. 그러나 유학이라는 지향을 전면에 내세운 송 대의 지식인들에게 불교는 비판 대상으로 간주되었다. 따라서 유학자들 간의 논쟁에서 '불교적'이라는 표현은 상대의 철학 사상을 비판하는 가장 혹독한 표현이라고 할 수 있었다. 그 정점에 주희가 있었다.

주희는 자신의 철학 사상을 정교화하는 과정에서 당대 유학자들의 논의 속에 깃들인 불교적 경향들을 비판했다. 그는 자신이 스승이라고 내세우는 이정二程의 직계 제자들을 모두 불교적 경향에 물들었다며 비판했다.[8] 그리고 "정선생 문하의 제자들은 소강절과 장횡거에 견줄 때

---

[8] 『주자어류』 101-8. "도리는 자세하게 보지 않을 수 없다. 사상채, 유정부, 양구산 등처럼 정씨 문하의 대표적인 제자들도 결국에는 모두 선학으로 들어가 버렸다. 분명히 정선생은

모두 미치지 못한다"9)고 하며 정씨 문하의 직전제자들을 비판했다. 그리고 그는 자신을 이정의 제자로 자처하며 북송오자 즉 주렴계, 장횡거, 소옹, 정호, 정이를 중심으로 북송의 사상계를 정리했다. 이들이 맹자 이후 끊어진 도를 송 대에 전해주었다는 것이다. 그러나 심성수양론을 중심으로 한 이들 논의의 바탕에는 공맹 사상뿐만 아니라 수백 년 동안 이질적인 사상계에 적응하며 다양한 논의를 양산해나간 중국불교 사상이 밑바탕에 자리하고 있었다. 주희뿐만 아니라 남송 대의 학자들이 논쟁 과정에서 상대 이론을 불교적이라며 비판한 것은 그만큼 당대 유학자들에게 불교의 영향력이 강했음을 반증하는 것이기도 하다. 주자학이 성립된 이후 학자들 간의 논쟁 과정에서 상대 이론을 비판하며 불교적이라 비판한 내용은 철학 논쟁 내지는 이념 투쟁 과정이라고 할 수 있다. 그러나 자기 이론을 정당화하는 과정에서 마지막에 기댄 잣대는 자기 이론의 원류를 제시하는 것이었다. 주희의 도통론은 그러한 전통을 전면적으로 부각시키며 철학적으로 설명한 예라고 할 수 있다.

3 주희의 유학사관과 불교 비판

불교가 번성한 당이 멸망한 후 오대십국으로 나누어졌다가 이를 통

처음에 고원한 것을 말했을 것이다. 그들은 단지 이 한 부분만 보고 그 내면에 착실하게 행해야 할 공부를 소홀히 했다. 그러므로 폐단이 이에 이른 것이다"(看道理不可不子細. 程門高弟如 謝上蔡游定夫楊龜山輩, 下梢皆入禪學去. 必是程先生當初說得高了, 他們只見一截, 少下面著實工夫. 故流弊至此, 義剛). 이어 다음과 같은 구절이 있다. 『주자어류』101-9. "유정부, 양구산, 사상채는 처음에 모두 선을 배웠다. 이후 그 잔재가 남아있었으므로 그들에게 배운 사람들도 대부분 선으로 흘렀다. 그중 유선생이 가장 선학에 가깝다"(游楊謝三君子初皆學禪, 後來餘習猶在. 故學之者多流於禪. 游先生大是禪學, 德明).
9) 『주자어류』101-1. "…… 看程門諸公力量見識, 比之康節橫渠, 皆趕不上."

일한 송 대는 중앙집권제와 문치를 표방했다. 이는 당말의 혼란이 지방 귀족들에게 독립적으로 군사권을 행사할 수 있는 권한을 부여한 데서 연원한다는 인식이 가져온 결과였다. 현재 중국 역사의 전환을 논할 때 당송 교체기에 주목할 것인가, 아니면 북송에서 남송으로의 교체기에 주목할 것인가는 학계에서 논란이 되고 있는 문제이다. 남송 대의 주희는 도통론에 입각해 공자의 도가 증자, 자사, 맹자로 이어진다는 공맹의 계보를 제시했고, 북송 대에는 주렴계, 장횡거, 소옹, 정호, 정이라는 북송오자를 세워 북송 대의 계보를 제시했다. 그의 『사서집주』는 선진시기 유학사를 도통관에 입각해 정리한 결과물이며, 『근사록』은 북송 대의 사상계를 정리한 책이라고 할 수 있다.

　이와 같은 선진유학관과 북송 대의 유학관은 주희 철학 사상의 산물이라고 할 수 있다. 따라서 그의 도통관에 입각해 기술된 선진유학사와 북송 유학사는 선진 시기와 북송 시기를 객관적으로 기술한 것이라고 할 수 없다. 그의 도통관에 의해 오랜 기간 순자는 중국철학사에서 잊혀진 인물처럼 기술되었고, 북송 대의 유학 부흥을 이끄는 데 기여한 범중엄이나 호원, 손복, 석개는 물론 구양수, 왕안석, 사마광, 소동파 등 유교 이념으로 무장한 북송 대의 신진사대부의 사상에 대해 적어도 사상계에서는 소홀히 다루게 되었다.

　그러나 북송 시기 이들의 영향력은 이정만큼이나, 아니 이정보다 더 강했다고 할 수 있다. 북송 시기 유학자들의 사상은 남송 대 이래 중시된 심성론 중심의 사상은 아니었다. 따라서 내향화 즉 심성론 중심의 사상의 변화에 주목한 서구 학자들은 중국의 역사 변화를 논할 때 당송 교체기보다는 북송과 남송 교체기에 주목하고 있다.10) 실제로 북송 대의 유학에서 주희가 제기한 북송오자는 북송유학의 한 유파에 지나지 않았다. 주희는 이들 유학에 대한 비판적 계승을 통해 철학 체계를 완성한 것이다. 주희로 인해서 그들은 중국철학사의 중심으로 자리 잡게 된 것이라 해도 무방하다. 주희는 이들 사상에 대한 비판적 독해를 통해 자신의 철학을 완성했다. 이는 그의 철학에서 중요한 개념인 무극태극無極太極은 주돈이의 『태극도』에서 가져왔으며, 기질지성氣質之性은 장횡거에게서 가져왔고, 성즉리性卽理는 이정에게서 가져온 것을 보아도 알 수 있다.

주희는 내향화 내지는 심성론 중심으로 전향한 남송 대의 유학의 정점에 자리한다. 주희가 생존한 남송 대는 금에 의해 수도가 개봉에서 항주로 남천한 시기였다. 따라서 이 시기에는 '중원 회복' 문제를 둘러싸고 정파 간에 많은 갈등이 노정되었다. 주희는 고종(1127년 즉위), 효종(1162년 즉위), 광종(1189년 즉위), 영종(1196~1224년)이 치세한 시기를 살았다. 그중 효종은 중원을 회복해 송의 사직을 편안하게 해야 한다는 생각으로 고종보다 금을 공격하는 데 더 적극적이었다. 이때 주희는 「임오응소봉사壬午應詔封事」를 올려 제왕의 학문에 힘써 중원을 회복해야 한다고 했다. 그러나 효종은 1164년에 금과의 전쟁에서 패한 이후 강화 입장으로 선회하게 되었다. 또한 주희가 남강군 지사로 있던 1180년에는 「경자응소봉사」를 올려 천하국가의 임무는 휼민보다 더 큰 것이 없으며, 휼민의 근본은 또한 인군이 마음 씀을 바로 해 기강을 세우는데 있다고 하며 측근의 말만 듣는 임금을 질정했다. 그리고

10) 대표자로 제임스 리우와 피터 볼이 있다. 피터 볼의 저술은 심의용이 2008년에 북스토리에서 『중국지식인들과 정체성』으로 번역했다. 그들의 저술은 다음과 같다. James Liu, "China Turning Inward: Intellectual-political Changes in the Early Twelfth Century", Harvard University Press, 1974와 Peter K. Bol, "This Culture of Ours: Intellectual Transitions in T'ang and Sung China", Stanford University Press, 1992.

1188년 10월에는 조정에 들어가 11월에 「무신봉사」를 올려 대본과 급선무를 말했다. 주희는 당시 천하의 국면을 분석하면서 국가의 장기적 분열에 반대하고 국가 통일을 실현해야 강성할 수 있음을 강조했다. 그러므로 그는 편안함에도 위태로움을 생각하며 당시 힘써야 할 요체를 깊이 알아 선왕의 두에 합치시겨 사회 개혁을 진행할 것을 제창했다. 따라서 올바른 임금이 근본으로 하는 6조 개혁의 급선무를 제출했다. 그는 효종이 노불의 학문을 존숭하는 데 불만을 품고 성왕의 도를 세워 통치 사상의 지주로 삼을 것을 요구했다. 또한 임율 등의 부류가 도학의 죄명을 붙여 강직하고 정직한 선비를 공격해 위로는 성총에 미혹되고 아래로는 풍속을 어지럽힌다고 격렬하게 비난했다. 그러나 효종은 이를 채용하지 않고 주희를 한직으로 발령냈다. 이처럼 이 시기에는 한창 강화파와 주전파가 첨예하게 대립하고 있었다. 주희뿐만 아니라 대부분의 도학자는 강력하게 주전파 입장을 견지했다. 따라서 강화파가 정권을 잡은 주희 만년에는 도학이 위학으로 선포되어 금지되기도 했다.

주희는 부군을 다스릴 때 다양한 사회 개혁안을 개진하고 서원을 중심으로 한 여러 교육 사업을 시행했다. 그는 1148년에 진사가 되었고 1153년에 동안同安에 임명되어 가는 길에 이통을 만나 젊은 시절 매혹되었던 불교로부터 벗어났다고 자술하고 있다. 그리고 1163년에는 장식과 만나 토론하며 호상학을 접하게 되고 이후 사상의 전환 및 성숙기에 접어들었다. 1175년에는 여조겸과 『근사록』을 편집하며, 여조겸의 주선으로 육상산과 아호 논쟁을 펼쳤으며, 1177년에는 『주역본의』와 『논맹집주』를 완성했다. 1178년에는 남강군지사로 있으면서 구휼활동을 하고 백록동서원을 중건했다. 1182년에 귀향하고 1183년에는 무이정사에서 강학하며 강서 육학과 영강 사공학을 강하게 비판했다.

1188년에는 「태극도설해」와 「서명해의」를 보급했으며, 「무신봉사」를 통해 노불 학문을 비판하고 성왕의 도를 통치 사상의 지주로 삼을 것과 강직하고 정직한 선비를 공격하는 것을 비판했다. 그리고 1189년에는 『학용장구집주』를 완성했다. 1190년에는 장주지사로 있으면서 사회 개혁에 이바지했으며, 사서를 간행해 경세치용을 제창했다. 그러나 1196년에 한탁주에 의해 '위학의 금'이 확장되면서 사서가 금서로 지정되었다. 주희 사후 1202년에 '위학의 금'이 완화되었으며, 1209년에야 비로소 주문공이란 시호를 수여받게 되었다.

주전파인 도학자들에게 이적에 대한 비판은 학술적으로는 이단 비판과 맥을 함께했다. 특히 유학 부흥 운동을 펼치며 문치를 강조한 북송 대의 유학자들은 수당 대에 유행한 불교를 비판할 수 있는 새로운 유학 이론을 모색했다. 따라서 북송 시기 이정이나 장횡거에게도 불교는 비판 대상이었다. 특히 여진족의 침입으로 남하한 후 주전파와 강화파의 대립이 정국을 이끌어가던 시기를 산 주희는 이단 비판과 성학의 수립을 사명으로 삼았다. 강화파와 주전파의 대립 속에서 이단 비판 의식이 고양되었을 때 주희는 『대학』, 『중용』의 서문을 완성했다. 그것이 『중용』 서문에 고스란히 반영되었으며 주희에게 사서는 세상을 다스리는 핵심적인 사상을 논하는 경전으로 승격되었다. 따라서 이적을 비판해야 한다는 정치적 견해를 피력하는 도학자들에게 이단 비판은 정치적으로도 학문적으로도 중요한 위치를 차지했다.

주희가 41세부터 말년까지 30여 년간 제자들과 나눈 대화 내용을 기록한 『주자어류』에는 이단 비판의 내용이 별도의 권으로 편집되어 있다. 육씨, 노씨, 석씨편이 그것이다. 불교 비판의 경우 석씨편 이외에도 문인들과 나눈 대화 곳곳에 그러한 비판의 내용이 산재해 있다. 이는 주희가 이론을 정교화하는 과정에서 외부의 불교뿐만 아니라 정문 제자들 중에도 불교에 빠진 사람들이 많다며 이들의 불교적 경향을 비판하고 있기 때문이다. 특히 정이가 "내 도가 남으로 내려갔다"고 말한 데서 이름 붙여진 도남학의 창시자이자 주희의 스승인 이통의 학문 원류인 이정의 직전제자 양시楊時에 대해 주희는 불교적인 경향이 있다며 비판했다. 그리고 문인들과 당대 학자들이 행한 불교 비판의 내용에 대한 평가도 빈번히 이루어지고 있다. 『주자어류』 중 정자문인편에는 다음과 같은 구절이 있다.

정씨 문하 제자들은 당시 이정을 직접 뵈었으나 석씨에 대해서는 대부분 간파하지 못하고 이해할 수 없었다. 『중용』에서 중을 말하는 곳을 보면 알 수 있다. 구산은 우리 유학은 석씨와 차이가 매우 미세할 뿐이라고 했다. 나는 '어찌 단지 미세할 뿐이겠는가? 근원에서부터 다르지 않은가?'라고 말했다. 백풍이 묻는다. '『숭정변』은 어떻습니까?' 이에 '『숭정변』은 좋다'고 답한다. 백풍은 말한다. '지금 선학가들도 변론한 것이 모두 이 문중에서는 그렇다고 여기지 않는다고 합니다.' 이에 다음처럼 답한다. '우리 유자들은 삼강오상을 지켜나가는 것 아니겠는가? 사람의 도에 옳지 않은 점이 있다면 우리 유자들도 그렇지 않다고 말할 수 있지 않은가?' 또 묻는다. '이 책은 단지 그 흔적만을 논했습니다.' 이에 다음처럼 답한다. '그 흔적을 논하는 것 역시 좋다. 이천은 흔적에서 끊는 것만 못하니 필경 그 흔적은 그곳에서 나왔다고 했다. 호명중이 그 책을 지어 명백하게 말했다. 호오봉이 석씨를 말한 곳은 모호하다. 그들을 차단하지 못했다. 『황왕대기』 중에도 몇 단이 있는데 역시 분명하지 않다.'[11]

『숭정변』은 호인胡寅(1098~1156년)의 저작이다. 주희의 제자 백풍이 『숭정변』은 흔적만 논했다고 하며 불만을 토로하자 주희는 옳고 그름을 가리는 기준 즉 삼강오상을 지켜나가는 것으로 충분하다며 『숭정변』을 높이 평가한다. 이는 다음의 대화에서 더욱 분명하게 드러난다.

'무릇 매사에 먼저 시비사정을 알고 사견을 모두 제거하면 지극히 공정한 이치는 저절로 있게 된다.' 대아가 말한다. '석씨는 외물의 번뇌를 제거하고자 선악을 가리지 않고 모두 제거하려 한다. 범부와 성인의 정념이 모두 제거되어 붓다를 알게 된 연후에 오고 감이 자유롭게 된다고 한다. 그러나 우리 도는 단지 사견만 제거할 뿐이다. 사견이 제거되면 옳지 않은 곳이 없게 된다. 그러므로 살아서는 외물의 번뇌에 물들지 않고 죽어서도 그렇다.' 이에 다음처럼 말한다. '성인은 사후를 말하지 않는다. 이미 죽었다면 다시 무슨 일을 말하겠는가? 성인은 단지 태어난 이후부터 죽기 전까지를 말할 따름이다. 반드시 그에 대해 세밀하게 이해하는 것이 도리의 가르침이다. 호명중 시랑이 잘 말했다. 사람은 살아있는 것인데 붓다는 삶을 말하지 않고 죽음을 말한다. 사람의 일은 볼 수 있는데 붓다는 분명히 볼 수 있는 것은 말하지 않고 그윽이 숨겨져 있는 것을 말한다. 석씨는 선악을 따지지 않고 단지 그를 높이는 사람은 좋은 사람이고 그를 저버리는 사람은 지옥에 간다고 할 따름이다. 이와 같다면 사람을 죽인 사람이 그를 높이면 천국에 간다

---

11) 『주자어류』 101: 16. "程門諸子在當時親見二程, 至於釋氏, 卻多看不破, 是不可曉. 觀中庸說中可見. 如龜山云: '吾儒與釋氏, 其差只在秒忽之間.' 某謂何止秒忽? 直是從源頭便不同?" 伯豐問: "崇正辨如何?" 曰: "崇正辨亦好." 伯豐曰: "今禪學家亦謂所辨者, 皆其門中自不以爲然." 曰: "不成吾儒守三綱五常, 若有人道不是, 亦可謂吾儒自不以爲然否?" 又問: "此書只論其跡?" 曰: "論其跡亦好. 伊川曰: '不若只於跡上斷, 畢竟其跡是從那裏出來.' 胡明仲做此書, 說得明白. 若五峰說話中辨釋氏處卻糊塗, 關他不倒. 皇王大紀中亦有數段, 亦不分曉."(59세)

고 할 수 있다.' 대아는 말한다. '우적이 『전등록』에서는 법사가 되었다고 한 것을 볼 수 있습니다.' 이에 '그렇다'고 하였다.12)

윗글은 『주자어류』 석씨편에 실려 있는 글이다. 이처럼 주희의 불교 비판은 옳고 그름을 가리는 기준을 분명하게 하는 데 있었다. 이 과정에서 실리實理를 논하기도 하고 성리性理를 논하기도 한다. 그러나 앞서 백풍이 주희에게 호인의 『숭정변』을 비판한 이유는 그의 불교 비판론에 형이상학적인 논의가 미흡했기 때문이다. 또한 불교와 유교의 차이를 논하는 곳에서는 하늘이 명한 것을 성이라고 한다는 『중용』의 천명지위성에 바탕해 이를 실리라고 하며 불교에서 텅 빈 공에 대한 깨달음을 강조하는 것과 대비시킨다.13)

이처럼 문인과의 기록이 방대하게 수록되어 있는 『주자어류』는 다양한 판본이 존재하는데 중화서국본 『주자어류』는 여정덕이 1270년에 간행한 것을 바탕으로 했다. 후대에 주자학 연구자들에게 『사서집주』는 물론 『주자문집』, 『주자어류』가 중요한 텍스트가 된다. 『주자문집』은 주희가 직접 쓴 글들을 모아 놓은 것이고, 『주자어류』는 주희

---

12) 『주자어류』 126: 67. "凡遇事先須識得箇邪正是非, 盡歸私見, 則至公之理自存." 大雅云: "釋氏欲驅除物累, 至不分善惡, 皆欲歸盡. 云凡聖情盡, 卽如知佛, 然後來往自由. 吾道卻只要歸去邪見, 邪見旣去, 無非是處. 故生不爲物累, 而死亦然." 曰: "聖人不說死, 已死了, 更說甚事? 聖人只說旣生之後, 未死之前, 須是與他精細理會道理敎是. 胡明仲侍郞自說得好: '人, 生物也, 佛不言生而言死人事可見, 佛不言顯而言幽.' 釋氏更不分善惡, 只尊向他底便是好人, 背他底便入地獄. 若是箇殺人賊, 一尊了他, 便可生天." 大雅云 "于頓在傳燈錄爲法嗣, 可見." 曰: "然." 大雅(49이후)

13) 『주자어류』 126: 41. 曹問何以分別儒釋差處. 曰: "只如說'天命之謂性', 釋氏便不識了, 便遽說是空覺. 吾儒說底是實理, 看他便錯了. 他云: '不染一塵, 不捨一法.' 旣'不染一塵', 卻如何'不捨一法'? 到了是說那空處, 又無歸著. 且如人心, 須是其中自有父子君臣兄弟夫婦朋友. 他做得徹到底, 便與父子君臣兄弟夫婦朋友都不相親. 吾儒做得到底, 便'父子有親, 君臣有義, 兄弟有序, 夫婦有別, 朋友有信'. 吾儒只認得一箇誠實底道理, 誠便是萬善骨子."

가 제자들과 나눈 대화를 기록한 노트를 편집한 것이다. 따라서 『주자어류』는 주희 제자들의 생각이 반영된 글로 볼 수 있다. 그러나 주희와 그의 제자들 간에 이루어진 대화는 당대 유학자들의 문제의식을 좀 더 생생하게 엿볼 수 있게 해준다.

주자학 연구에 몰두한 조선 시기에는 『사서집주』는 물론이고 『주자문집』, 『주자어류』 연구가 활발했다. 그리하여 다양한 판본이 간행되었다. 『주자어류』의 경우 "후지모토 요시오의 조사에 따르면 조선조에 『어류』는 적어도 전후 7회나 간행되었으며 첫 간행은 중종 39년 1544년이다. 7종 중 가장 선본은 영종 47년(1771년) 간인 이른바 영조 간본이다. 또한 송시열은 『주자어류』 축약본인 『주자어류초』를 발간했고 말년에는 『주자어류소분』을 발표했다"14)고 한다. 순암 안정복 역시 동궁에서 정조의 학문을 보좌하던 영조 51년(1775년)에 『주자어류절요』를 편찬하기 시작했으며 다음해(1776년) 2월에 8권 8책으로 완성했다.15) 이처럼 한국에서는 16세기 이래 주자학 연구의 기본 바탕이 되는 『주자문집』이나 『주자어류』를 보급하기 위해 활발한 출판이 이루어지고 각종 편저가 편찬되고 있었다.

본고에서 다루는 『이학집변』은 『주자문집』과 『주자어류』 등을 읽으며 이단 비판 내용을 채록하고 이에 대해 자기 견해를 피력한 책이다. 류건휴는 서문에서 성학이 밝혀진 것은 정부자 형제가 떨쳐 일어나서부터였지만 이단 비판은 주희 대에 이르러 확고히 되었다는 점을 강조하며 "적진을 완전히 소탕한 공을 볼 수 있다"고 말한다. 그만큼 당시 주자학 연구에서 『주자문집』과 『주자어류』는 중요한 위치에 있었

14) 미우라 구니오, 「한국어판 서문」, 『주자어류선집』(이승연 옮김), 예문서원 2012년, 6쪽.
15) 정선모, 「안정복의 『주자어류절요』고」, 『한국실학연구』 25, 2013년, 113쪽.

다. 또한 『이학집변』 서문의 처음과 끝에는 자사의 『중용』을 언급하고 있다. 이는 이단을 비판하는 이론적 기반을 『중용』에 두고 있음을 시사하는 것이라고 할 수 있다.

앞에서도 볼 수 있듯이 주희는 사상 체계를 정립하는 과정에서 이단, 그중에서도 특히 불교와의 차별성을 드러내는 데 힘썼다. 따라서 여정덕이 『주자어류』를 편찬하는 과정에서는 126권에 석씨편을 두고 있으나 주희의 불교 비판 어록은 이에 한정되지 않고 『주자어류』 전편에 산재해 있다. 즉 주희는 육상산과 노장을 비판할 때면 항상 불교와 결부시켜 비판하며, 그 이전에 정자의 문인이나 양시 문인, 호안국 문인 등을 비판할 때면 항상 불교적이라고 하며 도학과 불학의 경계를 긋고 있다. 따라서 육씨편, 노씨편뿐만 아니라 정자문인, 양시 문인, 호안국 문인편 등에서도 주희의 불교 비판의 이론적 근거들을 찾아볼 수 있다.

따라서 류건휴의 『이학집변』의 선불교 비판 부분에서는 『주자어류』의 석씨편을 중심으로 선불교 비판 구절을 편집하지 않고, 주희의 『사서집주』나 『주자문집』, 『주자어류』 전편에 걸쳐 불교 비판과 관련 있는 구절을 채록해 자신의 이단 비판 관점을 서술하며 철학적 견해를 피력하고 있다. 또한 『이학집변』의 선불교 비판은 『주자어류』 석씨편처럼 원류를 중시하는 사고에 최종적 근거를 제시하지 않고, 주희의 불교 비판론을 철학적 논의의 장으로 이끈 대표작이라고 할 수 있다. 이는 당시의 조선철학 사상계에서 불교는 더 이상 유교와 대등한 입장에 서 있지 않고, 주자학을 둘러싼 다양한 분파가 나뉘어 이론 투쟁을 전개하고 있던 상황의 결과였다고 할 수 있다.

4 ─── 『이학집변』의 선불교 비판의 기본적인 문제의식

『이학집변』은 19세기에 재야의 영남 유생 류건휴의 사상뿐만 아니라 영남 호파들의 이단 비판 사상을 엿볼 수 있는 중요한 자료이다. 류건휴의 대표작으로는 『이학집변』 이외에 『동유사서해집평』과 『계호학적』이 있다. 이들은 모두 선배학자들의 글들을 주제별로 분류해 편찬한 저술이다. 그중 『이학집변』은 그의 말년작일 뿐만 아니라 각 항목에 대한 자신의 해설도 다른 두 편찬서보다 많은 편이다. 특히 선불교 비판의 경우 각 항목의 선별뿐만 아니라 분류 방식에서도 그의 이단 비판 사상을 엿볼 수 있다. 반면 『계호학적』에는 그의 논평이 없고, 『동유사서해집평』은 30대에 완성한 초년작일 뿐만 아니라 논평 역시 『이학집변』에 비해 소략한 편이다. 또한 『이학집변』은 서명에서도 알 수 있듯이 이단 비판에 대한 성리학자들의 글들을 모아 편찬했다. 『동유사서해집평』이나 『계호학적』이 조선의 유학자들의 글을 대상으로 한 것인 반면 『이학집변』은 주희의 『문집』과 『어류』를 기본으로 하고 명대의 진건이나 첨릉詹陵(?~?)의 글로 보충했으며 이황과 이상정의 글도 몇 항목 추가되어 있다. 당대 조선의 성리학자들이 주자학을 논하는 과정에서 방대한 주희의 서적을 핵심을 추려 편찬하는 일은 빈번했다. 그러나 이단 비판이라고 하는 특정 주제를 내세워 편찬한 서적을 발간한 이는 과문한 탓인지 모르겠으나 류건휴를 제외하고는 없었다.

중국에서 이단 비판의 글을 모아 편찬한 서적으로는 진건의 『학부통변』(1548년 서문)과 첨릉의 『이단변정』(1525년 서문)이 있다. 류건휴는 『이학집변』 서문에서 주희의 글과 함께 이들 서적을 참조했다고 밝혔다. 『이단변정』은 서명에서도 알 수 있듯이 "사설邪說을 변별해내 우리 도의 바름을 지키는 것"을 목적으로 했다. 이 책의 서문에 "노불은 선학禪學을 제거하지 않으면 멸하지 않는다"고 하며, "선학은 이단 중의 이단"이며, "후세 유자들이 선학에 빠진 것은 우리 도 중의 이단"이라고 말하고 있다. 류건휴는 불교 비판에 붙인 소제목을「선불禪佛」이라고 했는데, 첨릉 역시 이단을 비판하며 선학을 가장 경계해야 한다고 여겼다. 『이단변정』은 상중하 3권으로 되어 있다. 상권에서는 이정, 장횡거, 주희의 석노 비판 글을 성리학의 주요 개념에 따라 분류했고, 중권에서는 노불을 비판한 문장을 선별해 실었으며, 하권에서는 잡론이라고 해 유자 중 선학에 빠진 자들을 변별한 글들을 모았다. 첨릉은 석노 비판의 글을 편집할 때 주희의 글만 대상으로 한 것이 아니라 이정, 장횡거를 비롯해 남송 대의 사상채, 사마광, 호인 등의 글에서도 두루 채록했다. 『이단변정』은 명종 6년인 1551년에 조선에 들어왔으며, 명종은 이 책을 즉시 출간해 널리 배포하도록 했다.16)

반면 『학부통변』은 원명 대에 널리 퍼진 주륙화회설이라든지, 왕수인이 주장한 주자만년정론에 깃들인 주자학에 대한 오해를 바로잡기 위해 편찬된 것으로, 배움을 가리는 이단으로 불교, 육상산, 왕양명을 들어 이들을 비판했다. 『학부통변』에서는 이단으로 불교를 비판하기는 했으나 주된 목적은 육왕학에 깃들인 불교적 색채를 비판하며 정학으로서 주자학을 드러내는 데 있었다. 『학부통변』은 선조 6년 1573년에 조선에서 간행되었고, 1581년에 이이는 『학부통변』 발문을 썼다. 반면에 첨릉의 『이단변정』에서는 육왕학을 직접 거론하지 않고 오로지 불교와 노장 비판만 언급하고 있다.17) 그러나 이들이 활동한 시기는 양

---

16) 『명종실록』 6년 3월 16일.
17) 아라키 겐코에 따르면 첨릉의 『이단변정』은 중국에서 주목받은 흔적이 없고, 현존하는

명학이 성행한 시기였으므로 양명학을 이단으로 배척하기 위해 주희가 불교나 노장사상을 이단으로 배척한 이론적 근거에 바탕해 양명학을 비판하고자 한 것이라고 할 수 있다.

그러나 류건휴 당시 조선에서는 중국에서처럼 양명학이 주자학을 압도할 정도의 세력을 얻지 못했다. 류건휴가 활동한 당시 정쟁으로까지 비화된 이단으로는 서학이 있었다.18) 따라서『이학집변』에서는 마지막 한 권을 할애해 서학 비판을 비중 있게 다루었다.19) 특히『이학집변』권말에 실린 류형진柳衡鎭(1796~1864년)의 발문(1862년)과 류남규柳南珪(1812~?)의 발문(1879년)에는 당시 성행한 서학에 대한 경계심이 짙게 드리워져 있다. 당시 조선에서 서학이 성행하자 류건휴의『이학집변』이 더욱 주목받게 되었다고도 볼 수 있다. 그러나 서학 비판이『이학집변』의 편찬 계기 중의 하나일 수는 있으나 그것이 중심이었다고 보기에는 부족한 부분이 있다. 왜냐하면 그는 서문에서 서학의 이론적인 부분은 "석씨와 노씨의 찌꺼기를 주워 모은 것으로 지극히 비루해 사람을 속일 정도도 못 된다"고 평하기 때문이다. 또한 이황은 이단

판본은 한국 조선고판본과 일본 도쿠가와 시대 판본만 볼 수 있다고 한다. 그는『이단변정』은 분명 당대에 유행한 양명학 비판이 주된 목적이었을 텐데도 원문에서는 선종이나 노장만 비판한 것은 당시 양명의 공적이나 명성 때문이었을 것이라고 한다. 이 때문에 본심을 숨기고 오로지 정자나 주자의 이단 배척의 논조를 모방하는 데서 끝났기 때문에 첨릉의 논의는 독창성이 결여되어 있다고 평가한다. 그는 첨릉의『이단변정』이 중국에서 주목받지 못한 것도 이 때문일 것이라고 추정한다(荒木見悟,「異端辨正解題」『魯齋全書, 魯齋心法, 異端辨正』, 中文出版社, 廣文書局, 1975).

18) 최초의 천주교 박해 사건인 신해사옥은 1791년에 있었으며, 1801년에는 황사영 백서사건으로 정약용은 강진으로, 정약전은 흑산도로 유배된다. 이 시기 류건휴는 24세, 34세였다.

19) 김선희는『이학집변』중 서학 비판은 대부분 그의 스승이던 남한조가 이익과 안정복이 행한 서학 비판의 미진함을 지적한 내용으로 구성되어 있다고 한다(김선희,「19세기 영남남인의 서학 비판과 지식권력: 류건휴의『이학집변』을 중심으로」,『한국사상사학』51, 2015).

을 비판하기 위해 이단의 글을 읽다가 이단에 빠질 수 있다며 확고한 이론적 기반을 다져야 이단에 빠지지 않을 수 있다는 점을 강조했다.20) 따라서 류건휴가 이단을 비판하는 중심에는 이단과 정학의 차이를 밝혀 확고한 이론을 정립할 필요성에 대한 자각이 자리 잡고 있었다. 이는 『이학집변』의 선불교 비판 과정에서 뚜렷이 드러난다.

이러한 태도는 영남의 호파 유학에서 견지되었던 태도로 『이학집변』의 발문에도 그대로 나타난다. 발문에서 류형진은 서학을 경계하면서도 "성학에 힘을 쏟아 참되게 알고 실천하면 이단과 오랑캐의 가르침은 물리치려고 하지 않더라도 저절로 물러갈 것"21)이라고 하고 류남규 역시 "지금 예수 무리들이 백성들과 국가에 해를 끼치는 것이 불교보다 심하므로 반드시 우리 유학을 성인의 도리를 통해 천명해 경을 세우고 기를 펴서 스스로 지킬 방도를 엄격하게 해야 확실하게 물리치는 공을 기대할 수 있다"22)고 했다. 이는 류건휴가 『이학집변』에서 이단을 비판한 태도를 그대로 반영한 것이다.

아마도 류건휴는 이단과 정학의 차이를 밝히는 것을 평생의 학문적 과제로 삼았던 듯하다. 이는 그가 평생의 스승으로 섬긴 류장원이 그에게 남긴 과제이기도 했다. 1796년에 그는 와병 중이던 류장원으로부터

---

20) 『퇴계선생문집』 10권 答盧伊齋. "明道先生云. 釋氏於吾儒. 句句同. 事事同. 然而不同. 今雖固知其有同. 然如我輩當尋箇不同處. 堅定脚跟. 不要轉步. 何可輕言不害相近耶. 程子又云. 若欲窮其說而去取之. 則已化爲佛矣. 夫欲窮其說而去取之. 猶不免墮落. 況以不害相爲說乎." 이 구절은 『계호학적』 12권 변이단편에서 가장 처음에 배치된 구절이다.
21) 류형진, 「跋」, 『異學集辨』. "世之君子. 苟能於此用力. 眞知實踐. 則異端夷敎. 不待闢而自闢矣. 先生無恙時. 衡鑽. 亦嘗參所餘論. 而未及細究其如何. 易簀後. 其書始出. 近始紬繹參攷. 略加丁乙. 因書所感於中者如左云爾."
22) 류남규, 「跋」, 『異學集辨』. "…… 方今耶蘇之徒. 禍人家國. 甚於佛. 必待吾儒闡明乎先聖之道. 立經陳紀. 嚴其自守之方. 然後可冀其郭闢之功. 而老師眞儒如先生者. 蓋亦已沒矣. 斯文之憂. 益復鴻洞. 先生姓柳. 諱健休. 大埜其自號. 集賢殿學士笑臥堂先生之後也."

주희의「재거감흥이십수齋居感興二十首」에 대한 여러 학자의 해석을 모아 편찬하려던 작업의 마무리를 부탁받았다. 류장원은 그에게 그 시는 "정학을 밝혀 이단과의 차이를 드러낸 것으로『중용』과 공이 같다"고 하며, "네가 이 일을 할 수 있다면 아마도 대의를 세워 통하게 하는 데 일조할 수 있을 것이다"라고 했다.23) 이는 류장원이 류건휴에게 준 마지막 유언과 같은 것으로 류건휴는 스승 사후 이 일을 마무리지었다고 했다.24) 그는 이후「재거감흥이십수」에 대한 여러 학자의 해설을 모아 정리하는 작업에 그치지 않고,『중용』에 대한 연찬을 통해 수립한 이론적 기반에 바탕해 이단과 구분되는 정학을 밝힌 결과물을 세상에 내놓게 된다. 그것이 바로『이학집변』이다. 이는『이학집변』서문이 "자사는 이단의 학문이 참됨을 어지럽힐 것을 걱정해『중용』을 지어 후세를 일깨웠으니 성학을 밝힌데 지나지 않는다"25)로 시작되는 것을

---

23)『大埜文集』권9.「書感興詩後」. "丙辰夏, 東巖先生寢疾, 健休朝夕候謁, 一日先生謂曰, 朱先生感興詩, 始言一理, 中散爲萬事, 末復合爲一理, 所以明正學辨異端, 與中庸同功, 使人感發, 易於開悟, 又不在三百篇之下. 學者宜潛心焉. 顧諸儒訓釋, 散在別本, 初學之士, 病其不能偏觀, 予欲裒粹, 以便攷閱而未果. 汝若辦裡此事, 庶或爲剘通大義之一助也, 未幾先生易簀, 大懼失墜遺志, 參互諸錄而第錄之, 因識其後. 以寓感慨之懷云."

24) 주희의「재거감흥이십수」는 당나라 시인 진자앙陳子昻의 감우시感遇詩에 자극받아 지은 것으로, 주희는 진자앙의 시가 훌륭하기는 하나 선불 사이에서 이치에 정밀하지 못한 점을 안타깝게 여기다가 이 시를 짓게 되었다고 한다. 이처럼 주희의 이 시는 이단 비판 의식과 긴밀히 결부되어 있었다. 현재 영남 지역에 전해지는 주희의「재거감흥이십수」관련 저술로는 후산 이종수(1722~1797년)의 저술로 알려진『주자감흥시제가집해』가 있다. 이 저술은 저자가 확정되지 않았으나 이병원(1774~1840년)의 발문에 따르면 이종수 저술로 전해진다. 발문에 따르면 이병원은 이종수가 이 글을 완성한 후 겸양의 뜻에서 표제와 발문을 달지 않았다고 한다. 그러나 현재 류건휴가 스승인 류장원의 뜻을 이어 완성한 주희의「재거감흥이십수」관련 저술은 전해지고 있지 않으며, 이종수는 류장원과 이상정 문하에서 동문수학했으므로 이 저술은 류건휴가 스승의 뜻을 이어 정리한 것일 수도 있다는 생각이 든다. 하지만 이는 본고의 주제를 넘어선 것이므로 차후 연구로 미룬다.

25)『이학집변』서. "子思子, 憂異學之亂眞, 而作『中庸』, 以詔後世, 不過明聖學而已."

보아도 알 수 있다.

　『중용』은 사서 중의 하나로 주희는 1189년에 『대학』과 『중용』 서문을 통해 자신의 사서관을 확고히 표명했다. 특히 『중용』 서문은 주희 도통관의 철학적 내용을 담고 있다. 이로부터 인심도심설이 철학적 논의로 제기되었으며, 심설, 지각론 등이 주자학의 담론 속으로 들어오게 되었다. 주희는 전 생애에 걸쳐 몇 차례 사상의 변화를 겪게 되는데, 그 과정에서 당대 유학자들의 논의 속에 내재되어 있는 불교적 색채를 비판했다. 이는 동시에 자신의 이론 속에 내재되어 있던 불교적 색채를 지워나가는 과정이기도 했다. 송 대 이후 유학자들에게 불교는 자신의 이론을 정교화하는 과정에서 극복해야 할 가장 큰 과제였다. 이는 주희뿐만 아니라 주희에게서 불교적이라며 비판받은 육상산조차도 상대 이론을 비판할 때면 불교적이라며 비판한 데서도 알 수 있다. 이처럼 송 대의 유학자들이 유학의 수행론을 정립하는 과정에서 주목하게 된 심성론의 확립은 불교 심성론과의 차별성을 논하는 과정에서 이루어졌다고도 할 수 있다. 결국 '어떠한 관점에서 불교를 비판하는가'가 이론의 토대를 이해하는 중심축이라고 보아도 과언이 아니었다.

　이러한 측면에서 『이학집변』의 선불교 비판은 단순히 불교 비판에 그치는 것이 아니라 불교 비판을 통해 세우고자 한 정학, 즉 성인의 학문을 논한 것이라 볼 수 있다. 특히 주희가 성리학의 이론틀을 제시하는 과정에서 불교와의 차별성을 논했다면 류건휴는 이미 성리학이 지배 사조가 된 조선, 조선 중에서도 성학을 일상생활에서 그대로 체현하고자 노력한 공동체 집단인 영남 지역에서 이단 비판을 통해 정학을 재천명하고 있다. 이는 진정한 성인의 학문을 생활 속에서 실천해 나가고자 하는 노력 속에서 이루어진 결실이라고 할 수 있다. 『이학집변』의 선불교 비판을 통해 이러한 실천 속에서『중용』을 재발견하고 그 의미를 재천명하고 있는 모습을 확인할 수 있다.

이처럼『이학집변』의 선불교 비판에서는 단지 선불교 비판 자체에만 집중한 것이 아니라 그를 통해 정학의 방향을 제시하고자 한 류건휴의 목적의식이 뚜렷이 드러난다. 이러한 특징은 주희 사후 70년이 지난 1270년에 여정덕이 편찬한『주자어류』중 126권 석씨편의 편집 방향과 비교해보면 더욱 분명하게 드러난다. 따라서『이학집변』의 선불교 비판의 특징을 논하기에 앞서 이를 주희의 불교 비판 어록을 모아 편집한『주자어류』석씨편의 편집 방향과 비교해보기로 하겠다.

5 『주자어류』의「석씨」와『이학집변』의 선불교 비판

류건휴는『이학집변』의 선불교 비판 편찬 체재를『주자어류』126권「석씨」편에서 가져오지 않고,『주자어류』전편에 걸쳐 산재해 있는 불교 비판 관련 어록들을 채록해 독자적 체계로 편집했다. 따라서 본 절에서는『주자어류』의「석씨」편 편집 체재와 비교하는 것을 통해『이학집변』의 선불교 비판의 특징을 찾아보고자 한다.

먼저『주자어류』의「석씨」편은 총 136항목을 13주제로 나누었다. 그것은 다음과 같다. 괄호 안은「석씨」편 항목 번호이다.

1. 석씨는 양묵에서 연원한다는 점을 논함(1-2).
2. 석씨는 장자와 노자에서 연원함을 논함(3-9).
3. 석노의 차이를 논함(10-21).
4. 석노가 강상을 멸함을 논함(22-26)

5. 유가와 석씨의 차이(27-46).

6. 석씨 공부를 논함(47-51).

7. 석씨가 심성을 오인함(52-67).

8. 불경을 논함(68-79).

9. 선학(80-88).

10. 잡론(89-110).

11. 석씨가 인륜을 멸한 해로움을 논함(111-113).

12. 사대부가 불교를 좋아함을 논함(114-125).

13. 벽불(126-136).

반면 『이학집변』은 불교를 선불교라고 통칭해 비판 대상을 선학에 집중했다. 그리고 2권과 3권 두 권으로 나누어 2권은 34주제, 3권은 68주제로 총 112주제로 분류했다. 내용은 다음과 같다. 각 주제 중 『어류』에서 채록한 항목이 포함된 경우 특별히 옆에 병기했다. 126권 석씨편에서 채록한 어록은 괄호 안에 「석씨」편의 소제목을 병기했다.

2권

1. 석가의 출가에 대해 변파함. 17권 대학 4(혹문상) 35항목, 126권 석씨(석노가 강상을 멸함을 논함) 25항목.

2. 석씨의 허무에 대해 변파함. 126권 석씨(유가와 석씨의 차이) 33항목.

3. 석씨의 자비와 살생하지 않는 것에 대해 변파함. 126권 석씨(석노가 강상을 멸함을 논함) 26항목, 101권 정자문인 95항목.

4. 사람은 죽지만 정신은 사라지지 않는 것에 대해 변파함. 126권 석씨(석씨가 심성을 오인함) 52항목.

5. 윤회에 대해 변파함. 126권 석씨(잡론) 102항목.
6. 인과와 천당지옥에 대해 변파함. 126권 석씨(석씨가 심성을 오인함) 67항목.
7. 불교가 중국에 들어온 것에 대해 논함. 127권 본조 1 7항목.
8. 불경은 견강부회가 많고 노자, 장자, 열자를 훔쳐서 사용한 것에 대해 변파함. 126권 석씨(석씨는 장자와 노자에서 연원함을 논함) 3항목.
9. 석씨가 주문을 외우는 것에 대해 변파함. 126권 석씨(불경을 논함) 76항목.
10. 부처에게 나는 빛이 신비스럽고 괴이하다는 것에 대해 변파함. 126권 석씨(잡론) 99항목.
11. 달마의 '인심은 지극히 선하다'와 면벽과 관심에 대해 변파함. 126권 석씨(석씨는 양묵에서 연원한다는 점을 논함) 2항목, 59권 맹자 9 139항목.
12. 석씨의 식심과 견성에 대해 변파함. 17권 대학 4(혹문상) 33항목.
13. 석씨의 '견성'과 '불립문자'에 대해 변파함. 126권 석씨(석씨는 장자와
14. 노자에서 연원함을 논함) 6항목.
15. 불씨가 '자기 마음은 밝고 오묘하다'와 '마음을 헤아리면 잘못이다'라고 한 것에 대해 변파함.
16. 유가와 불가가 하늘을 근본으로 하고 마음을 근본으로 하는 것에 대해 논함.
17. 유가와 불가의 허실을 논함. 126권 석씨(유가와 석씨의 차이) 42항목.
18. 작용이 성이라는 것에 대해 변파함. 126권 석씨(석씨가 심성을 오인함) 58항목.
19. 공으로 성을 말한 것에 대해 변파함. 5권 성리 2(성정심의 등 명의) 67항목.
20. 무위진인에 대해 변파함. 13권 학 7-역행 61항목.
21. 묘지진각에 대해 변파함. 126권 석씨(석씨가 심성을 오인함) 56항목.
22. 돈오에 대해 변파함. 13권 학 7-역행 52항목.
23. 혜능의 존양에 대해 변파함. 137권 전국한당제자 72항목.

24. 전일에 대해 논함. 126권 석씨(유가와 석씨의 차이) 44항목.

25. 스스로 자신의 이익을 도모함에 대해 밝힘. 126권 석씨(잡론) 97항목, 124권 육씨 37항목.

26. 불가의 극기에 대해 논함. 41권 논어 23-안연편 상 20항목.

27. 석씨가 사람을 속인 것에 대해 변파함. 94권 주자지서周子之書-태극도, 통서 70항목.

28. 선과 불의 차이를 밝힘.

29. 노와 불의 같고 다름을 논함. 126권 석씨(석노가 강상을 멸함을 논함) 24항목, 126권 석씨(석노의 차이를 논함) 11항목, 126권 석씨(석노의 차이를 논함) 10항목.

30. 노불의 폐해가 양묵보다 심함에 대해 논함. 126권 석씨(석씨는 양묵에서 연원한다는 점을 논함) 1항목.

31. 선학에서 불경을 읽지 않고 정좌에 전념하는 것에 대해 변파함. 121권 주자 18-훈문인 9 80항목.

32. 종고의 담연에 대해 변파함. 12권 학 6-지수持守 141항목.

33. 종고가 근기에 따라 사람을 상대하는 것에 대해 변파함. 126권 석씨(석씨는 장자와 노자에서 연원함을 논함) 5항목.

34. 종고가 청탁에 불분명한 것에 대해 변파함. 126권 석씨(사대부가 불교를 좋아함을 논함) 118항목.

35. 종고가 장자소를 가르쳐 불가의 뜻으로 유가의 서적을 해석하게 한 것에 대해 변파함.

이상 2권을 살펴보면 대부분이 『주자어류』의 「석씨」편 내용을 담고 있음을 알 수 있다. 그러나 『주자어류』「석씨」편과 편집 방식에서

많은 차이를 보인다. 『주자어류』「석씨」편의 경우는 불교의 기원을 노장 양묵에서 연원했다고 해서 불교는 중국 사상으로 대치 가능하다는 점 내지는 노장이나 양묵은 비판하면서 불교에 대해 우호적인 당대 유학자들을 설득하는 것을 중심으로 이루어졌다. 그러나 『이학집변』 2권은 불교의 전개 과정을 시간적 흐름에 따라 재편집하는 방식으로 항목을 배치했다. 반면 3권에서는 『주자어류』「석씨」편에서 가져온 항목이 그리 많지 않다. 3권의 주제는 다음과 같다.

3권

1. 이단이 성과 도의 범주를 이탈했음을 변파함.

2. 석씨의 학설이 이치에 가까워 진리를 어지럽히는 것에 대해 논함. 62권 중용 1 14항목.

3. 석씨가 빌려 쓰는 형이상과 형이하에 대해 변파함. 126권 석씨(사대부가 불교를 좋아함을 논함) 114항목.

4. 석노에서 빌려 쓰는 '소리도 없고 냄새도 없다'에 대해 변파함. 64권 중용 3 190항목.

5. '나는 말하지 않으련다'는 말이 선의 적멸허무와 실은 같지 않다는 것에 대해 변파함. 47권 논어 29-양화편 45항목.

6. 석씨의 학설이 유학의 '숨김이 없다'는 말을 빌려 쓰고 있음에 대해 변파함. 33권 논어 15-옹아편 4 83항목.

7. 불가의 설로 '도는 떠날 수 없다'는 말을 풀이한 것에 대해 변파함. 62권 중용 1 73항목.

8. 불가에서 이윤이 즐긴 도를 해설한 것에 대해 변파함. 58권 맹자 8-만장 상 하 18항목.

9. 천천히 어른의 뒤를 따라가는 것에 대한 불가의 학설에 대해 변파함. 62권 중용 1 72항목.

10. 불가의 설로 '하늘이 명한 성'을 풀이한 것에 대해 변파함.

11. 성성에 대한 불가의 설명을 변파함. 101권 정자문인 169항목. 불가의 '진심지성'과 '존심양성'에 대해 변파함. 60권 맹자 10-진심상 57항목.

12. 불가에서 '중화'와 '위육'을 해석한 것에 대해 변파함. 130권 본조 465항목.

13. 불가의 설을 갖고 '보지 않아도 드러나고' '움직이지 않아도 변하고'

14. '인위적으로 하지 않아도 이루어진다'는 것을 해석한 것에 대해 변파함.

15. 불가의 설을 갖고 '선택할 수는 있으나 지킬 수는 없다'는 것을 해석한 것에 대해 변파함.

16. 불설이 연비어약과 상반된다는 것에 대해 변파함. 63권 중용 2 78항목.

17. 불설이 '반드시 일삼음을 두되 마음으로 미리 기약하지 말라'는 것과 상반된다는 것에 대해 변파함. 52권 맹자 2-공손추상지상 181항목.

18. 불설이 일관과 상반된다는 것에 대해 변파함.

19. 불가의 설을 갖고 묵식과 자득에 대해 변파함.

20. 석씨의 하학상달에 대해 변파함. 124권 육씨 54항목.

21. 석씨의 직내와 방외에 대해 변파함. 12권 학 6-지수 83항목.

22. 오유가 선어를 차용한 것에 대해 변파함.

23. 선가의 능과 소능을 빌어 말한 것에 대해 변파함.

24. 선가의 성성을 빌어서 설명함. 126권 석씨(석씨공부를 논함) 49항목.

25. 선가에서 닭이 알을 품는다고 말한 것을 빌어서 설명함. 8권 학 2-총론 위학지방 23항목.

26. 선가에서 말한 고양이가 쥐 잡는 일을 빌어 설명함.

27. 백척간두진일보를 빌어 설명함.

28. 촌철살인을 빌어서 설명. 8권 학 2-총론위학지방 62항목.

29. 쇠뭉치가 머리 위에 돈다는 말을 빌어서 설명함. 8권 학 2-총론위학지방 59항목.

30. 진찰과 보불은을 빌어 설명함.

31. 한유와 유종원이 불가의 설을 좋아한 일을 논함. 137권 전국한당제자 72항목.

32. 이고가 약산을 찾아간 일을 논함. 137권 전국한당제자 78항목.

33. 양억이 불교를 좋아했지만 지키는 것이 일정하지 않음을 논함.

34. 왕안석이 불교를 배워 집을 희사한 일을 논함. 어류.

35. 한지국이 참선을 한 것에 대해 논함. 130권 본조4 51항목.

36. 조청헌이 불교를 받든 일에 대해 논함. 129권 본조 3 39항목.

37. 온공이 중을 생각한 것이 하나로 구슬을 꿰는 것만 못함에 대해 논함. 96권 정자지서 2 7항목.

38. 장자소의 선기에 대해 논함. 100권 소자지서 53항목, 35권 논어 17-태백편 119항목.

39. 소동파가 불교에 빠진 일에 대해 논함. 130권 본조 4 87항목.

40. 소식 소철이 불교에 빠진 일을 논함. 126권 석씨(석씨는 장자와 노자에서 연원함을 논함) 5항목.

41. 여신공이 불교에 빠진 일을 논함.

42. 여형공이 불교에 빠진 것에 대해 논함.

43. 사상채가 불교에 물든 것에 대해 논함. 101권 정자문인 3항목.

44. 양귀산이 불교에 물든 것에 대해 논함. 101권 정자문인 71항목.

45. 윤화정이 불경을 암송하고 부처를 배알한 것에 대해 논함. 101권 정자

문인 22항목.

46. 여여숙의 논의에 노불이 많이 섞였다는 것에 대해 논함.

47. 유정부가 불교를 좋아한 것에 대해 논함. 101권 정자문인 9항목.

48. 정씨문하의 제자들이 불교로 흘러든 일이 많은 것에 대한 총론. 101권 정자문인 16항목.

49. 여사인이 불교에 물든 것에 대해 논함. 132권 본조6 26항목.

50. 여급공이 불교에 빠진 것에 대해 논함.

51. 진요옹이 불교에 빠진 일을 논함. 126권 석씨(불경을 논함) 74항목.

52. 유병산이 불학을 배운 것에 대해 논함. 104권 주자 1-자론위학공부 37항목.

53. 호적계가 불교를 좋아한 것에 대해 논함. 104권 주자 1-자론위학공부 37항목.

54. 장위공이 불교를 좋아한 것에 대해 논함. 137권 전국한당제자 74항목.

55. 왕응진이 불교를 좋아한 것에 대해 논함. 126권 석씨(선학) 81항목.

56. 허순지가 불교에 빠진 것에 대해 논함.

57. 반숙도가 불학을 배운 것에 대해 논함.

58. 진숙향의 소견이 기이함을 논함. 139권 논문 상 102항목.

59. 유순수에 대해 논함. 120권 주자 17-훈문인 8 106항목.

60. 왕숙경에 대해 논함.

61. 진명중에 대해 논함.

62. 반공숙에 대해 논함.

63. 이백간에 대해 논함.

64. 강덕공에 대해 논함.

65. 왕장유에 대해 논함. 119권 주자 16-훈문인 7 30항목.

66. 서원소에 대해 논함. 120권 주자 17-훈문인 8 74항목.

67. 부조가 불교를 받들 경우에 자손이 조처하고 변통하는 범절에 대해 논함. 89권 예6 48항목.

68. 불교를 배척한 것에 대해 논함.

이상에서 볼 수 있듯이 『이학집변』의 선불교 비판은 『주자어류』 석씨편에 비해 분량이나 항목 수에서 상당한 차이가 난다. 또한 『주자어류』 석씨편은 불교의 기원 문제를 다루는 데서 시작하며 불교 이론은 중원에서 흥기한 양묵이나 노장과 다르지 않다는 점을 강조한다. 이는 당시 불교 이론에 심취한 지식인들에게 불교 이론을 격하시키기 위한 한 방법이라고 할 수 있었다.

반면 『이학집변』의 선불교 비판은 이러한 접근 방식을 취하지 않는다. 따라서 석씨편의 첫 번째나 두 번째 주제에 해당하는 항목 중에서 인용한 구절을 『이학집변』의 선불교 비판에서는 '2권 8. 불경은 견강부회가 많고 노자, 장자, 열자를 훔쳐서 사용한 것에 대해 변파함'이나 '2권 11. 달마의 인심은 지극히 선하다와 면벽과 관심에 대해 변파함', '2권 13. 석씨의 견성과 불립문자에 대해 변파함', '2권 29. 노불의 폐해가 양묵보다 심함에 대해 논함', '2권 32. 종고가 근기에 따라 사람을 상대하는 것에 대해 변파함' 그리고 '3권 40. 소식 소철이 불교에 빠진 일을 논함' 등의 주제에 포함시켜 논하고 있다. 이와 같은 차이는 『이학집변』의 선불교 비판이 불교 비판을 기원 문제로부터 접근하지 않고 이론적 문제점을 지적하는 데 중점을 두기 때문이다. 또한 『이학집변』의 선불교 비판 중 2권은 출가나 계율, 윤회 등 동아시아에서는 낯선 불교문화권의 삶의 양식에 대한 비판에서 시작하고, 3권은 유불의 학설상의 차이를 성도설의 입장에서 논하는 것으로 시작한다. 이는 선불교 비판의 전체 구성 방식과 긴밀히 결부되어 있다. 즉 2권에서는 불교에서의 출가 문제라든지 윤회설을 비판하는 데서부터 시작해 선불교의 주요 명제를 비판하는 내용이 주를 이루고, 3권에서는 불교에서 유가의 설을 차용한 예라든지 유가에서 불교의 설을 차용한 예 등을 제시하며 유불의 이론적 차이를 드러내는 데 집중하고 있다. 그러나 석씨편은 주로 불교 이론의 폐해를 드러내는 방식으로 편집되어 있다. 따라서 선불교를 비판하는 2권에서는 대체로 『주자어류』 석씨편 항목을 많이 인용한 반면 3권의 경우는 석씨편보다 대체로 『중용』, 『논어』, 『맹자』 및 공부론 관련 편 항목을 배치하고 있다. 『이학집변』의 선불교 비판에서 『주자어류』를 인용한 항목은 총 80여 항목인데 그중 석씨편에서 인용한 항목은 27항목에 지나지 않는다. 석씨편 외에 사서 관련 항목에서 14항목, 정자문인이나 문인을 가르치는 항목에서 10항목, 역행이나 지수 위학 공부 항목에서 9항목 등을 인용하고 있다.

석씨편에서 불교 이론을 비판한 곳은 '5. 유가와 석씨의 차이', '6. 석씨 공부를 논함', '7. 석씨가 심성을 오인함', '9. 선학' 정도이다. 이들 주제로 분류된 항목 중 '5. 유가와 석씨의 차이'는 선불교편에서는 '2권 16. 허실'을 논하는 항목과 '23. 전일'을 논하는 항목에서 인용했다. 석씨편 '6. 석씨 공부를 논함'에는 다섯 항목이 들어 있는데, 선불교편에서는 '3권 24. 선가의 성성을 빌어서 설명함'에서 한번 인용했다. 이는 선불교 비판을 다룸에서 선불교의 공부론 비판이 중요하지 않다는 의미가 아니었다. 선불교 비판이라는 주제는 결국 불교 공부론으로 모아지기 때문이다. 그리고 석씨편 '7. 석씨가 심성을 오인함'은 선불교편 '2권 6. 인과와 천당지옥을 변파함'과 '17. 작용시성', '20. 묘지진각을 변파함'에서 인용하고 있다.

석씨편의 13주제 분류는 불교 비판의 이론적 지평을 드러내려는 문제의식 하에 이루어졌다기보다는 불교 비판 자체를 목적으로 했다. 따라서 각 주제가 서로 겹치기도 한다. 예를 들면 '4. 석노가 강상을 멸함을 논함'과 '11. 석씨가 인륜을 멸한 해로움을 논함'의 경우가 그렇고, '3. 석노의 차이'나 '5. 유가와 석씨의 차이'가 이후 '6. 석씨 공부를 논함'이나 '7. 석씨가 심성을 오인함'과 겹치는 부분이 당연히 나오게 된다. 또한 '9. 선학'이라고 해 석씨편에서 선학을 별도로 분류하고 있으나 '7. 석씨가 심성을 오인함'이나 '6. 석씨 공부를 논함'은 선학 비판과도 연관된다. 이에 비해 『이학집변』의 선불교 비판 자료는 선불교 비판을 위한 이론적 지평을 확고히 한다는 목적의식이 뚜렷이 드러나는 체재를 갖추고 있다. 상세한 내용은 다음 절에서 다루기로 하겠다.

6 　『이학집변』의 선불교 비판 자료의 특징

선불교 비판 자료는 『이학집변』 전체 6권 중 2권과 3권에 실려 있다. 1권에서는 노장, 양묵, 관자, 순자, 양웅, 공총자, 문중자 등 노장을 비롯한 제가 비판을 다루고, 4권에서는 육학 비판, 5권에서는 왕학 비판, 6권에서는 천주학 비판을 다루고 있다. 분량 상으로 볼 때 선불교 비판은 다른 학파 비판보다 압도적으로 많을 뿐만 아니라 두 권으로 나뉘어져 있다. 선불교 비판 자료를 두 권으로 분류한 것은 단지 양이 많기 때문만은 아니다. 2권과 3권에 실린 자료의 성격에 차이가 있기 때문이다. 2권에서는 불교 교리에 대한 비판을 다루고 있고, 3권에서는 불교에서 유가 이론을 차용한 예라든지, 유가에서 불교 이론을 차용한 예를 통해 불교 이론과 유가 이론의 경계 지점을 드러내고자 했다. 2권과 3권은 분량으로는 비슷하나 2권은 34조목이며 3권은 68조목으로 조목 수로는 3권이 2권보다 거의 2배나 더 많다. 앞서도 언급했듯이 필자는 류건휴의 선불교 비판의 목적은 불교 비판을 통해 유불 경계를 드러냄으로써 도통의 이론틀을 견고히 하는 데 있다고 본다. 이에 류건휴의 선불교 비판의 중심은 2권보다는 3권에 있다고 생각한다.

3권 전체 68절 중 1~21절까지는 불교에서 유가의 설을 차용해 설명한 것을 비판했고, 22~30절까지는 유가에서 불교의 설을 빌어 설명한 의미를 논했으며, 마지막 31~68절까지는 인물평을 중심으로 유불의 경계를 논하고 있다. 첫 번째 부분에서는 주로 불교의 공무空無와 작용시성설作用是性說과 구분되는 유가의 성도설性道說을 중심으로 논변한 내용을 배치했다. 두 번째 부분 도입부에서는 진건이 『전등록』의 "바른 사람이 사특한 말을 하면 사특한 말이 바른 말이 되고, 사특한 사람이 바른 말을 하면 바른 말이 사특하게 된다"는 말에 빗대어 유가에서 선학을 말하면 선학 또한 유학이 되고, 선학에서 유학을 말하면 유학 또한 선학이 된다고 한 말을 인용한다.26) 그는 유가에서 불가의 말을 빌려 설명한 예들을 제시하면서 유가에서 불가의 말을 빌려 설명한 것을 배척한 것이 아니라 의미의 차이를 통해 유학의 도를 설명하고 있다.

그러나 그는 다시 『이학집변』 3권 2절에서 진건의 불교 비판은 불철저하다며 비판한다. 즉 진건이 유가학설 중 불가학설과 유사한 점만

---

26) 『異學集辨』 권3 辨吾儒借用禪語. "……『傳燈錄』曰, '正人說邪說, 邪說亦是正, 邪人說正說, 正說亦是邪', 愚爲之轉語曰, '吾儒說禪說, 禪說亦是儒, 禪家說儒說, 儒說亦是禪'. 識此, 可與論朱陸矣."

제시하고 차별되는 점을 설명하지 않은 것을 비판한 것이다. 그는 진건이 "비슷한 점만 들고 차이를 설명하지 않았으므로 의혹을 키울 수 있다"고 지적한다. 그러면서 정호가 "불교는 우리 유학과 구구절절이 같고 하는 일마다 같으나 그러나 같지 않다"고 한 문장을 인용하며 차이점을 제시한다.27) 『계호학적』 12권 1절에는 이황이 노수신에게 보낸 편지글이 실려 있는데, 거기서 이황은 정호의 이 글을 인용하며 "유사한 점을 궁구해 취사하고자 하면 그에 빠지는 것을 면치 못한다"고 하며 "서로 차이점을 찾아 확고하게 서서 흔들리지 않게 해야 한다"고 말한다.28) 그러나 이황은 유불의 차이를 이론적으로 탐구하지는 않았다. 반면 류건휴는 『이학집변』 3권에서 불교에서 유가의 설을 차용해 설명한 예들을 제시하며 그곳에서 나타나는 유불의 차이를 분명하게 해서 학문의 정체성을 세워야 한다고 강하게 주장한다.

또한 『이학집변』 3권 3절에서는 섭채가 『근사록집해』에서 형이상을 성과 명으로 규정한 것을 비판하며 "섭채는 단서는 대강 밝혔지만 깊은 이치를 다 끄집어내지 못했기 때문에 남은 의미를 밝힌다"29)고

---

27) 『異學集辨』 권3 「論釋氏近理亂眞」. "健休按, 程先生曰: '佛說與吾儒, 恁地同處雖多, 只是本領不是, 一齊差却.' 又曰: '句句同事事合, 然而不同不若, 且於迹上斷定. 所謂本領, 所謂迹, 指毁人倫, 外形骸而言也. 此處旣差, 則雖言言相似, 而其不同者, 猶在也.' 今陳氏只擧其相似, 而不言其所以異, 無乃因此而彌增昧者之惑乎."
28) 『溪湖學的』 권12. "退溪先生答盧伊齋書曰 明道先生云 釋氏之於吾儒 句句同 事事東 然而不同. 今雖固知其有不同. 然如我輩當尋箇不同處 堅定脚跟 不要轉步 何可輕言不害相近耶. 程子又云 若欲窮其說而去取之 則已化爲佛矣. 夫欲窮其說而去取之 猶不免墮落 況以不害相爲說耶."
29) 『異學集辨』 권3 「辨釋氏之假借形而上下」. "葉氏曰: '形而上者, 性命也. 陰陽晝夜, 死生古今, 二氣之屈伸. 釋氏指爲輪回, 爲幻妄, 則其所談性命, 亦異乎聖人矣.' ○健休按, 一陰一陽之謂道, 陰陽非道也, 所以一陰一陽者, 乃道也. 陰陽形而下者也, 道者形而上者也. 然其實一而二, 二而一者也. 故曰, 天運而不已. 日往則月來, 寒往則暑來, 水流不息, 物生不窮, 皆與道爲體. 道外無物, 物外無道, 曷嘗離乎陰陽晝夜死生古今而別有所謂道哉? 釋氏乃以陰陽晝夜死生爲輪回, 則是不識往來消長之道也. 又以爲幻妄, 則是不識敍秩命討之道也. 故其言道也, 離乎日用彛倫而入於寥冥昏默, 溺乎自私自

했다. 이는 이단 비판에서는 도를 확고히 세워야 한다는 입장을 재차 피력한 것이다. 『근사록』에서 이단을 비판한 13권 중 불교의 윤회설은 유가설과 다르다며 정호는 "불가는 음양과 주야와 생사와 고금을 알지 못하니 어떻게 형이상인 것이 성인과 같다고 할 수 있겠는가"라고 말했다. 이 구절에 대해 섭채는 "형이상은 성과 명"이라며 "불가에서 이를 윤회나 환망이라고 하니 성과 명에 대해 말한 것이 성인과 다르다"고 주를 달았다. 류건휴는 이를 비판하며 도의 입장에서 차이점을 설명한다. 즉 "음양은 형이하이고, 도는 형이상이다. …… 불가에서는 음양과 주야와 생사를 윤회라고 하니 이는 가고 오며 없어졌다가 다시 자라는 도를 알지 못하는 것"이고, "환망이라 여긴 것은 서질명토의 도를 알지 못하는 것"이라며 도의 입장에서 차이점을 설명한다. 즉 섭채는 형이상을 『중용』의 천명지위성 단계에서 논하지만 류건휴는 솔성지위도 단계에서 논해야 한다는 점을 명시적으로 제시한 것이다.

이처럼 류건휴는 『이학집변』의 선불교 비판을 통해 선불교와 구분되는 유가의 도를 확립해야 한다고 강하게 주장한다. 이는 『이학집변』 2권 16절에서 유불의 차이를 논하는 류범휴와 이상정의 대화에서도 잘 드러난다. 류범휴는 "우리의 심성은 뭇 이치를 갖추고 만사에 응해나간다"는 점을 들어 그러한 변별점에 대해 말하는데, 이상정은 이에 대해 불교에서는 "외물을 마음 밖의 환영"으로 보기 때문에 그러한 주장만으로는 불교를 설복시키지 못한다고 말한다. 즉 "유가에서 만사를 맡아 주관함은 하늘의 도요 불가에서 속세를 떠나고 인륜을 끊어버림은 하늘의 도가 아니다"라며 불교를 비판할 때는 천도의 입장에서 해야 한다

利, 則滯於精神魂魄, 其所僞假文飾者, 又皆顚倒錯亂, 無復親疎厚薄之差. 若是而謂形而上者, 與聖人同, 可乎? 葉氏相發其端而未極其蘊, 故輒敢推引其餘意."

는 점을 강조한다.30) 이를 통해 류건휴 및 당대 영남 유생들은 도통을 강조하고 이단을 비판하면서 '도'를 확립하는 데 집중하고 있음을 알 수 있다.

이상에서 볼 수 있듯이 『이학집변』은 호학의 도통을 강조해 저술된 『계호학적』과 비교해 볼 때 류건휴의 이론적 지평을 분명하게 제시하고 있다. 『계호학적』에는 서문도 없고 그의 견해가 개진되어 있지도 않은 반면 『이학집변』에서는 서문을 통해 류건휴의 이단 비판론을 알 수 있을 뿐만 아니라 다른 저술에 비해 류건휴의 견해가 많은 편이다. 『이학집변』에 나타난 선불교 비판의 내용과 『계호학적』 12권의 이단 비판 장, 『근사록집해』 13권의 이단 비판 장을 비교해보면 『이학집변』은 두 저술을 발전시켜 이단 비판론을 정립한 결과물임을 확인할 수 있다.

『계호학적』에서 이단을 비판한 장인 12권은 총 13항목으로 구성되어 있다. 이는 다른 권에 비해 소략한 편이나 계호학의 도통 의식이 그대로 반영된 편집 체재를 갖고 있다. 1~6절까지는 이익의 『이자수어李子粹語』에 실린 이황의 글이며, 7~9절까지는 김성일의 「퇴계선생언행록」에 실린 이황의 글이고, 10절은 이덕홍의 「계산기선록溪山記善錄」에 실린 이황의 글이고, 11절은 류범휴의 질문에 이상정이 답변한 내용이며, 12절은 이상정의 「만수록晚修錄」에 실린 글이고, 마지막 13

30) 『異學集辨』 권2 「論儒釋攣虛實」. "大山問曰: '儒道之必爲是, 釋氏之必爲是, 何以斷然決之?' 柳天瑞對曰: '吾人心性不是死物, 具衆理而應萬事, 自是本分, 吾儒之格致修齊治平, 豈不是是, 釋氏之絶物離倫, 豈不是非?' 先生笑曰: '心性何嘗刻具衆理應萬事字乎?' 釋氏則又以外物爲心外幻界, 都不信聽, 如此說去, 難救其竪降幡也. 吾嘗思之, 蓋人裏天地之氣而爲人, 只是一箇小天. 今天之道以發育萬物爲事, 若斷棄品物, 只穹然在上而已, 則不成是天. 儒者之管攝萬事, 天之道也, 釋氏之絶物離倫, 非天之道也. 合天之道者非耶? 悖天之道者非耶?"

절은 류범휴의 「통모록痛慕錄」에 실린 글이다. 이러한 구성은 호파를 적극적으로 지지한 류건휴의 학문적 정체성을 그대로 드러낸다. 그러나 이 장에 실린 내용은 대부분 이단과 유가의 차이를 분명히 인식해야 한다는 당위적인 언급이 중심이고 비판의 이론적 틀이 제시되어 있지는 않다. 반면 『이학집변』은 『계호학적』의 이단 비판 장에 실린 내용들을 언급하면서 한발 더 나아가 그러한 이론들을 설명하거나 확인할 수 있는 대산 이상정의 글을 추가해 싣고 있다. 또한 『근사록』의 이단 비판 장의 글에 주를 단 섭채의 글을 비판하며 내용을 보완하기도 했다.

당시 영남 유학계에서는 이황의 적통으로 그의 제자인 류성룡 계열은 병파, 김성일 계열은 호파로 나뉘어 대립, 갈등하고 있었는데 도통 문제가 담론의 중심에 있었다. 호파를 적극 대변한 류건휴는 이황의 적통으로 김성일, 이상정을 자리매김하며 주희의 『근사록』 체재를 빌려 『계호학적』을 저술했던 것이다. 그러나 도통의 이론적 함의는 『이학집변』을 통해 명시적으로 드러난다. 호학 계보의 확립은 이상정이, 김성일이 이황으로부터 받은 「병명屛銘」에 대해 한 구절 한 구절 주를 내 『병명발휘屛銘發揮』를 저술하면서 김성일 학문의 연원을 밝히고, 류치명이 발문을 써 이황-김성일-이상정 계보를 분명하게 제시한 데 있다. 「병명」은 이황이 29세인 김성일에게 내려준 4언 20구로 구성된 글로 요-순-우-탕-문-무-주공-공자-증자-안연-자사-맹자-주렴계-정호-정이-주희로 이어진 도통의 계보를 공부론을 중심으로 제시한 것이다. 그중 자사에 대해서는 『중용』의 핵심 내용을 "계구신독戒懼愼獨, 명성응도明誠凝道"라는 두 구절에 담아 제시했다. 이 두 구절은 이후 호학에서 성과 도의 체용관을 논할 때 중요하게 다뤄지게 되며, 류건휴가 선불교 비판을 통해 세우고자 한 '도'를 논할 때 쟁점이 되는 부분이기도 하다.

7 　『이학집변』 중 선불교 비판과 중용관

이상에서 볼 수 있듯이 류건휴가 활동한 당시 영남 유학계에서는 경학 연구를 중심으로 도통을 세우고자 하는 진지한 논의들이 활발하게 이루어지고 있었다. 이상하는 기호학파와 비교해 볼 때 이상정 이후 영남 유학계는 정체되었다고 말한다. 기호학파 내부에서는 인물성동이론 등 리기심성론에 대한 활발한 논쟁이 진행되었으나 "영남학파는 대체로 퇴계학설을 철저히 신봉하는 일색으로 학맥이 이어져왔다"며, 이는 "이진상이 활약한 19세기까지도 그대로 이어져 리기설에 대한 연구 열의는 담담하게 식고 갈암-대산의 큰 줄기로 이어지는 사문의 학설을 고수하는 형세가 굳어져 감히 새로운 학설을 주장할 수 있는 분위기가 아니었다"고 평가한다.31) 이는 1930년에 신석호가 병호시비를 평가하면서 이는 "노론의 호락시비와 같은 학설의 다툼이 아니고 선조의 우열의 다툼이며, 묘위에 대한 다툼이다"32)라고 한 평가의 연장선상에 있다고 할 수 있다. 따라서 이상하는 이진상의 성리설을 영남 주리론의 발전선상에서 이해하려는 학계의 동향을 비판한다. 그는 "그동안 학계가 이진상의 사상을 류치명 또는 그의 숙부인 이원조의 영향아래 형성된 것"으로 서술하는 데 반대한다.33) 그러나 필자는 이진상의 사상 계보를 이상정 이후 학맥과 관련해 논할 것인가의 여부는 별도의 문제34)

---

31) 이상하, 「한주 이진상 성리설의 입론근거 연구」, 고려대학교 박사학위논문, 2003년, 8쪽.
32) 신석호, 「屛虎是非に就いて (上)」, 靑丘學叢 1권, 1930년, 86쪽.
33) 이상하, 앞의 책.

로 하더라도 이기론의 논쟁이 부재하다는 것을 이유로 학문이 정체되었다고 간주하는 것은 성급한 판단이라고 생각한다.

오히려 일상을 관통하는 도를 중시한 영남 유학자들의 태도에는 리 기심성론에 치중한 당시 학계와 거리를 두려고 하는 의식이 내재해 있었다고 볼 수 있다. 이는 류건휴가 말년인 1832년에 족질 류택문으로부터 사단칠정과 인심도심의 운용 등에 대해 질문하는 편지35)를 받고 보낸 답신에서 분명하게 드러난다. 그는 "사칠논변은 초학자가 다룰 주제가 아니"라며, 이상정이 "근세 말학의 폐단은 고인의 소학 공부에 힘쓰지 않고 걸핏하면 성명리기를 인용해 마음의 길을 항상 고원하고 미묘한 영역으로 내달려가 날마다 잘못된 생각으로 억측하는데 힘써 오로지 착실하게 내면을 채우는 맛이 없다"고 한 말을 인용한다. 즉 그는 『중용』을 해석할 때 심성론 해명에 치중한 것이 아니라 『중용』에서 중시했던 공부를 강조한다. 즉 사칠논변에 대한 이해를 위해서는 "배우는 사람들이 반드시 마음을 버리고 뜻을 공손히 해 평이하고 비근하며 현재 수용하고 있는 곳에서 숙독하고 음미해 이에 미치면 리기혼륜관점과 리기분개관점의 차이점을 알기는 어렵지 않을 것이며 확충하고 검속할 때 쉽게 노력할 수 있을 것이다"라고 했다. 또한 "『중용』의 은미한 것보다 더 드러나는 것은 없다고 한 의미도 반드시 혼자만 보고 듣는 것이 어떤 일인지, 반드시 신중히 하고 반드시 근실히 한 결과가 어떠한지 안 연후에야 비로소 이를 논할 수 있다"고 했다.36) 이는 각 개

---

34) 안영상은 "대산 이상정의 학설이 류범휴를 거친 후 류치명에게 이르러 심성정을 하나로 보려는 시도는 이진상에게 계승된 측면이 있다고도 볼 수 있다"(안영상, 「대산학파의 중화논쟁과 그 의미 - 성도와 관련성을 중심으로」, 동양철학 23집, 2005, 73쪽)고 한다.
35) 류택문, 간찰 102.
36) 『大埜文集』 권5 「答族姪澤文」. "懸念之餘, 忽承書問, 況有規切警發之語, 深副所望, 四七辨,

인이 처한 상황에서 유가의 도를 실천해나가는 수양 공부가 이론 공부의 토대가 되어야 함을 주장한 것이다.

따라서 필자는 19세기 영남 유학계를 이해하기 위해서는 이상정 이후 영남 유학자들이 몰두한 내용들을 토대로 당대를 산 학자들의 문제의식을 재구성해보는 일이 필요하다고 생각한다. 그런 의미에서 류건휴의 학문 활동은 19세기 영남 유학계의 일단을 보여주는 중요한 예라고 생각한다. 특히 『이학집변』은 그가 평생 연구한 내용의 결정판이라고 할 수 있으며, 그중 선불교 비판 과정에서 드러난 『중용』의 성도설性道說은 그의 철학 사상의 특징이라고도 할 수 있다. 류건휴는 자사의 『중용』이 도에 나아가는 지남임을 강조하며, 자사-맹자-주희로 이어지는 도통의 계보를 논한다. 그러면서 불교의 공무, 작용시성과 구분되는 유학의 '도'와 본성론을 강조한다. 앞서도 언급했듯이 이에 대한 구체적인 내용은 3권 첫 부분에 집중적으로 기술되어 있다. 따라서 3권 두 번째 부분인 유가에서 불가의 설을 차용한 경우를 설명할 때도 "우리 유가에서 불가의 설을 차용한 경우는 일일이 거론할 수 없기 때문에 우선 한 두 가지를 취했는데 무릇 차용한 것들이 모두 그들의 설을 빌려서 우리의 뜻을 발명한 것임을 밝힌 것이지 그들의 설이 우리의 도에

非初學所及. 嘗見大山先生答李天蠖書. 略曰近世末學之弊. 未嘗用力於古人小學之工. 而動引性命理氣. 使心路常騖於荒昧微妙之域. 日有懸想臆揣之勞. 專無靠實貼裏之味云云. 夫先生之意. 豈以四七理氣爲不美. 而廢閣不講之謂哉. 誠以工夫有漸次緩急. 對塔說相輪. 終不若循階涉級而必至也. 老先生集中. 喫緊爲人處何限. 而舍置不究. 特先致力於四七辨者. 烏得免躐等凌節之譏乎. 學者須虛心遜志. 熟讀玩味於平易卑近日下受用之處. 而迤邐及此. 則其於渾淪分開之間. 不難辨. 而擴充約中之際. 易爲力矣. 與夫處下窺高. 舍近騖遠者. 功相萬殊. 試於此深思之. 中庸莫見莫顯之義. 須知獨見獨聞之爲何事. 必愼必謹之果何爲. 然後始可與論此. 章句所謂迹雖未形. 幾則已動者. 非善惡之幾乎. 所謂人雖不知. 己獨知之者. 非知此善惡之幾乎. 惟其己旣知之. 則便是十目之視十手之指. 而善惡之不可掩也. 故爲可畏之甚. 而所謂著見明顯. 無過於此者也. 若曰這箇幾字. 謂之善惡則可. 謂之是非則不可云爾. 則果有不是之善不非之惡乎. 若於此著一語. 明其善惡之外. 別有是非. 則不敢復言矣."

부합해서가 아니다. 보는 사람들이 상세히 살펴야 한다"37)고 했다. 그리고 불교를 비판할 때 "굳이 저들의 설에 나아가서 구구절절 변별할 필요는 없고, 다만 우리 유가의 설을 '이 편의 첫 장'에서 말한 취지처럼 밝히기만 한다면 저들은 공박하지 않아도 저절로 깨뜨려질 것이다"38)라고 했다. 여기서 '이 편의 첫 장'이란 바로 『중용』의 첫 번째 세 구절의 의미를 밝힌 부분이다. 그 핵심은 성도설에 있다.

『이학집변』 3권 1절에는 주희의 『중용혹문』에 실린 『중용』의 첫 세 구절에 대한 해석과 진건, 진덕수, 조목의 말을 배치해 성성과 도道의 관계를 제시한다. 이를 통해 노불의 허무와 공적 개념을 비판하고 있다. 주희는 『중용혹문』에서 "불교의 공이 본성이 될 수 없음은 『중용』의 솔성에 대한 설명에서 알 수 있고, 노자의 무가 도가 될 수 없음은 수도修道에서 알 수 있다"고 했다. 류건휴는 주희의 『중용』 첫 세 구절에 대한 이러한 설명을 통해 "성과 도의 근원을 궁구해 정교로 베풀어지는 곳까지 미루어나가 이로써 우리 학문의 올바름을 밝히고 저들이 주장한 허무가 성과 도를 나눔은 변별할 가치도 없고 훈고사장의 지리함과 권모공리의 비루함, 청정적멸의 환망, 백가들의 재주가 지닌 편벽됨과 왜곡 모두 말할 것도 없으니 자세히 기록해 3권의 제일 처음에 두었다"39)고 말한다.

---

37) 『異學集辨』 권3 「借說塵利報佛恩」. "健休按, 吾儒借用佛說, 不可勝擧, 姑取一二, 以明凡所借皆借其說, 以發吾意, 非以其說爲合於吾道也. 覽者詳之."
38) 『異學集辨』 권3 「論韓持國爲禪」. "…… 他之說, 有十分與吾儒相似處, 只終不是. 若見得吾儒之說, 則他之說不攻自破."
39) 『異學集辨』 권3 「辨異端離畔性道」. "健休按, 朱子此章, 究極性道之源, 而推及政敎之施, 以明吾學之正, 而彼虛無之分於性道, 不足辨矣. 訓詁詞章之支離, 權謀功利之鄙陋, 淸淨寂滅之幻妄, 百家衆技之偏曲, 皆不足道矣. 故備錄而揭之篇首."

이처럼 류건휴는 3권의 첫 단락에서 선불교를 비판하기 위해서는 성과 도가 연속선상에 있음을 분명하게 인식해야 한다고 주장한다. 그리고 『중용』의 핵심인 '성실함'이 『중용』 중간인 16장에 처음 나와 위 아래의 뜻을 통섭하는 것과 같이 성과 도 개념 정립을 선불교 비판의 가운데 두어 선불교 비판을 통섭하고자 했다. 즉 류건휴는 선불교 비판의 핵심으로 성도설을 제시하면서 이를 『중용』의 첫 세 구절을 통해 설명했을 뿐만 아니라 선불교 비판 자료를 배치할 때도 『중용』의 구조를 염두에 두면서 『중용』의 핵심이 『중용』 중간 부분에 배치되어 있는 성誠이듯 선불교 비판의 핵심도 성도性道 개념에 있음을 밝히기 위해 성도설을 2권과 3권을 연결하는 3권 첫 부분에 두었다. 그만큼 『이학집변』의 선불교 비판은 『중용』의 내용뿐만 아니라 형식도 그대로 차용해 저술되었음을 알 수 있다.

또한 류건휴는 정종로의 문인인 남한호南漢皓(1760~1821년)의 성도설[40]을 읽고서 의문 나는 점을 제시하며 자신의 성도설을 개진했다. 사람과 사물의 본성을 치우침과 온전함으로 구분 짓는 남한호의 성도설은 사람의 본성과 사물의 본성이 같은지 다른지를 논하는 문제로 나아가게 된다. 이를 둘러싸고 한원진韓元震(1682~1751년)과 이간李柬(1677~1727년)을 중심으로 한 기호 유학자들 간에 치열한 공방이 벌어졌다. 한원진은 성에 중점을 두고 논하면서 사람의 본성과 사물의 본성을 구분한 반면 이간은 리에 중점을 두었으므로 사람의 본성과 사물의 본성을 같다고 보았다. 영남 지역에서도 성도설을 논하는 과정에서 사람의 본성과 사물의 본성 관계가 논의되었다. 이는 류건휴가 남한호

---

[40] 『大埜文集』 권8 讀南子㒖性道說疑義를 참조하라.

의 성도설을 비판하는 데서 잘 드러난다. 그러나 논의 양상은 전혀 달랐다.

남한호는 "한 근원의 전체는 리로 말해야지 성으로 말해서는 안 된다", "통하는 곳은 성이고 통하지 않는 곳은 성이 아니다"라고 했으며, "모두 치우치고 온전함을 주로 해서 말하니 사람은 사람과 같고 사물은 사물과 같다"고 했다. 이 세 가지 주장을 비판하면서 류건휴는 리를 성과 분리시켜 보편리를 논할 수 없다고 하면서도 사람의 본성과 사물의 본성을 치우침과 온전함으로 나누어 볼 수 없으며, 사람의 본성과 사물의 본성을 구분해서 볼 필요가 없다고 주장했다. 즉 치우침과 온전함의 구분은 기질 차이에서 연원한 것이므로 기질 차이를 통해 사람의 본성과 사물의 본성을 나누는 입장에 동의하지 않는 것이다. 그는 형이상과 형이하를 논하면서 공무空無를 근본으로 하는 불교에서 도를 논할 때 형기를 떠나서 말함에도 그들을 형이하로 보는 이유는 그들이 말하는 '작용하는 것이 성이다'라든지, '물을 긷고 땔나무를 나른다'고 하는 설은 모두 지각과 운동을 떠나지 않으면서 정신을 희롱한 것이므로 형이하라고 했다고 한다. 그들은 정신과 혼백만 지극히 묘하고 지극히 귀하게 여겨 죽어도 없어지지 않는다고 여겼으니 그들의 도 역시 이 차원에서 말한 것일 따름이라는 것이다.41)

류건휴는 진건이 유불 간에 "유사한 점만 들고 차이점을 적시하지

---

41) 『異學集辨』 권3 「辨釋氏之假借形而上下」. "健休按, 釋氏以空無爲宗, 則其所謂道者, 離乎形器而言也. 朱先生却以爲便只是形而下, 何也? 蓋釋氏雖以空寂爲主, 然其言作用是性, 運水搬柴之說, 實不離於知覺運動而弄精神也. 故斷以爲形而下也, 非彼實不然而抑席加之也. 夫所謂空者, 以天地萬物爲幻影, 人事爲粗迹而屛除之, 則固無物之可指矣. 惟以精神魂魄爲至妙至貴, 死而不滅, 則其所謂道者, 豈有外於此者哉."

않아 의혹을 더욱 키웠다"고 비판하며, 이 차이점으로 도와 심 개념을 제시했다. "가거나 멈추거나 앉거나 눕거나 모두 도에 있지 않음이 없다行住坐臥 無不在道"와 "도는 잠시도 떠날 수 없다道不可須臾離也"는 구절을 비교하면서 불교의 도는 공적이며 작용일 뿐이지만 유가의 도는 사단과 오륜으로 날마다 쓰고 마땅히 행해야 하는 법칙이 된다고 했다. 또한 "마음이 곧 부처이다卽心是佛"라든지 "무위진인無位眞人", "본래면목本來面目" 등과 성현은 "마음 밖의 공부가 없다"는 등의 말에서 불교의 마음은 정신혼백일 뿐이지만 유교의 마음은 천리, 인의예지의 이치, 각기 처한 입장 등으로 표현된다고 주장했다.42) 즉 그는 선불교에서 말하는 도와 마음은 모두 기 차원에서의 논의로 보았다. 따라서 "정자가 말한 마음은 리로 말했으니 하늘이 부여한 성이 그것이요, 달마가 말한 마음은 기로써 말했으니 허령지각이 그것이다"고 했다. 또한 "정자가 말한 선은 사단과 오전이 사물을 꿰뚫어 당연한 준칙이 되는 것이요 달마가 말한 선은 육도만행이 모두 적멸로 귀결되는 것"이라는 것이다.43)

---

42) 『異學集辨』 권3 論釋氏近理亂眞. "健休按... 今陳氏只擧其相似, 而不言其所以異, 無乃因此而彌增昧者之惑乎. 今且畧辨其一二, 而以例其餘. 夫無不在道之云, 與道不可離, 固畧相似, 而彼所謂道, 空寂而已, 作用而已, 吾所謂道, 四端五倫之爲日用當行之則者也, 言雖同, 而其歸則燕越矣. 卽心是佛之云, 與無心外之學, 固本相似, 而彼所謂心, 精神魂魄而已, 吾所謂心, 天理民彛之謂也. 言心雖同, 而所謂而爲心則異矣. 至若無位眞人, 亦以精神魂魄之心言, 而天然自有之中, 以仁義禮智之理而言也. 本來面目, 卽無位眞人之異名, 而未發之中, 卽天然自有之大本也. 翠竹黃花, 不過如運水搬柴之倒行逆施, 無適不可之謂. 而鳶飛魚躍, 鳶不可躍淵, 魚不可戾天, 而各止其所者也. 水月之喩, 雖同是水月, 而彼以喩其道, 而吾以喩吾道, 則所指之不同可知也, 桃李梅栯之喩, 亦可以類推矣. 有物無形之於無極太極, 長不昧之於明明德, 常惺惺之於求放心, 其虛實眞假, 莫不皆然. 至若條痕掌血之近於切實功夫, 時時拂拭之近於日新工夫, 只以工夫言, 則其喫緊勤勵之意, 實無差別. 故吾儒亦多借用其說, 而正如鷄抱卵之說, 彼此通用. 而吾之所抱者, 眞箇是卵, 而在彼則所抱者, 非卵也, 所謂 '句句同事事合, 然而不同', 豈不信哉."

43) 『異學集辨』 권2 「辨達摩人心至善而壁觀心」. "健休按 …… 程子所謂善, 四端五典之貫事物,

따라서 그는 성인을 논할 때 '천명의 성' 차원이 아니라 '솔성의 도' 차원에서 논해야 한다고 주장한다. 이는 심성을 정신, 혼백 차원에서 논하는 선불교를 성과 도를 분리할 수 없다는 측면에서 비판할 때 비로소 제대로 비판할 수 있다고 보았기 때문이다. 그가 선불교를 비판하는 과정에서 제시한 성도설은 『중용』의 '솔성지도'에 근거하는데, 이를 그는 "인의예지는 성이니 사단오륜과 만사만물의 이치가 모두 그중에 갖추어져 있으며, 날마다 행해야 하는 것은 도이니 각각 인의예지의 성을 그대로 따른 것임을 먼저 분명하게 알면 구절구절 단락단락 비교 분석하며 비판하지 않아도 분명해질 것"이라고 말했다. "우리 도에 해가 되는 것은 모두 이에 의거해 비판할 수 있다"는 것이다.44) 또한 본성을 논할 때 항상 도의 연원이라는 측면에만 주목하고 있으므로 사람의 본성과 사물의 본성을 다르게 볼 수 없다고 본다. 즉 "성은 한 사물도 갖고 있지 않은 것이 없고, 도는 한 사물도 관통하지 않는 것이 없으니, 군자가 성을 다한 공은 반드시 금수초목의 미물에 이르러서도 앎이 밝지 않은 것이 없고 대처함에 마땅하지 않음이 없은 후에야 그친다." 그리고 "그 뜻은 또한 사람과 사물이 천명의 성을 동일하게 얻었고 각기 마땅히 행해야 하는 길이 있다는 점에서 같을 뿐이라는 점을 말한 것이

爲當然之則者也, 達摩所謂善, 六度萬行之都歸宿者也. 其虛實眞妄之分, 已不啻霄壤矣. 然朱子猶以爲心本善一段, 微有未穩處, 蓋凡事莫非心之所爲, 雖放辟邪侈, 亦心之爲也."

44) 『異學集辨』 2권 「辨以空言性」. "健休按, 釋氏之言, 與吾儒固多相似處, 而卽其相似處未有不相反者. 今陳氏只言其相似, 而不言其所以異, 恐非所以明吾道之正, 破彼說之邪也. 夫 『中庸』之所謂大本者, 天之所賦仁義禮智之性, 而四端五典萬物萬事之理無不統乎其間者也. 所謂達道者, 性之著乎日用, 而四端五典萬物萬事之各中其節者也. 彼釋氏之脫形骸, 去彝倫, 凡然屛事絶物, 而專精懸想於空虛無用之處者, 寧有毫髮近似於大本達道者乎? 所謂眞空者, 思慮息滅之謂也, 安在其爲妙有也? 所謂妙智者, 靈覺流通之謂也, 未見其爲應變也. 然則雖曰妙有, 而所有者非大本也, 雖曰應變, 而所應者非達道也. 語雖相近, 而其虛實邪正之分, 學者所當深察而明辨也."

다."45) "마땅히 행해야 할 길이 있다"는 점에서 성도의 동일함을 말하고 있는 것이다.

이처럼 류건휴는 19세기 영남 유학자들의 지향을 '도' 개념에 담아 이단을 비판하면서 도통론을 강조했다. 그는 도와 리를 동일선상에 두고 논의하면서 성리를 성도 차원에서 논의했다. 그는 성과 리, 성과 도를 분리해서 논할 수 없다는 입장을 피력하며 성과 리를 모두 도의 입장에서 설명했다. 따라서 『중용』의 대표적인 마음공부인 '계신공구'와 '신독' 공부를 논할 때도 마음의 허령한 작용성을 해명하는 데 초점을 두기보다는 도의 실천 공간에 더 중점을 두었다. 이는 퇴계 이래 영남 유학자들을 심학적 경향으로 설명하는 것과는 배치된다고 할 수 있다. 오히려 19세기의 연남의 호학파 유학자들은 기호 유학계에서 심성론을 중심으로 전개된 논쟁을 비판하며 일상생활에서의 도의 실천을 중시하는 방향으로 나아갔다고 할 수 있다.

이는 호학 내부에서 『중용』을 둘러싼 강학과 담론이 무성했던 학풍을 반영한 결과이기도 하다. 1811년에 류범휴가 장석이던 고산강회의 주제 중의 하나가 솔성지위도설이었으며, 1824년과 1828년에 황산사에서 10여 일간 강회한 내용도 『중용』 해석이었다. 류건휴는 이 모임에 모두 참석해 『중용』의 내용을 갖고 토론했다. 따라서 류치명을 필두로 하는 정재학파의 성립 과정에는 류건휴가 류장원의 저술들을 정리하면서 경학에 기반한 연구를 수행하며 이루어낸 성과가 중요한 기반이 되었다고 할 수 있다.

---

45) 『大埜文集』 권8 「讀南子㵢性道說疑義」.

4장

서학(천주학) 비판 — 영남학파의 서학 대응과 지식 권력

김선희

1 도통과 새로운 이단의 등장

유학-성리학을 정학의 위치에 세우는 '도통'은 특정한 시간적 계기나 우연적 요인에 따라 바뀌지 않는다는 점에서 초역사적 이념에 가깝다. 이에 비해 '도통론'은 언제나 특수한 역사적 계기에 의해 촉발되고 작동하는 논리이자 실천이라고 할 수 있다. 초역사적 보편 이념으로서의 도통이 역사적 층위에서 특정한 계기나 요인에 의해 위협받을 때 벽이단, 척사, 파사破邪의 방식으로 도통의 논의가 표면화되어왔기 때문이다.

주희의 학문이 '주자학'이라는 사상적 권위를 획득한 후 중국과 조선에서 도통론은 오랫동안 시의성을 띠는 현재적 논의가 아니었다. 맹자에 의해 이단으로 분류된 양주와 묵적, 그리고 한유에 의해 이단으로 지목된 도교와 불교 등은 신유학에서도 여전히 이단이었지만 그들에게 신유학을 위협할 현실적 힘은 없었다. 역사 속으로 사라진 양주나 묵적과 달리 도교나 불교는 실재하는 집단이었음에도 사회적 영향력은 제한되어 있었다.

그럼에도 불구하고 척사론이 지속된 것은 이단이 강력했기 때문만은 아니다. 다시 말해 척사의 주장은 강력한 사邪가 전면에 등장했기 때문이 아니라 정正의 진정한 계승자가 누구인가를 가리기 위한 내부 경쟁에서 발화되었을 가능성이 높다. 결과적으로 정통-이단의 구도는 정통과 이단의 갈등 자체가 아니라 정통의 주도권을 가리거나 정통을 계승했다는 명분을 확보하고자 하는 정치적 선언과 연결되어 있는 경우가 많다.

이러한 상황은 조선에서도 마찬가지였다. 조선에는 주자학에 실질적으로 위협이 될 이단이 존재하지 않았다. 전 왕조인 고려의 불교문화를 제거하기 위해 도통론을 작동시킨 건국 초기를 제외하고 조선에서 오랫동안 도통은 특정한 타자의 배제를 넘어, 스스로 자신의 이념을 재확인하는 과정에서 발신되는 일종의 재귀적 선언이었다. 이단으로 간주된 불교와 노장의 폐해는 대부분의 유학자에게서 관습적으로 반복되는 일반적 발언이었고, 정도전의 「불씨잡변」(1398년)처럼 척사의 층위에서 이전 왕조의 문화적 토대를 단죄하고 새로운 정치적 권위를 확보하려는 시의적인 도통론이 없었던 것은 아니지만 적어도 조선에서 불교와 노장을 공격하는 이유와 논리 등 도통론의 세부적 이론이 지속적으로 갱신되거나 비판의 논점이 새롭게 개발되었다고 보기는 어렵다.

조선이 새로운 척사의 대상을 이단 목록에 등록한 것은 18세기 이후의 일이다. 조선에서 이단 목록의 갱신과 더불어 도통론의 재선언이 요청된 것은 중국에 기독교를 전파하려던 예수회의 중국 진출의 성과가 점차 가시화된 이후였기 때문이다. 중국에 진출한 예수회원들에 의해 중국과 조선에 소개된 서양의 학문과 종교적 사유, 즉 '서학'이 확산되면서 동아시아에 새로운 이단으로 등장하게 된 것이다.

16세기 후반에 중국에 진출한 뒤 예수회는 한문 저술을 통해 고대 경전에 등장하는 상제上帝가 자신들이 섬기는 신, 즉 천주天主이며, 육체가 죽어도 인간의 영혼은 소멸하지 않고 현세의 삶에 따른 상벌로 천당 혹은 지옥에 간다고 주장했다. 예수회의 이러한 주장은 중국인들에게 '불교'를 연상시키는 이단적 사유로 비추어졌다. 그러나 중국인들은 곧 예수회원들이 천문, 지리, 수학, 기계 등 다양한 자연학적 지식과 기술을 소유한 수준 높은 문명의 보유자임을 인정하지 않을 수 없었다. 예수회원들이 기독교 전파를 위해 유학자의 복장을 입고 중국어를 배우는 등 적응주의적으로 중국 상층부에 접근했을 뿐 아니라 실용적인 서양의 기술과 지식을 함께 전달했기 때문이다. 유럽에서 예수회의 전교 정책에 대한 의심과 비판 즉 '전례 논쟁'이 일어난 후 중국에서 천주교의 위상이 약화되기 전까지, 중국인들은 '우수한 사상과 기술을 보유한 이단'이라는 일종의 형용 모순적 존재 앞에서 다양하게 갈등하고 논쟁해 나갔다.

조선의 상황은 조금 달랐다. 선교사와의 직접적 대면 없이 오직 책으로만 접촉한 조선인들에게 서학은 기독교 전교의 도구가 아니라 중국을 경유해서 들어온 새로운 지식의 일종이었다. 이런 맥락에서 도입 초기부터 서학이 곧바로 벽이단론을 촉발했던 것은 아니다.『지봉유설』(1614년)을 통해 서학을 소개한 이수광이나 개방적이고 객관적으로 서학을 이해하고자 한 이익의 태도가 이 점을 잘 보여준다. 특히 수십 종의 서학서를 직접 읽고 다양한 관심에서 연구한 성호의 서학 연구, 그리고 그가 촉발시킨 학파 내의 분기는 외래 학문에 대한 조선 유학자들의 태도와 문제의식을 압축적으로 보여준다.

권철신權哲身(1736~1801년), 이가환李家煥(1742~1801년), 이벽李檗(1754~1786년)에서 정약용丁若鏞(1762~1836년)으로 이어지는 서학 연구-수용 그룹과 신후담愼後聃(1702~1761년), 안정복安鼎福(1712~1791년)처럼 벽이단론을 전개한 반서학 그룹의 분기는 다양한 방식으로 파급되었다. 결과적으로 그 영향은 1785년부터 1801년의 신유교난에 이르는 시기에 서학에 혹세무민하는 '좌도左道'라는 회복 불가능한 낙인이 찍힌 이후, 성호학파가 활동하던 기호 지역을 떠나 영남남인1) 사이에서 도통론과 벽이단론이라는 방식으로 재생산되었다.

2   서학의 확산과 남인을 향한 위협

조선 유학자들에게서 도통은 단순한 이념 문제가 아니라 학파의 사회적 위상과 직결된 중요한 문제였다. 주지하듯, 중앙 정계로 진출하지 못한 영남남인은 정치적 소외감을 학술적 정통성에 대한 자임을 통해 해소하려는 경향이 있었다. 따라서 이들에게 도통론과 벽이단론은 학술적 권위를 위협할 만한 외적, 내적 요소를 분별해서 제거하거나 차단하기 위한 이론적 실천이라고 볼 수 있다.

이러한 태도를 담은 학술적 실천 중의 하나가 영남 학맥의 정통성을 다툰 병호시비였다. 주지하듯, 병호시비는 19세기에 영남 유림의 논

---

1) 17세기 전반까지 중앙 정계에서 활동한 남인의 분포는 영남을 중심으로 서울, 경기, 충청, 전라 등 다양한 지역에서 배출되었으나 숙종 대의 갑술환국 이후 정치사회적 상황 변화를 배경으로 영남남인과 기호남인으로 분리된 것으로 이해된다. 조준호, 「18세기 전반 근기 남인의 분포와 무신난」(성호학회, 『성호학보』 3호, 2006), 7쪽.

쟁적 현안이었다. 병호시비에서 영남 유림을 결집시키거나 대립시킨 것은 하나의 동일한 이념이었다. 병호시비에 개입한 병파나 호파 모두 '도통'이라는 명분을 가장 근본적인 토대로 두고, 이 도통이 누구에게 어떻게 전수되었는지를 문제 삼았기 때문이다. 이 논쟁의 핵심은 도통의 실질적 내용을 결정할 이론적 차이가 아니라 도통의 전수자와 전수 방식 문제라고 할 수 있다. 따라서 이들의 도통 의식은 이론의 내부적 차이가 아니라 퇴계학의 정맥이 누구에게 이어졌는가, 그리하여 누구를 배향할 것인가의 사후 추존 문제 즉 도통의 심층이 아니라 표층에서 작동하는 것이었다. 결과적으로 병호시비는 일종의 문화 자본과 학술적 주도권 확보를 위한 계파 갈등이자 정치적 소외를 학술적 주도권의 자임을 통해 극복하고자 하는 인정 투쟁의 성격을 띠고 있었다고 볼 수 있다.

퇴계학의 정맥이 김성일에서 이상정으로 이어진다는 호파 계열에서 논쟁을 주도한 것은 이상정의 제자인 류장원과 그의 문인들이었다. 류장원의 제자인 류건휴 역시 병호시비의 핵심 인물 중 하나였다. 특히 류건휴의 대표작 『계호학적』과 『이학집변』은 학술적 주도권을 확보하기 위한 이론적 시도의 성격을 띤다. 류건휴는 『계호학적』을 통해 이황의 도통이 이상정에게 전달되었음을 논변하는 동시에 『이학집변』을 통해 이단을 배척하고자 했다. 이 작업은 일차적으로 내부와 외부 두 경로에서 도통에 접근하는 전략적 시도라고 볼 수 있다. 『계호학적』이 퇴계-(김성일)-이상정을 연결함으로써 도통 내부의 분기를 돌출시켜 호파를 결속시키고 병파에 대응할 이론적 토대를 갖추는 작업이었다면 『이학집변』은 도통의 내외를 선명히 가름으로써 도통론을 이론적으로 지원하려는 의도에서 집필된 저술이기 때문이다.

그러나 사실상 『이학집변』의 집필은 단순히 이단의 목록을 재구성하고 도통의 이념을 재확인하기 위한 일반적인 벽이단론의 성격에 한정되지 않는다. 『계호학적』이 도통이 누구에게 어떻게 전승되었는지 현재적 위치를 선언하는 작업이라면 후자는 도통에 대한 의심이 아니라 도통의 승계에 대한 의심을 불식시키려는 복잡한 의도를 담고 있기 때문이다. 주지하듯, 그것의 배경에 『심경부주』로 촉발된 주륙화회의 의심 즉 주자가 아니라 육상산의 학설에 가깝다는 의심의 시선들 그리고 천주학과 연루되어 있던 기호남인 문제가 있었다. 류건휴 자신이 서문에서 '육구연 무리陸氏之徒'와 '천학자天學者', 즉 천주학 신봉자들을 명확하게 논파하지 못했다는 문제의식이 『이학집변』의 집필 동기라고 밝히고 있다는 사실이 이를 명확히 보여준다.

주지하듯, 육학에 대한 비판과 견제는 퇴계 사상 체계에서 『심경부주』가 차지하는 특별한 위상에서 비롯되었다. 퇴계는 『심경부주』를 특별히 중시했지만 텍스트의 성격상 퇴계의 강조가 육학陸學에 대한 경도로 비추어질 위험이 여전히 남아 있었고, 이는 조선에서 퇴계학의 위상을 흔들 수 있는 뇌관과도 같은 것이었다. 그러나 사실 이 문제는 시의성을 띤 것이 아니라 퇴계 이후 내내 존재하던 논쟁거리였다는 점에서 『이학집변』에 분명하게 나타나는 천학天學, 즉 서학에 대한 대결 의식과는 거리가 있다.

차라리 영남남인에게 현안에 가까웠던 것은 근기남인의 사상적 지향이었을 것이다. 주지하듯 성호 이래 근기남인은 서학을 중요한 학문적 토론 대상으로 다루어왔다. 그러한 연구와 토론의 결과는 『성호사설』에 산재된 서학 관련 서술, 특히 서양의 자연학적 지식과 기술에 대한 성호의 개방적이고 객관적인 평가로도 남았지만 이후 그의 제자들 즉 신후담의 「기문편紀問編」과 「서학변西學辨」, 안정복의 「천학고天學考」와 「천학문답天學問答」, 윤기尹愭(1741~1826년)의 「벽이단설闢異端說」 같은 척사론으로도 발신되었다.

그러나 1785년의 을사추조적발사건부터 1801년의 신유교난으로 이어지는, 되돌릴 수 없는 판세의 부정적 확정은 기호남인은 물론 영남남인에게까지 정치적·학술적 부담과 의심을 남기게 되었다. 특히 신유교난으로 기호남인의 수장과도 같던 채제공의 아들이 파직되고 이미 죽은 채제공의 관직마저 삭탈당하자 채제공의 신원 문제로 영남남인까지 서학 문제에 연루되는 상황이 발생하게 되었다. 이 때문에 영남에서는 남인에 대한 노론의 의심을 끊을 뿐만 아니라 기호남인의 서학 접촉에 대해서도 일정 정도 선을 그어야 한다는 현실적 요구가 생겨났던 것이다.[2]

그런 의미에서 『이학집변』은 『계호학적』에 비해 보다 복잡한 맥락에서 집필된 책임에 틀림없다. 더 나아가 할애된 분량과 관계없이 '천학(천주학)'에 대한 비판이 이 책 집필의 결정적 동인임을 확인할 필요가 있다. 사실 『이학집변』이 집필된 것은 이미 신유교난(1801년)이 발생한 뒤 국가에 의해 천주학의 확산이 실질적으로 저지된 지 30여 년이 지난 1833년의 일이다. 물론 신유교난 이후에도 천주교의 확산은 중인과 하층민을 중심으로 전국에서 은밀히 이루어지고 있었지만 당시에는

---

[2] 『이학집변』의 집필 동기와 배경에 대해서는 이상호, 「류건휴의 『계호학적』과 『이학집변』에 나타난 후기 영남학파의 도통과 벽이단 의식」(한국동양철학회, 『동양철학』 32집, 2009) ; 김순미, 「대야 류건휴의 『이학집변』에 나타난 천주학 비판에 관한 연구」(한국교회사연구소, 『교회사연구』 45집, 2014) 등에 상세히 나타나 있다. 선행 연구들은 『이학집변』의 가장 절실하고 실질적인 집필 동기를 서학에 대한 경도를 의심받는 영남남인에 대한 보위로 보고 있다는 점에서 일치한다.

영남 지역까지 대규모로 확산되지 않았다. 따라서 당시 '천주학의 위험'은 이 책이 집필된 결정적 혹은 실질적 동기라고 보기 어렵다. 실질적인 집필 동기는 천주학의 위험이 아니라 기호남인이 천주학에 연루됨으로써 영남남인에게까지 미친, '남인을 향한 외부의 의심과 위협'이라고 보아야 한다.

결과적으로 『이학집변』은 이단을 공격해 정학을 지킨다는 표면적인 집필 동기와 다른 맥락과 논리가 작동하고 있는 저술이라고 할 수 있다. 『계호학적』이 영남 유림 내에서 퇴계학의 정맥을 둘러싸고 병파보다 우선권을 확보하려는 목적에서 집필된 것이라면 『이학집변』은 내부의 설득이 아니라 외부의 의심과 공격을 피하기 위한 방어적 저술이라고 볼 수 있기 때문이다. 『이학집변』은 퇴계 학풍의 분기가 만들어 낸 사상적 갈등을 수습하고 내부의 이론적 순수성을 더욱 강화하려 했다는 점에서 이단에 대한 강한 공격성의 배후에 노론 등 학파 외부의 정치적 시선에 대한 방어적이고 수세적인 태도가 깃들어 있다. 그러한 이들의 이중적 태도는 도통과 이단, 즉 정사正邪라는 도덕적 차원으로 표출되고 있지만 사실상 여기에는 도통 전승의 자격과 책임이 자신들에게 있다는 전제 하에 정학의 이념을 수호하고 그 경계를 명확히 선언함으로써 지식 권력을 확보하려는 권력 지향적인 갈등과 경쟁이 담겨 있었던 것이다.

그런 맥락에서 『이학집변』은 일반적인 벽이단론 형식을 취하고 있지만 실제로는 유학자 일반을 향한 논리적 설득 수준을 넘어선다. 이보다는 차라리 이단과 연접해 있다고 의심받는 일부 남인의 학술적 태도를 계호, 즉 류건휴가 정통을 계승했다고 자임하는 퇴계-대산의 맥과 구분하기 위한 공격적 비판의 성격을 갖는다. 비판의 강도와 논리를 제공하는 것은 도통, 즉 올바른 학문이 자신들에게 이어져 있다는 영남남인의 강력한 자임과 책임 의식이었다. 이들은 지적 권력의 향배를 두고 내부의 타자들과 갈등했던 것이다. 이를 확인하기 위해 기호남인의 벽이단론의 특징을 확인하고 『이학집변』의 서술 방식과 논조, 비판의 핵심 내용을 살펴보기로 하자.

3 ___ 서학을 둘러싼 성호학파의 토론과 갈등

20세 때 80대의 성호에게 나아가 배움으로써 성호 문하에 들어온3) 무명자無名子 윤기尹愭(1741~1826년)4)의 문집에는 천주학을 논박하기 위해 벽이단의 관점에서 쓴 「벽이단설闢異端說」과 「우기답인지어又記答人之語」 두 편의 글이 남아 있다.5) 그중 「벽이단설」은 전형적인 척사론인 동시에 신후담과 안정복의 서학 비판과 맥을 같이하는 글이라고 할 수 있다. 이 글에서 윤기는 마테오 리치利瑪竇의 천문, 지리 지식에 대해 이렇게 말한다.

---

3) 윤기와 성호의 만남은 4년 동안 세 차례가 전부였지만 『성호전집星湖全集』 부록 권2에 「문인 윤기가 올린 제문又 門人尹愭」이라는 제목으로 윤기가 성호 영전에 올린 제문 「제성호선생문祭星湖先生文」이 수록되어 있다는 점에서 그가 성호 문인으로 인정받았음을 알 수 있다.
4) 윤기는 경기도 통진 일대에 세거하던 파평윤씨 후손이었다. 그의 집안은 원래 근기남인의 명문가였지만 18세기에 남인이 몰락하는 과정에서 그 파장을 고스란히 떠안아 결국 6대조 이후 관직에 나아가지 못했고 그 자신 역시 51세에야 대과에 급제했지만 강직한 성격으로 미관말직을 전전하다 86세에 세상을 떠났다. 김병건, 「無名子 尹愭의 思想과 文學」(성균관대학교 박사학위논문, 2004), 14~38쪽.
5) 「벽이단설」은 1785년의 을사추조적발사건 이전에 작성된 것으로, 윤기는 을사추조적발 사건이 일어나자 천주교를 비판하는 자신의 견해가 옳았다는 사실이 증명되었다고 기뻐하는 후기를 덧붙이고 있다.

나는 이마두가 천문, 지리를 비롯해 천하의 일에 대해 통달하지 않은 바가 없다는 말을 듣고, 스스로 생각하기를 그가 사해 만국에 발걸음이 미치지 않은 바가 없고 책력을 추산하는 방법이 매우 정묘해 지금까지 천하가 그 방법을 준용하는 것이니 비록 절역의 서양 오랑캐라도 신묘하고 지혜로운 사람이라고 할 만하다 생각했습니다.6)

이 글의 서두에는 천주학에 대해 알고 있느냐는 객客의 질문에 윤기가 '모른다'고 답한 대목이 있다. 이 구절은 그의 대답과 모순되는 것이다. 그러나 비록 말년의 제자였더라도 윤기가 학파 내에서 이루어진 서학의 연구와 토론에 대해 몰랐을 리 없다. 윤기 역시 스승이 속한 성호학파의 학풍을 따라 서학을 접했고 또 그에 대해 객관적 태도를 유지하도록 독려받았을 것이다.

그러나 윤기는 강경한 태도로 천주학이 부자 간의 윤리를 저버리고 성현의 가르침을 배척하며 소란을 피우는 등 추악한 모습을 보인다며 폄하한다. 특히 윤기는 '그 학은 오로지 천주만 섬기는데 천주는 곧 상제其學專事天主, 天主者上帝也'라는 예수회 측의 주장에 대해 다음과 같이 말한다.

저들이 받드는 천주는 비록 경전 속의 '호천昊天', '상제上帝' 등의 말을 모방해 소리도 없고 냄새도 없는 하늘의 일을 형상화할 수 있는 존재 중에서 구하고자 하지만 이는 부엌의 늙은 종도 속일 수 없을 것이다.7)

---

6) 『無名子集』「又記答人之語」 256권 208b. "吾聞利瑪竇於天文地理及天下之事, 無所不通, 自謂四海萬國, 跡無不及, 故其星曆推步之術, 最極精妙, 至今天下遵用其法, 雖在外夷絶域, 亦可謂神智之人也."

윤기의 서학 비판은 본인이 밝히고 있듯이 이미 천주학에 대한 국가적 처벌이 시작된 시점에서 서학서에 대한 직접적 연구 없이[8] 일종의 인상 비판만으로 이루어진 것이다. 이 같은 한계에도 윤기의 척사론은 성호학파의 서학 인식이 내포한 논점들을 보여주는 예증 같은 역할을 한다. '상제'에 대한 인식 문제와 서학의 발전된 자연학과 기술적 측면에 관한 입장이 그것이다.

주지하듯 마테오 리치는 일종의 관용적이고 타협적인 태도로 중국 전통에 접근하면서 중국에도 『시경』, 『서경』 같은 고경 속에 유신론적 전통이 있으며 거기 등장하는 상제가 기독교의 신, 즉 천주라고 설파했다. 그러한 전략은 어느 정도 성과를 거두었다. '상제가 곧 천주'라는 발상은 종교적 측면에는 관심을 두지 않고 오직 실용적 관심에서 학술로만 수용하고자 한 성호는 물론, 서학을 강력하게 비판한 안정복에게 조차 일종의 중립적 사실로 받아들여졌기 때문이다.

이는 주자학의 이론적 경계를 넘어서지 않았지만 그럼에도 고대 유학에 등장하는 '상제'의 초월성과 주재성 그리고 인격성에 주목하고자 한 기호남인의 사상적 태도와 연결되어 있는 문제라고 할 수 있다.[9]

---

7) 『無名子集』「又記答人之語」256권 208b. "其所謂尊奉天主, 雖欲依倣於經傳中昊天上帝等語, 而以無聲無臭之載, 欲求之形像模畫之中, 此不可以欺竈間老婢也."
8) 다음의 문장이 이를 보여준다. 『無名子集』「又記答人之語」256권 208b. "내가 비록 저들의 책을 보지는 못했지만 사람들이 전하는 말을 들어 보면 천주학은 이와 같을 뿐이다余雖不見其書, 聞人傳說, 其學不過如此."
9) 상제에 대한 기호남인의 인식은 다음 논문을 통해 분석된 바 있다. 김형찬, 「조선유학의 리理 개념에 나타난 종교적 성격 연구: 퇴계의 리발理發에서 다산의 상제까지」(고려대학교 철학연구소, 『철학연구』 권39, 2010); 안영상, 「천주교의 천주(상제)와 영혼불멸설에 대한 영남 퇴계학파와 대응 양식」(한국철학 사상연구회, 『시대와 철학』 권161호, 2005) 등.

서학에 대한 성호의 이러한 평가는 어떤 방식으로든 후학에게 전달되었다. 성호는 "그들의 학문은 오로지 천주를 존숭한다. 천주는 유가의 상제다其學專以天主爲尊, 天主者, 卽儒家之上帝"10)라고 말한다.

안정복 역시 천주가 실재한다고 말한다. "그들은 천주가 있다고 말하는데 우리도 역시 천주가 있다고 말한다. 천주는 곧 상제니 시서詩書에서 말하는 상제다. 성인이 천을 말한 것은 그 글에 분명하다. 어찌 실제로 존재하지 않는 것을 거짓으로 가탁해 말하겠는가?"11) 이런 입장은 신후담에게서도 나타난다. 신후담은 "저들은 천주가 마땅히 우리 유가가 말하는 상제에 해당한다고 하고 아니마가 우리 유가의 이른바 혼에 해당한다고 여긴다. 무릇 상제는 하늘의 주재이니 천주라는 칭호는 이치가 없는 것이 아니다"12)라고 말한다.

남인이 인격적 존재로서의 상제에 대한 독특한 이해를 갖고 있었음은 이병휴李秉休(1710~1776년)의 양아들이자 권철신과 가까웠던 목재

---

10) 『星湖全集』 권55 「跋天主實義」.
11) 「與權旣明書 甲辰」 『順菴集』 권6. "彼曰有天主, 吾亦曰有天主, 天主卽上帝也. 詩書之言上帝, 聖人之言天, 明有其文, 則豈無其實而假託以言耶." 한편 안정복은 마테오 리치의 귀신설 역시 서화담徐花潭의 이론과 유사하다고 인정하며, 이교를 말한다는 혐의를 받더라도 질정이 필요하다고 강변한다. "서화담의 귀신론이 리씨利氏의 설과 합치되고 있는데, 리씨는 인류가 있은 이후로 귀신들이 계속 존재하고 있다고 하고 서씨는 오래 가는 귀신도 있고 빨리 없어지는 귀신도 있다고 해 서씨의 설이 더 우세한 것 같으나 이자李子는 서씨의 설이 틀렸다고 했으니 감히 다시 이에 대해 의심을 두어서는 안 되겠습니다. 그러나 끝내 의심이 풀리지 않고 있으니, 그렇다면 이교異敎를 말한다는 혐의를 받을까 두려워서 어물어물 넘어가 버리고 아는 이에게 질정하지 않아서는 안 될 것입니다"(花潭鬼神論, 與利氏說合, 而利氏則謂自有生人以來, 其鬼長存, 徐氏謂有久速之別, 徐說似優矣. 李子嘗非徐說, 則不敢復有所疑, 而終有可疑者存, 則不可以語涉異敎爲懼而含糊不發, 不就正於有道矣. 『順菴先生文集』 권2 「上星湖先生書」 戊寅 229권 372a).
12) 『돈와서학변』 「서학변」. "彼以天主當吾儒之所謂上帝, 以亞尼瑪當吾儒之所謂魂. 夫上帝爲天之主宰 則天主之稱不爲無理."

木齋 이삼환李森煥(1735~1813년)의 저술 「양학변洋學辯」(1786년)에서도 확인할 수 있다. 「양학변」 역시 양학이 불교에서 나온 것에 지나지 않으며 남녀에 귀천이 없다거나 천당지옥을 신봉한다는 점 등을 근거로 천주교를 강경하게 비판한다. 그러나 서학에 대한 비판과 별도로 이삼환은 천天에 모종의 인격성이 있음을 다음과 같이 표현한다.

> 광대한 하늘은 포함하지 않는 바가 없고 높고 빛나는 하늘은 미미한 것이라도 밝히지 않는 것이 없다. 그러므로 군자는 하나의 동작, 한순간의 생각에도 하늘을 거스를 수 없으니 어찌 감히 공경하지 않을 수 있겠는가? …… 하늘의 영명함은 사사로이 아첨하는 것에 기뻐하지 않을 것이며, 방자하게 속이는 것을 받아들이지 않을 것이다. …… 하늘은 선한 자에게 복을 내려주고 선하지 않은 자에게는 재앙을 내리니, 하늘이 하늘다운 이유가 그러할 뿐이다. …… 하늘이 부여한 영명함은 가려질 수 없는 것이다.13)

물론 이 맥락에서 등장하는 상제의 의미는 사실 주희의 논법을 이탈하지 않는다. 주희 역시 천의 주재라는 측면을 인격적으로 표현하기 때문이다. 주희는 인격적 존재가 따로 존재한다는 사실은 부정하지만 그렇다고 모종의 인격적 주재가 이루어지고 있음을 부정해서는 안 된다고 말한다.14) 물론 주희에게 상제는 실질적 존재가 아니라 일종의

---

13) 『少眉山房藏』 권5 「洋學辨」 上 丙午三月作, 92권 103a. "渾淪廣大, 無遠不覆, 高明顯赫, 無微不燭, 故君子一動手一轉念之頃, 毫忽有差, 便達於天, 敢不敬乎?…… 則以天之靈明, 亦不應喜其私媚, 受其欺詆, 然則其學之不足法, 不已章章矣乎 …… 然天賦之靈明有不可掩."
14) 다음과 같은 구절이 이를 잘 보여준다. "푸르고 푸른 것을 하늘이라 하니 끊임없이 돌면서 두루 유행하는 것일 뿐이다. 지금 말하듯 하늘에 인격적 존재가 있어 죄악을 판결한다고

이법적理法的 존재였다. 안정복의 논법 역시 이를 계승한 것이다.

> 상제는 주재主宰에 대한 호칭으로서 만물의 총체적 주재자라는 말인데, 우리 유자가 이미 말한 것이다. 사람들이 하늘을 일컫는 데는 두 가지가 있다. 하나는 주재하는 하늘로서 '하늘이 명한 성性'이라고 하거나 '천명을 두려워한다'고 하는 것들인데, 이 하늘은 곧 리理이다. 다른 하나는 형기形氣의 하늘로서 이 하늘은 곧 물물物이다. …… 주재한다는 관점에서 말하면 상제지만 무성무취無聲無臭의 측면에서 말하면 태극이며 리이니, 상제와 태극의 리를 둘로 나누어 말할 수 있겠는가.15)

신후담이나 안정복 모두 근본적으로는 상제와 태극이 둘이 아니라거나 상제가 도와 기가 합해진 이름이라고 보면서 주희의 논법을 계승하고자 한다. 그러나 그럼에도 불구하고 이들은 암암리에 '상제'를 부각시키며 상제에게 모종의 주재 능력이 있는 듯이 표현한다. 이런 인식의 연원은 물론 성호다. 성호는 서학에 대해 비판하며 의심을 보이는 신후담에게 이렇게 말한 일이 있다.

해서는 안 된다. 그렇다고 주재하는 것이 전혀 없다고 말해서도 안 된다. [심한이] 경전 중의 '천'이라는 글자에 대해 물었다. 대답하셨다. 사람들이 분명히 알아야 하니 푸르고 푸른 것을 말한 곳도 있고 주재를 말한 곳도 있고 단순히 리라고 풀이한 곳도 있다"(蒼蒼之謂天, 運轉周流不已, 便是那箇. 而今說天有箇人在那裏批判罪惡, 固不可. 說道全無主之者, 又不可. 這裏要人見得. 又儞問經傳中天字. 曰要人自看得曉, 也有說蒼蒼者, 也有說主宰者, 也有單訓理時.『朱子語類』권1: 22).

15)『順菴先生文集』「天學問答」230권 141c.『曰上帝主宰之稱, 而爲萬物之總主, 吾儒已言之矣. 人之稱天有二, 一是主宰之天, 曰天命之性, 曰畏天命之類, 是天卽理也. 一是形氣之天, 是天卽物也 …… 以有主宰而言之則曰上帝, 以無聲無臭而言之則曰太極曰理, 上帝與太極之理, 其可貳而言之乎."

그들의 천주설에 대해서는 [사리에] 어두운 사람들은 눈이 휘둥그레질 것이지만 지금 경전經傳에 실려 있는 상제귀신上帝鬼神설로 보면 이 설 또한 암암리에 서로 합치되는 바가 있다.16)

성호는 천주에 관한 저들의 이론이 고대 경전에 나오는 상제나 귀신설에 부합하는 측면이 있음을 인정한다. 성호는 주자학의 관점에서 태극과 리를 비판하는 예수회원들의 천주에 관한 주장을 모두 수용할 수 없음을 알면서도 고대 유학의 관점에서 서학과 유학 사이에 어느 정도 일치점이 있음을 인정함으로써 해석의 경계를 확장하고자 한다. 세계의 근원으로서의 리를 부정하지는 않지만 리가 주재하는 측면을 '상제'라는 용어로 표현하며 그러한 주재성과 인격성을 다음과 같이 표현한다.

비유하자면 하늘은 배나 수레와 같고 제는 배를 젓고 수레를 끌 때 각각 주재하는 자가 있는 것과 같다. 천은 물질적이므로 교에서 제사 지내고 제는 인격적이므로 사당에서 제사 지낸다.'17)

결과적으로 성호는 이들의 이론 전체를 부정하지 않으면서 오직 이

---

16) 『돈와서학변』「기문편」. "至其天主之說, 昧者瞠焉, 而今以經傳所載上帝鬼神之說視之, 則其說亦有嘿相契者."
17) 『星湖僿說』 권1「配天配帝」 권1: 41a. "比之天如爲舟爲車, 帝如泛舟引車, 而各有主宰者在也. 天以爲物況故祀於郊, 帝以人爲況故祀於堂." 심지어 성호는 태극에 대한 예수회의 비판에도 일부 타당성을 인정한다. "그들이 말한 천주[天神]의 일은 비록 황탄한 바에 미치기도 하나 서양 선비들이 어찌 반드시 세상을 미혹하고 사람들을 속이고자 했겠는가. 그의 태극을 배척한 이론의 경우도 비록 육왕의 학설과 우연히 합하는 바가 있더라도 그 설은 또한 나름대로 견해가 있다"(其言天神之事, 雖涉荒誕, 然西豈士必欲惑世而誣人者哉. 至其辨斥太極之說, 雖與陸王偶合, 然其說亦自有見. 『돈와서학변』「기문편」).

들이 "지나치게 귀신을 믿는 것"18)이 문제라고 간주한다. 성호학파는 주희가 말하는 태극과 리의 모든 개념과 기술적 방식을 수용했지만 동시에 리가 주재하는 측면, 인격적으로 인간사에 개입하는 측면을 '상제'라는 인격적 개념을 통해 여전히 강조하고자 했던 것이다. 이러한 이들의 학문적 특성은 뒤에 영남남인에게 비판의 빌미를 제공한다.

4 실용을 향해: 서양의 자연학과 기술에 대한 기호남인의 이해

성호학파가 서학에 대해 공유하는 두 번째 측면은 자연학적 지식과 기술에 관한 것이다. 기본적으로 성호는 서학을 이단으로 평가하며 "나는 천주에 관한 이론을 믿지 않는다"19)며 천주교와 분명히 선을 긋는다. 그러나 천주에 관한 이론을 제외할 경우 서학에 유학자들이 배울 만한 것이 있다고 여긴다. 서양 학술에 학술적 가치가 있냐고 안정복이 묻자 성호는 "그렇다"고 답한다.20) 이런 인식을 바탕으로 그는 서학의 실용적 정보를 폭넓게 수용하고자 했다. 그중에서도 우주관, 천문 역법, 인체 이론 등 일종의 과학적 이론을 깊이 연구한 뒤 다음과 같은 결론을 내린다.21)

---

18) "서양 선비[西士]들이 어찌 반드시 세상을 속이고자 하는 자들이겠는가. 다만 귀신을 지나치게 믿어서 그러한 것일 뿐이다"(『돈와서학변』「기문편」. "西士豈必欲誣世者哉, 但酷信鬼神而然耳").
19) 『順菴先生文集』 제17권 「天學問答」. "天主之說, 非吾所信"
20) "내가 인해 묻기를, '양학洋學도 학술로써 말할 만한 것이 있습니까?' 하니, 선생이 '있다'고 하셨다"(『順菴先生文集』 제17권 「天學問答」. "余因問洋學有可以學術言之者乎. 先生曰, 有之矣").
21) 주지하듯 성호는 『천주실의』, 『주제군징主制郡徵』, 『칠극七克』 등 대표적인 서학서들을 비롯해 『직방외기職方外紀』, 『건곤체의乾坤體義』, 『천문략天文略』, 『치력연기治曆緣起』, 『시

그들의 천주설에 대해서는 [사리에] 어두운 사람들은 눈이 휘둥그레질 것이지만 지금 경전經傳에 실려 있는 상제귀신上帝鬼神설로 보면 이 설 또한 암암리에 서로 합치되는 바가 있다.16)

성호는 천주에 관한 저들의 이론이 고대 경전에 나오는 상제나 귀신설에 부합하는 측면이 있음을 인정한다. 성호는 주자학의 관점에서 태극과 리를 비판하는 예수회원들의 천주에 관한 주장을 모두 수용할 수 없음을 알면서도 고대 유학의 관점에서 서학과 유학 사이에 어느 정도 일치점이 있음을 인정함으로써 해석의 경계를 확장하고자 한다. 세계의 근원으로서의 리를 부정하지는 않지만 리가 주재하는 측면을 '상제'라는 용어로 표현하며 그러한 주재성과 인격성을 다음과 같이 표현한다.

비유하자면 하늘은 배나 수레와 같고 제는 배를 젓고 수레를 끌 때 각각 주재하는 자가 있는 것과 같다. 천은 물질적이므로 교에서 제사 지내고 제는 인격적이므로 사당에서 제사 지낸다.'17)

결과적으로 성호는 이들의 이론 전체를 부정하지 않으면서 오직 이

---

16) 『돈와서학변』 「기문편」, "至其天主之說, 昧者瞠爲, 而今以經傳所載上帝鬼神之說視之, 則其說亦有黯相契者."
17) 『星湖僿說』 권1 「配天配帝」 권1: 41a. "比之天如爲舟爲車, 帝如泛舟引車, 而各有主宰者在也. 天以爲物况故祀於郊, 帝以人爲况故祀於堂." 심지어 성호는 태극에 대한 예수회의 비판에도 일부 타당성을 인정한다. "그들이 말한 천주[天神]의 일은 비록 황탄한 바에 미치기도 하나 서양 선비들이 어찌 반드시 세상을 미혹하고 사람들을 속이고자 했겠는가. 그의 태극을 배척한 이론의 경우도 비록 육왕의 학설과 우연히 합하는 바가 있더라도 그 설은 또한 나름대로 견해가 있다"(其言天神之事, 雖涉荒誕, 然西豈士必欲惑世而誣人者哉. 至其辨斥太極之說, 雖與陸王偶合, 然其說亦自有見, 『돈와서학변』 「기문편」).

들이 "지나치게 귀신을 믿는 것"18)이 문제라고 간주한다. 성호학파는 주희가 말하는 태극과 리의 모든 개념과 기술적 방식을 수용했지만 동시에 리가 주재하는 측면, 인격적으로 인간사에 개입하는 측면을 '상제'라는 인격적 개념을 통해 여전히 강조하고자 했던 것이다. 이러한 이들의 학문적 특성은 뒤에 영남남인에게 비판의 빌미를 제공한다.

4   실용을 향해: 서양의 자연학과 기술에 대한 기호남인의 이해

성호학파가 서학에 대해 공유하는 두 번째 측면은 자연학적 지식과 기술에 관한 것이다. 기본적으로 성호는 서학을 이단으로 평가하며 "나는 천주에 관한 이론을 믿지 않는다"19)며 천주교와 분명히 선을 긋는다. 그러나 천주에 관한 이론을 제외할 경우 서학에 유학자들이 배울 만한 것이 있다고 여긴다. 서양 학술에 학술적 가치가 있냐고 안정복이 묻자 성호는 "그렇다"고 답한다.20) 이런 인식을 바탕으로 그는 서학의 실용적 정보를 폭넓게 수용하고자 했다. 그중에서도 우주관, 천문 역법, 인체 이론 등 일종의 과학적 이론을 깊이 연구한 뒤 다음과 같은 결론을 내린다.21)

---

18) "서양 선비[西士]들이 어찌 반드시 세상을 속이고자 하는 자들이겠는가. 다만 귀신을 지나치게 믿어서 그러한 것일 뿐이다"(『돈와서학변』「기문편」. "西士豈必欲誣世者哉, 但酷信鬼神而然耳").
19) 『順菴先生文集』 제17권 「天學問答」. "天主之說, 非吾所信"
20) "내가 인해 묻기를, '양학洋學도 학술로써 말할 만한 것이 있습니까?' 하니, 선생이 '있다'고 하셨소"(『順菴先生文集』 제17권 「天學問答」. "余因問洋學有可以學術言之者乎. 先生曰, 有之矣").
21) 주지하듯 성호는 『천주실의』, 『주제군징主制郡徵』, 『칠극七克』 등 대표적인 서학서들을 비롯해 『직방외기職方外紀』, 『건곤체의乾坤體義』, 『천문략天文略』, 『치력연기治曆緣起』, 『시

서양 사람들 중에는 대체로 남달리 뛰어난 사람들이 많아서 예로부터 천문의 관측, 기계의 제작, 수학[算數] 등의 기술은 중국이 따라갈 수 없다.22)

성호는 "내가 실용적이리고 한 것은 저『천문략天問畧』,『기하원본幾何原本』등의 여러 서적 속에서 논한 천문과 수리의 법을 취한 것으로, [그것들은] 이전 사람들이 발명하지 못한 바를 밝힌 것이니 세상에 크게 유익함이 있다23)"고 말하면서 서학의 실용성을 높이 평가한다.

관심과 정도는 다르지만 성호의 제자들 역시 유사한 태도로 서학의 실용적 지식에 접근했다. 안정복은 『성호사설』을 편집해 『성호사설유선星湖僿說類選』을 만들면서 성호의 서학 관련 기사들을 상당량 수록했으며, 성호학파 내에서 최초로 척사론을 저술한 신후담조차 만년에는 서학 연구 쪽으로 기울었기 때문이다. 연보에 따르면 신후담은 59세에 「천문략곤여도설략론天問略坤輿圖說略論」을 지었다고 한다.24) 이 글은

헌력時憲曆』,『간평의설簡平儀說』,『기하원본』,『혼개통헌도설渾蓋通憲圖說』등 다수의 자연학 관련 저술을 읽었다. 금장태는 이원순, 한우근의 연구를 바탕으로 성호가 접한 서학서와 서양 문물을 각각 21종과 9건으로 정리하고 있다. 금장태, 『조선후기 유교와 서학』(서울대학교 출판부, 2003년, 55~56쪽).

22) 『順菴先生文集』제17권「天學問答」. "末梢至西洋學. 先生曰, 西洋之人, 大抵多異人, 自古天文推步, 製造器皿, 筭數等術, 非中夏之所及也."

23) 『돈와서학변』「기문편」. "而若吾之所謂實用者, 取其天問畧幾何原本等諸書中所論, 天文籌數之法, 發前人之所未發, 大有益於世也."

24) 신후담의 연보에서 다음의 내용을 확인할 수 있다. "「천문략곤여도설략론」이라는 글이 있는데 대략 서문을 논하자면 '서양의 학이 지금 천하에 크게 유행하고 있다. 이 학문은 불교에 근본하는 것이지만 조금 바꾸어 스스로 신령하다고 여겼다. 내가 일찍이 「서학변」을 지어 이 설을 배척했다. 천지의 도수度數와 물리物理를 논한 이 학설은 가장 정미하지만 때때로 궤변에 이르니 모두 믿을 수는 없다. 『천문략』과 「곤여도설坤輿圖說」두 책에 실려 있는 바의 경우 그 대략을 볼 만한데 지금 보이는 대로 대략 논하니 식자들의 질정을 기다린다"(『河

현재 전하지 않아 실제 내용을 알 수 없지만 적어도 신후담이 젊은 시절의 극단적 비판과는 달리 말년에는 서학의 자연학적 이론을 연구했음을 알 수 있다. 이런 경향은 다른 제자들에게도 나타난다. 천주학에 대한 남인의 경도를 경계한 윤기 역시 서학의 자연학적 성과와 기술적 수준은 객관적으로 인정했던 것이다. 이러한 태도의 바탕에는 민생에 유익한 실용적 학문을 중시하는 성호학파의 학풍이 자리하고 있다.

성호는 주자학에 토대를 둔 퇴계학에 대한 지향을 평생의 학술적 목표로 여겼지만 상제의 주재성과 인격성을 인정하는 고대 유학의 상제관을 중요한 학문적 태도로 끌어왔으며, 한편 실용적 태도로 외래의 지적 자원을 활용하고자 한 개방적 학자였다. 물론 성호학파가 상제에 대한 공경을 강조하는 것은 예수회 선교사들처럼 인격적인 창조주를 인간 세계의 지배자로 세우려는 의도에서가 아니었다. 차라리 성호학파는 윤리적 실천의 토대로 인격적 주재자를 내세우고자 했던 것에 가깝다. 그것은 아마도 이들이 유학의 핵심을 인륜, 즉 도덕성의 회복과 이를 토대로 한 정치 즉 민생의 안정을 목표로 한 왕도정치로 보았기 때문일 것이다. 그런 맥락에서 성호가 상제의 주재성과 인격적 측면을 인정한 것 역시 궁극적으로 상제와의 직접적 관계를 통해 인격적 변화를 추구함으로써 도덕적 회복이 가능하다는 학문적 신념에서 비롯된 것일 것이다.25)

이러한 경향은 이들이 외래 사상과 정보를 접하기 쉬웠던 기호라는

───────

濱先生全集』卷9「河濱先生年譜」庚辰. "有天問略坤輿圖說, 略論其序曰, 西洋之學, 今大行於天下矣. 其學本佛氏, 而稍變以自神. 余嘗撰西學辨以斥之, 其論天地度數及物理說, 最爲精微, 而往往弔詭, 不可盡信. 如天問略坤輿說二書所載者, 可見其槪. 今隨覽略論, 以竢識者質焉."
25) 이 점은 여러 선행 연구에 의해 인정되는 바이다. 안영상, 앞의 논문, 김형찬, 앞의 논문 등을 보라.

공간적 특성과, 중앙에 진출할 수 없지만 그 때문에 더욱 지식 권력의 중심을 유지하고자 했던 남인이라는 당파적 특징이 결합된 결과라고 볼 수 있다.26) 그러나 새로운 지적 자원에 개방적으로 접근하면서도 전통적 정학의 계보를 지향한 이들의 이중적이고도 복합적인 사상적 궤도는 전자의 조건이 막혀 있고 후자의 상황에 집중했던 영남남인의 시야에는 대단히 위험하게 비추어졌을 것이다. 기호남인에 대한 정치적 단죄가 시작되자 그러한 의심은 보다 분명하게 비판으로 바뀌어갔다. 기호남인의 서학 경도에 대한 의심과 비판을 증폭하고 확장하는 중요한 매개가 바로 안정복의 척사론이었다.

5 영남학파의 서학 비판

안정복의 「천학문답」은 기호남인과 영남남인의 벽이단론을 연결하고 또 분리하는 역할을 한 매개적 저술이라고 할 수 있다. 그는 1784년부터 쓰고 있던 척사론적 저술을 정리해 1785년에 「천학문답」을 완성했다.27) 선행 연구에 따르면 이 글은 천주교에 대해 질문하는 온건한 소장학자 심유沈浟(1620~1688년)의 질문에 대해 척사론적 입장에서 대답한 것이다.28) 천주교 박해 이전에 쓰여진 신후담의 「서학변」이

---

26) 이러한 학풍을 가장 극단적인 차원까지 밀고 간 정약용은 성호학의 궤적이 가진 복잡성을 가장 잘 보여 주는 예가 될 것이다.
27) 서종태는 「천학설문」, 「천학혹문」, 「천학문답」, 「천학고」 등 안정복의 천주교 관련 저술의 저술 시기와 상호 관계 및 영향 관계에 대해 연구한 바 있다. 서종태, 「순암 안정복의 「천학설문」과 「천학고」, 「천학문답」에 관한 연구」(한국교회사연구소, 『교회사연구』 41집, 2013).
28) 서종태, 앞의 논문, 22쪽.

서학을 이론적으로 논파하려는 목적에서 저술된 것이라면 안정복의 「천학문답」은 천주교가 남인을 위험에 빠뜨릴 수 있다는 위기감 속에서 당시 소장학자들에게 천주교에 물들지 말 것을 경고하고 훈계하려는 목적에서 저술된 글이라고 할 수 있다. 이 글은 이후 안정복과 교류하던 남한조를 비롯한 이상정 계열의 남인29)에게 전해짐30)으로써 영남남인 사이에 새롭게 척사론을 불러일으켰다.

상주 출신의 남한조는 안정복의 서학 비판을 영남에 전달하고 이를 확장시킨 장본인이었다.31) 그는 38살이던 1782년에 과거 준비를 위해 서울에 올라갔다가 다음 해 안정복의 문하에 출입하게 되었다. 안정복이 그에게 자신이 쓴 척사론 성격의 글을 보여준 것도 그즈음이었다.32) 이후 남한조는 안정복에게 들렀던 영남 사람 신치봉으로부터 「천학혹문」을 건네받아 이후 「안순암천학혹문변의安順菴天學或問辨疑」를 저술하게 된다.33) 이 글이 중요한 것은 류건휴의 『이학집변』 중 천주학 부분이 서학에 대한 남한조의 비판을 대부분 전제하면서 서학에 대한 다른 영남남인의 입장을 첨부하고 최종적으로 자기 의견을 밝힌 뒤 종합하는 형식으로 구성되어 있기 때문이다. 『이학집변』이 남한조의 서

---

29) 안정복의 글은 남한조를 비롯해 정종로, 신치봉 등 대산 계열의 영남남인에게 전파되었다. 서종태, 앞의 논문, 27~28쪽.
30) 서종태의 연구에 따르면 안정복이 「천학혹문」을 저술한 시기는 1785년경이며, 남한조가 그 글을 전해 받은 것은 1790년이다. 따라서 남한조가 「안순암천학혹문변의」를 저술한 시기는 1790년 이후 그리고 「천학혹문」에서 「천학문답」으로 제목을 개정한 것은 1790~1791년 사이로 추정된다. 서종태 앞의 논문, 13~21쪽.
31) 그는 서른에 이상정을 찾아가 제자가 되었고 동암 유장원에게도 배웠다. 정종로와는 같은 상주 출신이었기 때문에 가깝게 지냈다고 한다. 안영상, 「손재집 해제」(안동대학교 퇴계학연구소, 『퇴계학』 16집, 2007), 228쪽.
32) 안영상, 앞의 논문, 228쪽.
33) 서종태, 앞의 논문, 26쪽.

학 비판의 틀에 자기 의견을 첨부한 글이라는 점에서 우선 남한조의 서학 비판이 검토되어야 한다.

안정복의 척사론을 접한 남한조는 안정복의 서학 비판이 불충분하다고 생각했다. 안정복이 남인의 계보를 이을 인물로 인정한 영남남인 입재立齋 정종로鄭宗魯(1738~1816년)가 쓴 남한조의 행장에 다음과 같은 문장이 나온다.

> 선생은 이단을 변척하는 데 엄격하셨다. 일찍이 성호 선생의 「천주실의발」을 보셨는데 그 변척의 이론이 미진하다고 여기셔서 분명히 설명하는 글을 저술하셨고 또한 안순암의 「천학혹문」을 보셨는데 변파하는 것이 혹 공소하다고 여기셔서 변품해 논의를 넓히셨다.34)

그는 「안순암천학혹문변의」, 「이성호(익)천주실의발변의李星湖(瀷)天主實義跋辨疑」 두 편의 글을 통해 성호의 서학 인식과 안정복의 서학 비판에 문제를 제기한다. 남한조는 성호 선생이 남인의 선배로서 후배인 자신과 같은 멸학이 어찌 감히 조금이라도 자훼하는 뜻이 있겠느냐면서도 성호의 주장에 폐단이 없을 수 없다고 말하며 비판적 태도를 드러낸다.35)

우선 남한조는 성호가 서학에 대해 지나치게 우호적으로 서술했음을 못마땅하게 생각했다. 성호가 "생각건대 서국西國의 풍속도 차츰 투

---

34) 『立齋先生文集』 권45 「損齋南公行狀」 254권 283d. "闢異又嚴, 嘗見李星湖天主實議跋, 爲其論斥之未盡, 而著說以明之, 又見安順菴天學或問, 爲其辨破之或疎, 而著辨稟以擴之."
35) 『遜齋先生文集』 권2 「李星湖 瀷 天主實義跋辨疑」 99권 651b. "星湖李丈, 吾黨中先輩也, 蔑學後生, 何敢有一毫訾毁之意, 而立言之不能無弊."

박하게 변해서 그 길흉의 인과응보에 대해 점차 믿지 않게 되었을 것이다. 이에 『천주경天主經』의 가르침이 생겨났는데, 처음엔 중국의 『시경』과 『서경』의 말씀 같은 데 불과했으나 사람들이 오히려 따르지 않을까 염려했으므로 곧 천당과 지옥의 설을 보익했다가 지금까지 전해진 것이다. 이후의 여러 가지 신령한 기적은 바로 저들이 말한 대로 마귀가 사람을 속인 소치에 불과하다"36)고 말한 데 대해 남한조는 『천주경』을 『시경』과 『서경』에 비교한 것 자체를 문제 삼으면서 다음과 같이 말한다.

『시경』과 『서경』의 말은 모두 성인이 몸소 행하고 마음으로 얻은 것을 드러내어 문장으로 만든 것으로 세속이 점차 변했기 때문에 그 말을 세워 가르치고 훈계한 것이 아니다. 길흉화복의 이치는 또한 천도의 자연이 부류에 따라 응한 것으로, 심으면 반드시 북돋우고 뒤집으면 반드시 엎는 것과 같아서 완악하고 어리석은 사람들이 가르침을 따르지 않기 때문에 그 설을 세워 이끌고자 한 것이 아니다. 나는 『천주경』을 보지 못해 그 설이 어떠한지는 모르겠지만 자신의 사사로운自私 술수에 지나지 않으며 선을 행한다는 명목에 가탁하고 최상으로 존귀한 천주에 가탁해 백성을 유혹하고 위협한 것에 불과하다. 이런즉 이 설이 비루하고 사람을 속이는 것이 심하다. 이것을 갖고 사사로움 없이 중도를 잡고 있는 경전에 짝 짓고, 이를 갖고 선을 따르면 길하고 악을 따르면 흉하다는 교훈에 견주고자 하니 그 비교하고 견줄 수 없음이 어찌 다만 하늘과 땅의 거리만 하겠는가.37)

---

36) 『星湖全集』 「跋天主實義」, 199권 516b. "意者西國之俗, 亦駸駸淪變, 其吉凶報應之間, 漸不尊信, 於是有天主經之敎, 其始不過如中國詩書之云, 慨其猶不率也則齊之以天堂地獄之說, 流傳至今, 其後來種種靈異之迹, 不過彼所謂魔鬼誑人之致也."
37) 『遜齋先生文集』 권2, 「李星湖 瀷 天主實義跋辨疑」 99권, 651b. "然詩書之言, 皆聖人躬行心得之餘, 發爲文辭, 以垂訓萬世, 非爲世俗之漸變而設是言而敎戒之也. 吉凶禍福之

남한조는 사사로운 술수에 불과한 『천주경』을 무류無謬의 경전인 『시경』, 『서경』에 견준 성호의 태도를 비판하고 있다. 성호는 서학의 이론적 수준을 대체로 인정하면서 특정한 측면에서 지나쳤던 것뿐이라고 거리를 두지만 남한조에게 서학은 도덕적 문제를 야기하는 패륜적 존재로 비추어졌던 것이다. 남한조에게 서학은 백싱을 위협하고 유혹하는 악이었다. 성호 역시 이들이 이단임을 인정한다. 그러나 성호는 "이단의 글이라 하더라도 말이 옳으면 취할 뿐이다. 군자가 사람들과 더불어 선을 행하는 데에서 어찌 피차의 구별을 두겠는가"38)라며 이단이라고 일방적으로 배척할 것이 아니라 객관적으로 탐구하고 유용한 것은 활용할 수 있다는 개방적 입장에 서 있었다.

더 나아가 성호에게 서학은 단순한 실용적 측면에서의 자극에 한정되지 않았다. 주지하듯 성호는 서학의 상제-천주론에서 고대 유학에 등장하는 인격적인 상제귀신설을 떠올리고 하나의 주제로 다룬다. 성호학파 구성원의 상당수가 공유하는 이러한 입장은 영남남인의 입장에서는 심각한 문제를 야기시킬 수 있는 중요한 논점이었다.

성호는 저들이 말한 천주가 유가에서 말하는 상제라고 했다. 그러나 유가에서 말하는 '상제'는 리의 주재로써 말했으니, 감정이나 의도가 없고 조작하

理, 亦天道之自然類應, 如栽之必培, 傾之必覆, 非爲頑愚之不率敎而立是說而驅率之也. 余未見天主經, 不知爲說如何, 而不過以自私之術, 假爲善之名, 託之於莫尊之天, 以誘脅齊氓耳. 然則其說之淺陋矯誣甚矣, 以之而配無私執中之經, 以之而擬惠迪從逆之訓, 其比擬之不倫, 豈特天壤之相遠哉."

38) 『順菴先生文集』 제17권, 「天學問答」. "異端之書, 其言是則取之而已. 君子與人爲善之意, 豈有彼此之異哉. 要當識其端而取之可也."

는 것도 없으나 온갖 변화의 근본이 될 수 있다. 저들이 말하는 '천주'는 기氣의 영신靈神으로써 말했으니, 감정이나 의도가 있고 조작하는 것도 있어서 수많은 기량伎倆을 꾸며 낸다. 이 때문에 유가에서 귀신에게 제사 지내는 것은 리에 뿌리를 두고 상제를 밝게 섬기는 의리이다.39)

남한조는 천주교의 천주는 정의와 조작이 가능해 괴이한 기적을 행할 수 있는 일종의 기의 영신에 불과하다고 보았다. 이에 비해 유가의 상제는 리의 다른 표현에 불과하다며 오직 만물에 내재한 필연적 법칙의 의미만 갖는다는 것이다. 앞서 보았듯 성호와 안정복, 신후담은 고대 유학의 상제관을 주자학의 테두리를 넘어서지 않는 범위 내에서 수용하고자 했다. 본래 고대 경전에 나타나는 상제는 초월성과 인격성을 가진 존재로 묘사되었고 주희나 퇴계를 포함해 후대 학자들 역시 『시경』과 『서경』 등에 묘사된 상제를 이기론이나 귀신론이라는 학문적 주제로 다루었다.

물론 성호학파의 누구도 결코 주희의 이기론이나 귀신론, 상제관을 뛰어넘지 않았다. 그러나 적어도 상제를 도덕적 실천의 토대로 요청하고 있다는 점에서는 공통적이다. 이들은 리의 이법성과 합리성을 강조했지만 상제의 주재성이 가진 초월성과 인격성을 모두 제거하지도 않았다. 해석의 개방성과 틈이 생기는 것은 이 때문이었다. 이에 비해 남한조와 류건휴를 비롯한 영남남인은 퇴계학의 테두리를 보다 선명하게 선언하고 이를 온전한 형태로 계승해야 한다고 믿었기 때문에 기호남

---

39) 『遜齋先生文集』 권2 「李星湖 瀷 天主實義跋辨疑」 99권 651b. "其曰彼所謂天主, 卽儒家之上帝也, 儒家所謂上帝, 以理之主宰而言也, 無情意無造作, 而能爲萬化根本也. 彼所謂天主, 以氣之靈神而言也, 有情意有造作, 而梯出許多伎倆也. 是以儒家之祭祀鬼神, 本乎理, 昭事上帝之義也."

인의 서학 인식이나 비판에 나타나는 상제 해석을 수용할 수 없었을 것이다.

남한조는 귀신에 대한 입장에서도 기호남인의 이해를 비판했다. 앞서 보았지만 안정복은 퇴계가 비판하긴 했지만 귀신이 흩어지는 속도가 다르며 그 때문에 제사가 성립한다고 본 서화담의 이론과 마테오 리치의 설이 유사하다며 이설異說이라고 미뤄 둘 것이 아니라 진지하게 따져봐야 한다고 여겼다. 그렇게 볼 경우 제사를 받는 귀신이 지각과 감정을 유지한 채 일정 정도 남아 있다가 사라진다는 의미가 될 수 있다.

> 대개 사람이 죽는다는 것은 형체가 없어지고 백魄이 떨어져 나가서 이른바 지각하고 운용하는 신이라는 것도 흩어져 사라지는 것이지만 '태어나게 하는 기'와 '전해 받은 기'는 본래 없어진 적이 없다. 무엇을 '태어나게 하는 기'라고 하는가. 천지가 사물을 낳는 기가 이것이다. 무엇을 '전해 받은 기'라고 하는가. 사람이 기를 얻어서 태어나고 또 그 기를 자손들에게 전해준다는 것이 이것이다.40)

남한조는 제사 대상이 되는 기는 지각과 감정이 있는 귀신이 아니라 모든 존재가 공유하는 보편적 기이자 자손에게 전달하는 기질이라고 여긴다.

> 저들이 말하는 신은 지각하고 운동하는 것으로 말한 것이다. [본래 신은]

---

40) 『遜齋先生文集』 권2 「安順菴天學或問辨疑」 99권 645b. "人之死也, 形斯魄離, 所謂知覺運用之神, 固已遊揚消散, 而若夫所以生之氣, 與夫所傳之氣, 固未嘗亡也. 何謂所以生之氣. 天地生物之氣是已. 何謂所傳之氣. 人得是氣而生, 而又以是氣傳之子孫者是已."

모이면 있고 흩어지면 없어지는 것이니 우리가 말하는 신은 리에 근원해 날마다 생기는 것으로 말한 것이다.41)

제사 대상으로서의 기는 존재하지만 그럼에도 이 기는 감정이나 지각을 가진 기가 아니라 오직 보편적인 기와 형질적인 기가 순환하는 것에 불과하다는 것이다.

6 ___ 무엇이 진정한 학문인가: 성호학파의 서학관에 대한 영남학파의 비판

또 한 가지 영남남인에게 중요한 비판의 근거는 서학의 자연학적 지식과 기술에 대한 기호남인의 태도였다. 앞서 보았듯이 성호학파의 구성원들은 적어도 천문학이나 수학 같은 서학 지식의 효용성에 대해서는 비교적 객관적인 태도로 인정했다. 이들이 누구보다 먼저 그리고 다양하게 직접 서학서를 읽었을 뿐만 아니라 서양 역법인 시헌력時憲曆이 중국에 이어 조선에서도 국가에 의해 공인되고 학자들 사이에 논구되는 과정을 경험했기 때문일 것이다.

그러나 남한조는 서양 학문의 수준과 기술의 효용을 인정하지 않았다. 남한조는 서학의 기술적 측면은 단순한 기예나 기술에 불과하기 때문에 특별히 이를 높게 평가할 필요가 없는 것으로 간주한다. 심지어 그는 서양인들의 "기술이 비록 정교하지만 일본이나 안남의 기술에 불과할 뿐이니 어찌 외람되이 신성神聖의 이름을 덧붙여 도리어 현혹시키는 기술에 도움을 주느냐"며42) 서양의 기술의 효용성과 수준을 높이

---

41) 『遜齋先生文集』 권2 「安順菴天學或問辨疑」 99권 645b. "彼所謂神, 以知覺運動而言也. 聚而有, 散而無者也. 吾所謂神, 以根理日生而言也."

평가한 성호학파의 태도를 비판한다.

이런 입장 차이의 배경에는 학풍의 차이도 영향을 끼쳤을 것이다. 윤휴 등과 맥이 닿아 있는 북인계 남인43)으로서 성호에게 사실상 성리학은 가학이 아니었다. 성호의 집안에서 정통적인 성리학을 한 사람은 성호의 형 옥동玉洞 이서李漵(1662~1723년)로 알려져 있다. 그러나 이서 역시 이기심성론에 제한되지 않는 박학의 학자였으며, 무엇보다 신용적 관점에서 성리학을 이해하고자 한 인물이었다.44) 성호 역시 그런 학풍에서 성장했기 때문에 퇴계를 지향하는 마음과 함께 언제나 경세를 위한 실용적인 명물도수적 학문, 즉 기器 차원에 관심이 두고 연구해 나갔다. 특히 성호는 스스로 다양한 기의 측면을 연구했기 때문에 기존의 관심과 지식 체계 위에 서학의 과학 기술 담론을 비교할 수 있었을 것이다.

모든 제자가 성호의 학문적 범위와 정도를 그대로 수용한 것은 아니었지만 적어도 대부분 스승의 권유로 다양한 서학서를 읽었기 때문

---

42) 『溪齋先生文集』 권2 「安順奄天學或問辨疑」 99권 645b. "技藝雖精, 而不過日本安南之工技而已. 烏可以是而猥加神聖之名, 反助其眩耀之術乎."

43) 성호 가문을 북인계 남인으로 보는 연구는 김학수, 「星湖 李瀷의 學問淵源-家學의 淵源과 사우 관계를 중심으로」(안산시·성호학회, 『성호학보』 1호, 2005), 57~112쪽 외에도 다수가 있다.

44) 성호는 형인 이서의 학풍을 이렇게 정리한 바 있다. "그 학문은 충신忠信을 위주로 해 정진해 나아가는 곳이 주공, 공자, 정자, 주자였다. 사설師說을 지키다 도달하지 못할지언정 보기에 그럴듯한 작은 도는 돌아보지 않았다. 일삼아 글을 지어 그 권질卷帙이 책 상자에 넘쳤다. 심신 이외에 치가治家, 치민治民에 이르기까지 그리고 율력律曆 서적, (천문을 관장하는) 감석甘石과 (의술의 시조인) 기황岐黃의 학술에 두루 미쳐 대소가 서로 맞물리고 본말이 아울러 구비되어 상호 드러나 밝혀지니, 모두 육경 사서로 돌아가 안택安宅과 정로正路가 되었다"(『星湖全集』 제68권 「三兄玉洞先生家傳」 200권, 165c. "其學忠信爲主, 步步趨趣, 維周孔程朱, 寧守師說而未達, 不顧小道之可觀. 業著書卷袠溢匧. 自心身以外, 至治家治民, 汎及於律歷之書, 甘石岐黃之術, 大小相銜, 本末兼該, 無不參互著明, 歸宿於六經四子, 爲安宅正路").

에 성호의 제자들은 각자 관심의 범위 안에서 나름대로 서학의 효용성을 인정하는 태도를 보인다. 그러나 기호남인의 이러한 학풍은 영남에서는 위험스런 경계境界의 사유에 가깝게 여겨졌을 것이다. 남한조는 다음의 문장을 통해 성호의 학풍을 간접적으로 비판한다.

> 대저 근세의 학문에는 두 가지 폐단이 있다. 학문은 반드시 자득自得을 귀히 여기며 도는 반드시 널리 취하기를 힘써야 한다는 것이다. 학문에 자득을 구하므로 선유의 온전한 이론을 따르지 않아 천착하고 안배해 다른 곳으로 향하는 것이고 도에 널리 취하기를 힘쓰기 때문에 택한 것이 정미하지 않고 말이 상세하지 않아 지남철을 금이라고 하며 적을 자식으로 오인하면서도 점점 더 안으로 들어가는 것을 깨닫지 못한다.45)

남한조는 성호를 직접 거론하지는 않지만 '자득'을 중시한 성호의 학문적 태도와 성리학 이외의 다른 학문에 관심을 두는 '박학'의 추구에 경종을 울리면서 보다 보수적이고 정통적인 학문으로 회귀할 것을 강조하고 있다. 이러한 경향은 류건휴의 『이학집변』에서 한층 더 두드러지게 나타난다. 「천학문답」에 대한 남한조의 비판은 영남남인과 기호남인의 사상적 차이를 잘 보여준다. 그러나 이를 한층 더 발전시킨 『이학집변』에는 단순히 영남남인과 기호남인의 사상적 차이를 넘어서 영남남인의 지식 권력에 대한, 보다 선명한 선언이 담겨져 있다.

---

45) 『遜齋先生文集』 권2 「李星湖 瀷 天主實義跋辨疑」 99권 651b. "大抵近世之學, 其弊有二. 學必以自得爲貴, 道必以博取爲務. 學要自得, 故不遵先儒成說, 而硬鑿安排, 向別處走. 道務博取, 故擇不精語不詳, 指鐵爲金, 認賊爲子, 而不覺其駸駸然入於其中."

7 ___ 천주학에 대한 저격: 『이학집변』에서의 서학 비판

주지하듯 1649년의 경신환국 이후 남인은 노론 중심의 조정에서 배제될 수밖에 없었다. 기호와 영남의 남인은 남인으로서의 동류의식에도 불구하고 경험한 문화와 지식이 다르니 학문적 지향 역시 각도가 달라질 수밖에 없었을 것이다. 기호남인과 영남남인은 시속적 교류를 통해 같은 학맥을 계승하고 있다는 동류의식이 있었지만 적어도 퇴계의 고향이던 영남에 세거한 남인이 기호남인에 비해 보다 강력한 퇴계의 영향력 안에서 지식 권력을 향한 내부의 경쟁을 지속해나간 점은 분명하다.

이런 상황에서 기호남인 중 일부가 천주교에 경도된 사건은 영남남인을 긴장시킬 만한 일이었다. 이 시기 영남남인의 입장에서는 도통론을 다시 쟁점화할 필요가 있었을 것이다. 이 요구에 가장 적극적으로 응한 것은 류건휴였다. 류건휴는 벽이단서인 『이학집변』을 저술함으로써 다음 세대의 문제의식과 지적 긴장을 표현하고자 했다.

『이학집변』은 사실 류건휴의 돌출적 저술이 아니라 「천학문답」을 통해 촉발된 영남남인의 벽이단적 입장을 보다 확대하고 총합하기 위한 시도라고 할 수 있다. 서학에 대한 류건휴의 강력한 대결 의식은 스승들로부터 전승된 것이었다. 류건휴는 18세 때 호문삼로湖門三老로 불리며 퇴계학의 정맥을 이은 것으로 평가받는 류장원에게 수학했고 류장원이 죽은 뒤에는 남한조에게 나아가 배웠다. 『이학집변』의 저술에도 역시 남한조의 영향이 강하게 남아 있다.

일단 『이학집변』은 남한조의 논평에 상당히 의존하고 있다. 『이학집변』에서 '건휴안'으로 표기된 자기 견해보다는 성호, 안정복에 대한 남한조의 비평, 즉 남한조의 두 편의 척사론을 대부분 전제하고 있기 때문이다.46) 그럼에도 류건휴는 남한조의 비판을 그대로 답습하지 않고 몇 가지 점에서 더욱 강경하게 안정복의 인식을 비판하며 심지어 남한조의 비판에 대해서도 비판적 거리를 유지하고 있다.

중요한 논점 중의 하나는 상제와 태극 문제다. 류건휴는 "주재한다는 관점에서 말하면 상제지만 무성무취 측면에서 말하면 태극이며 이理이니, 상제와 태극의 이를 둘로 나누어 말할 수 있겠는가"47)라는 안정복의 입장을 "저들은 상제를 주인으로 삼고 태극을 배척한다. 이것은 상제가 영신靈神이어서 감정과 의도가 있고 조작함이 있다고 보기 때문에 리가 스스로 그와 같다는 것을 싫어해 반드시 제거하려고 하는 것"48)이라는 남한조의 말로 비판한다. 그러나 류건휴는 한 단계 더 나아간다.

류건휴는 이 구절에 대해 "지금 순암은 '주재함이 있는 것으로써 말하면 상제라 하고 소리도 없고 냄새도 없는 것으로써 말하면 태극이라 한다'고 했다. 이미 이와 같이 나누어서 말한다면 상제는 소리와 냄새가 없을 수 없고 태극은 주재함이 있다고 할 수 없다. [안정복이] 이 아래에 비록 '리는 둘이 아니다'고 말했으나 언어의 맥락 사이에 병통이 없을 수 없다. 손재는 이에 대해 가혹하게 들추어내려 하지 않았고, 그것을 변석하지도 않았다"49)고 비판적으로 서술한다. 류건휴는 상제

---

46) 다만 손재집의 두 글과 『이학집변』에 인용된 남한조의 글이 조금씩 다르다. 대체로 『이학집변』에 나온 남한조의 글이 손재집에 실린 글보다 분량이 많고 표현이 상세하다.
47) 「天學問答」. "以有主宰而言之則曰上帝, 以無聲無臭而言之則曰太極曰理, 上帝與太極之理, 其可貳而言之乎."
48) 『遜齋先生文集』권2 「安順庵天學或問辨疑」99권 645b. "彼之主上帝而斥太極, 蓋以上帝爲靈神而有情意有造作, 故惡理之自然能如此而必欲絶去之也."

318   2부 『이학집변』과 영남학파의 이단 인식

를 철저히 리의 관점에서만 파악하고자 했기 때문에 상제와 태극을 리의 두 국면으로 보려는 안정복은 물론 그러한 분리를 강하게 비판하지 않은 남한조까지 비판하고 있는 것이다.

성호나 안정복이 상제를 천주로 본 대목에 대해서도 비판이 따랐다. 류건휴는 성호와 안정복의 글에서 천주를 상제로 본 구절을 인용한 뒤 "유가에서 말하는 상제는 리의 주재로써 말했으니, 감성이나 의도기 없고 조작하는 것도 없으나 온갖 변화의 근본이 될 수 있다. 저들이 말하는 천주는 기의 영신으로써 말했으니, 감정이나 의도가 있고 조작하는 것도 있어서 수많은 기량을 꾸며 낸다. 이 때문에 유가에서 귀신에게 제사 지내는 것은 리에 뿌리를 두고 기에 합하기를 구하는 것이니, 상제를 밝게 섬기는 의리"50)라는 남한조의 비판을 연결한다. 류건휴는 이 부분에 대해 남한조의 입장을 수용하지만 거기서 더 나아가 남한조의 비판에도 문제가 있다고 평가한다.

> [남한조가] '귀신에게 제사 지내는 것은 리에 근본해 기에 합하기를 구하는 것'이라고 말한 구절은 조금 온당하지 못한 점이 있다. 귀신에게 제사 지내는 것은 기를 갖고 말했지만 리에 근원한 것이다. 그러므로 주자가 말하기를 '기가 이미 흩어진 것은 변화해 없어지고, 리에 근원을 두고 날마다 태어나는 것은 넓고 넓게 무궁한 것이다'라고 했다. '흩어진 것은 변화해 없어진다'고 말했으니, 저들이 말한 영신불멸설靈神不滅說과 이미 다르다.51)

---

49) 류건휴·권진호 외 역, 『이학집변』(한국국학진흥원, 2013), 197쪽. 이후 책명과 쪽수만 표기한다. 번역은 국역을 참고하되, 필자가 수정했다.
50) 『이학집변』, 195쪽.
51) 『이학집변』, 195쪽. 이 부분은 『손재선생문집遜齋先生文集』의 구절과 다르다. 『손재선생문집』에는 '본어리이구합기本於理而求合氣'가 아니라 '본어리本於理'로 되어 있다.

류건휴는 기에 합하기를 구한다는 말도 궁극적으로는 리에 근원하는 것이라며, 제사 역시 철저히 리라는 근원적 차원에서 논해야 한다고 주장한다. 류건휴는 서학의 영혼불멸과 그에 따른 제사 문제를 다루면서 사후 신의 지각과 운동을 인정하지 않는 남한조의 비판을 수용하면서도 자신의 의견을 다음과 같이 덧붙인다.

> 나 건휴가 살펴보건대 손재가 인용한 두 선생의 앞뒤의 두 설은 각각 근거가 있고, 또 회통시켜서 하나로 만들지 않은 적이 없다. 그러나 한결같이 분석하려고만 한다면 막히는 것이 있을 것이다. 아직 흩어지지 않은 기를 불러 모으는 것은 본래 효자의 애통하고 절박한 지극한 마음 때문에 이르는 것이다. 제사를 논하자면 결국 내가 주主가 되기 때문에 '조상의 정신은 바로 나의 정신'이라고 하는 것이다. 내가 정성을 다해서 찾으면 하나의 기가 서로 감응해 신이 흠향하지 않음이 없다. 비록 자손이 마땅히 제사 지내야 할 곳이 아니더라도 이 기는 모두 나와 상관이 있다. 이것이 이른바 '기가 이미 흩어진 것은 참으로 변화해 남은 것이 없으니, 리에 근원해 날로 생겨 나는 것은 넓고 넓어 끝이 없다'는 것이다.52)

류건휴는 지각하고 운동하는 기는 물론 소멸하지 않은 채 남아 있는 조상의 기 때문에 제사가 이루어지는 것이 아니라고 주장한다. 제사란 "기와는 상관이 없는 것"53)으로 "밝고 신령스러운 한 사물이 어딘가에 숨어서 밝게 섬기기를 기다렸다가 가끔 나와서 흠향하는 것이 아

---

52) 『이학집변』, 230쪽.
53) 『이학집변』, 194쪽.

니다."54) 이 때문에 나의 조상이 아니어도 제사를 지낸다. 제사가 이루어지는 것은 오직 나의 정성이 조상의 신을 부르기 때문이다. 앞서 보았듯 남한조는 생겨나게 하는 氣所以生之氣, 즉 천지만물의 생산력으로서의 보편적인 기와 전해지는 氣所傳之氣, 즉 부모로부터 자식에게 전해지는 일종의 형질적 기가 이어지며 그것이 제사의 대상이 된다고 말한다.

그러나 류건휴는 제사의 이유를 외부의 기에서 찾는 남한조의 논법에 전적으로 찬성하지는 않는다. 조상의 기가 있는가 없는가와 관계없이 나의 정성으로 이미 기와 나의 연결이 이루어질 수 있기 때문이다. 류건휴는 남한조처럼 외부에 존재하는 조상의 기를 제사 대상으로 내세울 경우 기가 모두 소멸했을 때 제사의 대상도 사라져 결과적으로 제사 행위 자체가 무의미해질 수 있다고 보았던 것이다. 이런 맥락에서 류건휴는 제사의 중심을 외부에 존재하는 기가 아니라 자기 마음의 정성으로 옮기고자 한다.

결과적으로 『이학집변』의 천주학 부분은 안정복의 「천학문답」에 대한 남한조, 류장원 등 스승의 문제의식을 확대재생산하는 역할을 하고 있다고 볼 수 있다. 특히 류건휴는 실제로 서학서들을 읽고 논박한 기호남인과는 달리 오직 기호남인의 벽이단서와 이에 대한 영남남인의 평가적 글들만 보고 집필했다. 물론 금서령이 내려진 이후 직접 서학서를 보기 어려웠던 상황이 있지만 그러한 상황만으로 그의 서술 태도를 모두 설명할 수는 없을 것이다.

실제로 류건휴는 34조로 이루어진 「천학문답」 중 일부를 발출해 논박한 남한조의 글 중에서도 다시 일부에만 집중할 뿐만 아니라 한 가

---

54) 『이학집변』, 195쪽.

지 주제에 대해 깊이 천착하거나 이론적 근거가 될 구절들을 제시하며 자기 입장을 강화하는 일반적 서술 태도를 보이지 않는다. 차라리 성호와 안정복의 서술 태도를 문제 삼으면서 강도 높은 태도로 이를 비판하는 데 집중한다. 이러한 서술 방식은 류건휴가 실제로 서학에 대한 이론적 논쟁에 관심이 없음을 보여준다.

이런 맥락에서 이 글에는 서학에 대한 이론적 경계와 비판이라는 표면적 목표 외에 기호남인의 서학 해석과 거리를 두려는 이면의 목표가 함께 담겨 있다고 할 수 있을 것이다. 사실 이러한 논조는 남한조로부터 나타난다.

> 성호가 지은 『성호사설』 중 '문왕이 위에 계시어, 아 하늘에 밝게 빛나도다 文王在上, 於昭于天'의 뜻을 논한 것이 있는데. '성현의 신神과 범인의 신은 올라갈 때 각각 지위와 등급이 있으며, 고하와 층수가 있다'라고 했다. 이 말을 믿는다면 사람이 죽어서 영신靈神이 과연 사라지지 않고, 영신의 의탁은 각자의 선악에 따라 과연 높낮이의 차이가 있게 된다. 그가 귀신을 논한 것이 이와 같다면 저 천주는 유가의 상제가 된다. 『시경』을 논한 것이 이와 같다면 이른바『천주경』은 참으로 유가의『시경』, 『서경』에 짝할 만하다. 선생의 말은 진실로 혼후근신하나 감히 따를 수 없는 바가 있다. 오호라, 학문이 끊어지고 도가 무너져서 이설異說이 벌떼처럼 일어났는데, 다행히 대인선생大人先生이 나타나서 정론을 숭상해 바로잡았으나 오히려 완전히 막지 못할까 염려스럽다. 더욱이 말한 것이 조금만 어긋나도 시류의 시발점이 되어 기이한 것을 숭상하고 다른 것을 좋아하는 무리들이 그 편안함을 더욱 즐겨서 온 세상을 고무시켜서 따르게 한다. 그 물결이 하늘에 닿는 데 이르렀으나 물결이 트이지 않고 그치지 않으니, 두려워할 만하다.55)

남한조는 사람이 죽은 뒤 신에 등급과 고저가 있다는 성호의 해석56)이 결과적으로는 영혼이 소멸하지 않는다는 천주교의 주장으로 귀결되고 그 결과 유가의 상제는 곧 천주가 되며『천주경』이 곧『시경』,『서경』이 된다는 식으로 성호의 의도를 확대해석한 뒤, 그러한 태도가

---

55)『遜齋先生文集』권2「李星湖 瀷 天主實義跋辨疑」99권 651b. "嘗見李丈所著僿說中, 有論文王在上於昭于天之義曰, 聖賢凡愚之神, 其升上之際, 各以地位等級, 有高下層數. 信斯言也, 人死而靈神, 果不滅矣. 靈神之所託, 各隨其人之善惡, 而果有高下之殊矣. 其論神既如此, 則彼所謂天主, 眞以爲儒家之上帝也. 說詩之意如此, 則彼所謂天主經, 眞可以配儒家之詩書矣. 以此證彼, 庸謬之疑益深, 子之言, 誠軍厚謹愼而有不敢從也. 于乎. 學絶道喪, 異說蜂起, 幸有大人先生, 崇正論以救之, 猶懼其難遏, 況立言一差, 流波濫觴, 尙奇好異之倫, 尤樂其便已. 鼓一世而從之, 其勢滔天, 不決不止, 吁可畏矣."

56) 남한조가 비판한『성호사설』의 글은「神理在上」으로 보인다. 이 글에 다음과 같은 내용이 나온다. "사람이나 다른 물류가 죽으면 반드시 남은 기운이 있고 그 기운은 반드시 위로 올라가는데, 그 올라감에 높고 낮음이 각각 한계가 있다. …… 무릇 귀신은 기운의 정령精靈이어서 기운이 다하지 않을 수 없다. 그러므로 귀신도 영원히 존재할 수 있는 이치가 없으니 다만 오래 지속되는가 아니면 빨리 사라지는가의 구별이 있을 뿐이다. 성현의 귀신은 본래 태어날 때의 품부가 달랐기 때문에 사라지는 것도 가장 더디다. 혹 천여 년까지 연장될 수 있으므로 보통 사람들과는 같지 않으니 금수의 경우도 이를 미루어 알 수 있다"(『天學問答』「神理在上」. "人物之死, 必有餘氣, 氣必上騰, 騰有高下, 各有分限. …… 夫鬼神者氣之精靈, 氣無不盡, 故神無長存之理. 但有火速之別. 聖賢之神, 稟生自異, 故其滅最遲, 或有延至千百年之久, 與凡庶不同, 至禽獸草木推此可見"). 이에 뒤이어 성호는 "하늘이 만물을 화생하는 것이 마치 사람이 자식을 배태하는 것과 같기 때문에 동맥과 정맥의 혈기가 서로 운행하면 자연히 화생하기 마련이거늘 어찌 일찍이 지각이나 힘이 있어서 그렇겠는가? 천도도 역시 마찬가지이니 하늘이 무슨 지각의 심장이 있으랴? 만물에 따라 문득 응해 다만 생성生成하기를 좋아하는 이치가 있을 뿐이니, 그 이치를 따라 재단해 만들고 보좌해 돕는 것이 사람이다. 그러므로 성왕聖王이 상제의 좌우에 올라 있어 하늘과 함께 복을 짓기도 하고 위엄을 짓기도 해 인간 세계를 경동하는 것은 다 신귀神鬼의 선포宣布이다"(天之化生萬物, 如人之胚胎子姓, 故營衛交運自然而化, 何嘗有知覺者與有力哉. 天道亦然. 天何嘗有知覺之心臟腑輒應. 但有好生之理而已因其理而財成輔相者人也. 聖王之陟在左右與天合德作福作威, 有以警動乎下界者, 皆神鬼之宣布也)라고 말해 하늘에 인격성이 없음을 분명히 하면서도 귀신의 작용이 인간 세계에 영향을 미칠 수 있다는 복합적인 입장을 보인다. 남한조는 이 점을 문제 삼아 확대해석해 비판하고자 했던 것이다.

호사가들의 비판을 야기할 것이라며 깊이 경계한다. 류건휴 역시 서학서에 등장한 사실을 객관적으로 전달하는 안정복의 서술 태도를 극렬히 비판하며 "근거 없는 말을 경솔하게 전한 사람"57)으로 폄하한다. 이들은 강고한 근본주의의 입장에서 주희-퇴계의 중심을 넘어서는 해석이나 서학에 대한 중립적 서술을 집중적으로 공략했던 것이다.

결과적으로 남한조의 두 척사론과 류건휴의 『이학집변』 중 천주학 부분은 서학 자체에 대한 비판을 넘어서 기호남인의 서학 이해를 경계하고 도통의 관점에서 지식 권력을 재확인하려는 의도가 담겨 있다고 볼 수 있다. 이는 천주교에 경도되는 소장학자들을 설득하기 위해 저술된 「서학변」이나 「천학문답」과 다른 점이다. 그렇다면 그의 글은 '영남남인의 벽이단론'에 한정되지 않으며 '기호남인의 벽이단론에 대한 비판서'의 성격을 띠게 된다. 기호남인과의 학문적 차이를 드러내고 정통적인 주희-퇴계의 자장 안으로 회귀하기 위한 반작용의 저술이었던 것이다.

8 ___ 남인과 지적 권력의 자장

이설이 횡행하고 사도가 불어나 세상을 어지럽히는 것이 맹수나 홍수보다 심한 걱정거리가 되었습니다. 이는 성인으로부터 멀어지고 말씀이 인멸되어 우리 도가 점차 미약해진 탓입니다.58)

---

57) 『이학집변』, 190쪽
58) 『舫山先生文集』 권8 「答李方伯」 癸巳, 327권 586d. "異說橫流, 邪徒滋蔓, 浸淹一世, 有甚於猛獸洪水之患. 此蓋由聖遠言湮, 斯道寢微故耳."

성호 우파로 분류되는 안정복의 제자로, 영남 지역에 근기의 성호학을 연결해 뿌리내리게 한 성재性齋 허전許傳(1797~1886년)의 제자 방산舫山 허훈許薰(1836~1907년)이 1893년 계사년에 경상감사 이용직李容稙(1852~1932년)에게 쓴 편지59)의 한 구절이다. 횡행하는 이설에 대한 경계는 당시 유학자들의 보편적 인식이었겠지만 적어도 그가 생각하는 정학은 다른 이들보다 한층 더 구체적이었을 것이다. 허훈의 제자 허채許埰(1885~1960년)는 "선생의 학문은 주자와 퇴계를 조술하고 미수眉叟 허목許穆(1595~1682년)과 성호를 모범으로 삼아 허전 선생의 문하를 적통으로 계승한 것先生之學, 祖述乎朱子李子, 模範乎眉翁星翁, 嫡承乎性齋許先生之門"60)이라고 말한 바 있다. 이러한 인식은 기호남인의 전통적 논법을 계승한 것이었다.

> 다만 생각건대 오도吾道는 원래 통서統緖가 있으니, 퇴계는 우리 동국의 부자夫子이다. 이 도를 한강寒岡 정구鄭逑(1543~1620년)에게 전했고 한강은 이 도를 미수 허목에게 전했고, [성호] 선생은 미수를 사숙한 분이다. 미수를 배워 퇴계의 도통을 접맥했으니, 후대의 학자는 사문斯文이 대대로 도통을 계승해 속일 수 없는 점이 있다는 것을 안 연후에 지향점을 잃어버리지 않을 수 있을 것이다.61)

---

59) 『舫山先生文集』「家狀」. 새로 부임한 경상감사 이용직이 사학을 물리치고 정학을 부식扶植한다는 명분으로 낙육재樂育齋에 생도를 모아놓고 허훈을 훈장으로 초빙했지만 그는 두세 번 거절하고 나가지 않았다.
60) 『舫山先生文集』「跋」許埰.
61) 『星湖全集』「墓碣銘[蔡濟恭]」幷序 200권 193a. "但念吾道自有統緖, 退溪我東夫子也, 以其道而傳寒岡, 寒岡以其道而傳眉叟, 先生私淑於眉叟者, 學眉叟而以接夫退溪之緖, 後之學者知斯文之嫡嫡相承, 有不誣者, 然後庶可不迷於趣向."

채제공이 쓴 성호의 묘갈명에 나오는 이 구절은 기호남인의 정치적·사상적 위상을 결정하고 승인받고자 하는 강렬한 원망願望이 담긴 하나의 선언으로 읽힌다. 이 원망이 150여년 뒤 영남에 다시 계승된 것이다. 그러한 계승의 노력은 성호의 문집 간행을 통해 분명히 드러난다. 주지하듯 성호의 문집은 두 차례에 걸쳐 다른 이들 손에 의해 간행되었다.62) 그 결과 전통적인 입장을 고수한 안정복 계열에서 문집의 출판을 주도한 결과, 성호의 문집은 '퇴계 학문의 전승'이라는 성격을 띠게 되었다. 윤동규尹東奎(1695~1773년), 안정복 등 우파 제자들은 퇴계 유학의 경계선에 있던, 더 나아가 정통과 이단의 경계선에 있던 성호의 학문을 보다 중심으로 끌어오고자 했던 것이다. 이후 성호 우파로 불리는 안정복 계열의 후학들은 실제 정치 무대에서는 소외되어 있었지만 퇴계를 계승함으로써 강력한 도통의 자부심을 유지하고 있던 영남남인의 지식 권력의 자장 안에 들어가는 것을 택했던 것이다.

『이학집변』은 이 지식 권력이 어떤 논리로 누구를 향해 작동하고 있는지를 보여 주는 저술이다. 그 안에 담긴 이단 비판은 사실 '이단'으로 분류되는 다른 학파, 다른 사상의 소유자들에게 발신되는 신호가 아니라 내부의 정통성을 명확히 구획함으로써 지식 권력의 전승 형태와

---

62) 본래 이병휴가 주도해 편집한 성호 문집은 서학과 관련된 글은 물론 경전에 대한 자기 이해를 강조한 측면을 포함하고 있었다. 그러나 결과적으로 안정복의 제자였던 성재 허전이 김해부사로 내려간 뒤 그곳에서 제자를 키우면서 성호의 학문이 영남 지역에 뿌리내리게 되었고 공적으로 간행된 최초의 성호 문집인 『성호선생문집』 역시 1917년에 밀양 퇴로리에서 허전의 제자들에 의해 간행되었다. 그러나 『성호선생문집』은 서학 관련 글들은 물론 성호의 독자적인 이해를 담은 부분을 삭제해 버렸기 때문에 서울과 경기 지역 유림의 반발을 샀고 그 결과 1922년에 밀양의 사포리에서 다시 간행되었다. 안영상, 「성호학파의 성리학과 탈성리학의 갈등」(한국국학진흥원, 『한국유학사상대계』 3권 철학 사상편, 2005).

그 전승을 책임지는 주체를 선명히 드러내고 외부 공격으로부터 자기를 보호하기 위한 방어적이면서도 공격적인 자기 선언으로 평가할 수 있다. 뒤이은 시대에 그러한 방어와 공격의 신호를 학파의 생존 문제로 읽어낸 이들은 안정복 계열의 제자들이었다.

이들은 영남의 지식 권력이 보내는 신호는 수신했지만 사실상 그러한 자장 내에 귀속되는 것이 성호학의 본령이었는지에 대해서는 논란을 남겼던 것이다. 이런 맥락에서 현재 연구자들에게 요구되는 것은 그에 대한 단선적 평가가 아니라 18~19세기 남인의 지적 지향과 갈등을 통해 당시의 지식장의 성격과 긴장들, 교착의 역동적 과정을 다양한 관점에서 읽는 일일 것이다. 『이학집변』은 이를 살펴볼 수 있는 중요한 조망의 각도를 제공할 것이다.